U0616263

清代云南会馆研究

马晓粉 著

西南交通大学出版社
·成 都·

图书在版编目（ＣＩＰ）数据

清代云南会馆研究 / 马晓粉著. —成都：西南交通大学出版社，2019.10
（会馆文化）
ISBN 978-7-5643-7202-6

Ⅰ.①清… Ⅱ.①马… Ⅲ.①会馆会所 – 研究 – 云南 – 清代 Ⅳ.①K928.71

中国版本图书馆 CIP 数据核字（2019）第 240760 号

Qingdai Yunnan Huiguan Yanjiu

清代云南会馆研究

马晓粉　著

责 任 编 辑	张慧敏
助 理 编 辑	罗俊亮　何　俊
封 面 设 计	原谋书装
	西南交通大学出版社
出 版 发 行	（四川省成都市金牛区二环路北一段 111 号 西南交通大学创新大厦 21 楼）
发 行 部 电 话	028-87600564　028-87600533
邮 政 编 码	610031
网　　　址	http://www.xnjdcbs.com
印　　　刷	成都勤德印务有限公司
成 品 尺 寸	170 mm × 230 mm
印　　　张	17.75
字　　　数	264 千
版　　　次	2019 年 10 月第 1 版
印　　　次	2019 年 10 月第 1 次
书　　　号	ISBN 978-7-5643-7202-6
定　　　价	98.00 元

图书如有印装质量问题　本社负责退换
版权所有　盗版必究　举报电话：028-87600562

目录 CONTENTS

第六章　会馆与云南社会

第一章　导　论

一、研究背景及意义

（一）研究背景

1. 何为会馆

会馆是什么，它出现于何时？为什么要研究会馆？云南与会馆有什么样的联系？这些都是本书开篇需要解答的问题。

人们对会馆最直观的认识，是现今依然悄悄静立在中国各城乡中的一座座具有中国传统建筑特色、供奉各地民间信仰神灵的祠庙。而这些看得见、摸得着的祠庙后面隐藏着其建造者所组成的团体组织，才是会馆的本质，也是本书所要研究的对象。会馆最早出现于明代的京城，清代以后随着商品经济的不断发展以及全国范围内的大规模移民活动的推进，会馆遍布中国大中小商业城市，甚至是中国商人所到的海外城市中也有它的存在。城乡中那些具有地域信仰特色的祠庙则是会馆成员祀神、聚会和相互联络的地方。它是同乡人士以地缘为纽带或同业人士以业缘为纽带，以祀神、聚会和推进业务为目的而建立的民间组织；①它是一个极富中国传统文化特色的组织，它将祀神祠庙与组织办公地合二为一，形成"馆庙合一"的组建特色；它还将"天人合一""乡情"或"业缘"等传统文化因素融入组织内部管理中，成为具有强大的凝聚力和约束力的社会经济组织。

---

① 会馆具有实体建筑和团体组织两重含义，本书虽然也介绍作为实体建筑的会馆，但更侧重于后一种的含义。在正文中具体论述何种含义上的会馆由各章节内容确定，此处不一一注明。

2. 明清会馆

之所以要研究会馆，是由于会馆与明清中国社会经济的发展有着千丝万缕的联系，尤其与明清时期中国高速发展的商品经济联系最为紧密。美国著名汉学家罗威廉（William T. Rowe）在《哈佛中国史》（《最后的中华帝国：大清》）中谈道，自 16 世纪中叶到 18 世纪末中国开始了较宋朝商业革命幅度更大的第二次商业革命，其最典型的特征就是商业化最广泛地扩散至地方乡村社会。①罗威廉所说的中国历史上的第二次商业革命的发生时间是明代嘉靖朝至清代乾隆朝时期。当然，这段时期内中国商品经济并不是一直呈直线上升发展趋势，也有萧条时期，事实上中国商品经济高速发展时期只是 16 世纪中期以后的数十年以及 18 世纪。在此期间，"大量中国农业家庭将自有之相当比例的农产品出售，并依靠市场交易取得日常消费品"，起初可能只是个别区域内之间发生的交易，后来逐渐发展为不同区域之间的贸易，甚至是进出口贸易。当商品经济以其最大幅度扩散至中国乡村之后，各地乡村、市镇、中小城市、商业大都逐渐在清初形成全国统一市场。

在明清中国商品经济大发展的舞台上，中国商人以其独特的贸易方式成长起来，他们突破了传统乡土观念的局限，远离故乡四处贸迁；同时他们又极为重视乡土观念，以乡土为纽带，集体从事远距离长途贩运活动。商人远离故乡到百里、千里之外的异乡谋生、致富，然而异乡求生、求富之路布满荆棘，语言不通、习俗相异，甚至还可能与当地人发生冲突和矛盾，这些问题需要得到同乡或熟人的帮助才能解决。于商人而言，他们还会遇到另外的问题：明清中国国内市场进一步拓展，商品流通量大，但流通距离较远，交通运输条件有限；商业经营活动中，牙行欺压和官吏盘剥的现象常有发生。因此，无论是商人还是其他工匠、学徒、劳工等个体的有限力量，已难以应对其事业的拓展中遇到的风险，为了适应生存及业务发展需求，他们将乡土观念外延化，以"地缘""籍贯"为纽带，在异乡建立祠庙会馆。会馆的建立，为商人工匠等群体提供了一个固定的祀神、联谊场所，以及一

---

① [加]人正民主编，[美]罗威廉著，李仁渊、张远译：《哈佛中国史·最后的中华帝国——大清》，北京：中信出版集团 2016 年版，第 124 页。

个相对稳定的、有制度的联系和互助平台，他们以会馆为平台推进各自在异乡的生活、工作，并在当地社会发展中发挥着重要作用。应该说，会馆是中国第二次商业革命的产物，商品经济越发达的地区，会馆越密集。

中国第二次商业革命终结在 18 世纪末，19 世纪以后中国在前面一个多世纪的高速发展中所遇到的社会经济问题凸显出来，并且随着西方国家的商业殖民活动向亚洲的迅猛推进而愈演愈烈。在 19 世纪中国的社会变迁中商业被中央政府提升到富国强兵所依赖的经济支撑的高度，但是滞后的国家体制、不健全的商业环境、缺失的国家保护，使得中国商业没有再次出现繁荣发展的现象。相反，面对外来商人势力的进入，中国商人感到事业拓展异常艰辛，为了生存，他们在地缘同乡会馆的基础上，大力推进同业商人团体组织的建立，垄断本地行业贸易，抵御外来竞争者势力。当然，在一些商业较为发达的城市，商人早在清初就因业务需要建立了同业商人会馆。

中国古代是以农业经济为主的国家，农业不仅关乎民之所食所用，还是国家财政税收的重要来源。清代中国商品经济的快速发展，并不影响农业经济的基础地位，在商人"肇牵车牛远服贾"的同时，许多地区的农民、流民由于在故乡没有土地或土地过少、天灾人祸等原因而陷入生存困境，大肆向外迁移到有土地的地方谋生。除了清兵入关后发动的对腹地及边境地区的统一战争而造成的移民之外，此后西南、东南以及台湾都发生了大规模的农业移民活动，如清初的西南地区有湖广填四川以及改土归流以后湘西、黔、滇的大规模移民活动，并且都较具影响力。这些农业移民结同乡人而聚居，形成了一个个在异乡的"同乡村"，并在其中建立了一所所祠庙会馆，以系乡情、联乡谊为己任。

3. 云南会馆

在明清会馆发展的时代背景下，地处祖国西南边疆的云南，其社会经济发展亦与会馆有着密切联系。在以往人们的认知里，云南总是与偏僻落后、交通不便、瘴乡穷壤这些字眼相连，似乎与商品经济、发达、会馆没有太多联系。但事实并非如此，云南与缅甸、越南、老挝等国毗邻，特殊的地理位置使云南很早就与南亚、东南亚地区市场发生了贸易联系，并不是一个封闭的地区。14世纪明朝建立后，云南特殊的战略地位促使中央政府加大了对它的开发力度，大规模军事屯田、移民以及民间自发商业活动有序进行，云南经济社会逐渐"对内"开放，云南与邻省以及内地各省的联系逐渐增多。到了18世纪，云南在中国的第二次商业革命中获得了长足发展，与内地省份的联系日益紧密。这是由于在第二次商业革命期间，商品经济向广大乡村地区扩散，但乡村市场的小额交易中，人们经常使用铜钱而非白银，使得铜钱成为市场上被大量使用的货币，铜则是需求量较大的铸币原料。与市场对铜矿资源的高需求相反，铜矿供应量严重不足，导致清初中国市场上曾多次出"铜荒"现象。其原因有二：一是中央政府限制国内铜矿资源的开发，二是洋铜采买量受限。中央政府为了解决铜矿短缺问题批准开发云南边疆的铜矿资源。在中央政府的支持和扶持下，云南矿业尤其是铜矿业蓬勃发展，成为全国的铜矿工业中心，每年有上百万至千万不等的铜矿从这里运销到京城及其他省份。在清代云南铜矿开发的历史舞台上，来自江西、湖广、四川等省的大批内地商贾远赴云南开采铜及其他矿产。矿产的开发又吸引了大量邻省及内地穷民到云南佣工，采矿所需器具、工人所需生活用品均需贸易商人贩运至乡村或厂区售卖，商品经济在云南乡村迅速扩散。于是投资商、贸易商、工人、劳工大量聚集云南，并在云南矿区、商城镇、市镇兴建会馆，清初云南矿区、商业区的移民社区生活与移民会馆的建立息息相关。随着矿业、商业的发展，人口的不断迁入，云南荒芜的田地、山林成为穷苦移民的另一理想居住地，在滇东北、东南的川滇、粤滇边界地带，聚集大量农民以及矿工，并在这些地区建立新村落，建立会馆。清初云南移民的乡村社会生活也与会馆有着紧密联系。

（二）研究意义

云南会馆是明清时期的一种民间社会经济组织，它留给后人的不仅仅是祠庙建筑文化。会馆在建设、发展过程中，成员或为了纪念先贤们对会馆建设做出的贡献，以昭后人信实，或为了记录成员共议的乡规、行约，将会馆捐建缘由、捐建人员名录，乡规、行约形成或发布过程、内容，以及其他与会馆相关的事件（如会馆买卖田地、设立慈善会等）刊刻于石碑上，竖立在会馆建筑墙面上或会馆建筑内某个地方，或将他们记录在会馆志上，保存至今。这林林总总的碑刻或文献记录，为我们生动描述了云南会馆的各种面貌，从一个侧面再现了清代云南社会经济发展历程。因此，我们研究会馆的目的不仅仅在于厘清会馆的具体建立、运作情况，还在于通过会馆组织了解清代云南区域社会经济发展的真实情形。

1. 了解清代云南移民与清初工商业发展的实际情况

在云南矿业发展的带动下，移民云南成为清代中国移民史上的重要内容，从事矿业生产、商业贸易是移民到云南后的最主要经营活动。时人常谈及在滇开矿、贸易，佣工者大多为江西、湖广、四川、贵州等省人，他们与清代移居其他地方的移民一样，在云南城乡聚乡而居，建立会馆，为他们的工作、生活服务，本书将在相关章节详细论述会馆与云南工商业发展的关系。开荒种地。清初，随着云南农业的恢复，许多荒地重新得到开垦，矿业兴盛后，移民人口增多，山林、荒地的开垦速度加快，开垦规模扩大，垦殖农民中有许多是来自外省的移民。有的垦荒移民亦为矿厂工人，厂旺时到厂佣工，厂衰时便到当地或其他地区开荒生存；有的垦荒移民则是专门到云南开荒的，他们也是会馆的成员之一。由此可以肯定会馆与农业移民之间的关系匪浅，遗憾的是笔者收集到的会馆资料尚未涉及乡村社会生活的具体内容。但通过会馆，我们是可以了解到清代云南内地移民在云南的工作、生活状况，也可以了解到清初云南工商业发展的实际运作情况。

2. 了解清代云南的国内国际贸易发展状况

18世纪，云南工商业发展处于巅峰时期，云南本土商人也开始向外移民，并在他们的移民地建立会馆。云南人秉承了他们地域上的优势及由此而形成的商业传统，将他们的商业拓展重点区域放在了境外——缅甸，同时也将当时中国国内兴起的商业组织会馆带到了缅甸曼德勒、金多堰等地，会馆成为这一时期云南向外发展的历史见证。当然，国内的北京、宜宾等少数城市，也出现了云南商人修建的会馆，他们以会馆为平台，推动了云南与内地省份的商业贸易联系。通过会馆，我们可以了解到清代云南的国内、国际贸易发展状况。

3. 了解晚清云南社会经济发展状况

18 世纪末，中国第二次商业革命结束，商品经济发展速度减缓，云南矿业发展也从高峰期转入低谷期，这种低速发展状态持续了几十年也未能好转。更不幸的是，19 世纪中叶，云南发生了动乱，战争致使云南经济发展陷入停滞状态，人口大量外逃或死亡，会馆组织临时解散。战争结束后，云南在西方殖民者全球商业活动过程中沦为英法殖民者的目标，他们迫使清政府开放腾越、蒙自、思茅、昆明为商埠，开通红河水道为对外商道，修建滇越铁路，外资、外商挤入云南，云南商品经济发展面临着较以往更深的"对外开放"。这些变化使云南商人在获得拓展贸易机遇的同时，还需应对更激烈的商业竞争，甚至是不平等竞争。他们再次推进了新的行业会馆的建立和同乡会馆的演变，以适应社会经济的变化。通过这一时期的会馆，我们可以了解到晚清云南社会经济发展状况。

二、研究回顾

自 19 世纪 80 年代美国人对中国会馆、公所进行调查开始，学术界对中国会馆史的研究可谓方兴未艾，至今已取得了丰硕成果。在迄今的一个多世纪里，学者们对会馆研究的重点各有不同，本书将分三个时间段对国内外的研究进行回顾。

（一）19 世纪 80 年代至 20 世纪 40 年代

19 世纪 80 年代，一些欧美人士到中国后发现当时的中国商人正借助会馆、公所与外国商人进行竞争，便对中国工商性质的会馆、公所产生了浓厚兴趣，并开始对北京及其他商业城镇的工商会馆展开调查。如麦高文（MacGowan）、马士（Morse）通过调查发现，中国的会馆、公所与欧洲的基尔特（guild）有许多相似的地方，认为这就是行会，并用"guild"一词来翻译它。①欧美学者在调查时，将中国工商会馆与西方行会进行了对比，找出了两者之间存在的共性，但并未注意到中国工商会馆的特殊，这也导致后来学界对"会馆是不是行会"这一问题争论不休。

20世纪初，日本东亚同文会在中国的大旅行调查中，对中国各地的会馆进行了调查，并将相关调查资料收录进《支那别省全志》和《支那经济全书》。以仁井田陞为核心的研究团体开始对中国北京的工商业会馆、公所进行了集中调查，收集整理了《北京工商基尔特资料》，展开了对会馆的长期研究。其团队成员和田清发文《关于会馆公所的起源》指出中国会馆、公所的起源可追溯至唐宋的"行"，是商人经济组织。②与欧美学者相似，和田清接触到的大多为晚清中国工商业行会、公所资料，他在关注会馆、公所缘起的商业组织性质时，忽略了会馆最初的移民同乡社会组织的属性。

鉴于国外学者对中国会馆、公所的片面认识，国内学者提出了不同看法。1925年，郑鸿笙发表了《中国工商业公会及会馆、公所制度概论》一文认为公馆并非西方的基尔特组织，公会、会馆、公所这三种社会团体之间有着微妙区别，会馆与一般的社会团体不同，它具有财产团体和公益团体的双重性质。③郑鸿笙的研究植根于中国社会，他对中国会馆、公所、公会的认识更为客观，注意到了会馆的双重属性。

但是，此文并没有引起国外学者的关注和共鸣。1927年，日本学者加藤繁发表《唐宋时代的商人组织——行》一文，提出与和田清相似的观点，认为作为会馆先驱的行在唐宋时代已经存在。④1928年美国学者伯杰斯（Burgess）在《北京的行会》一文中的观点与先前的美

---

① MacGowan, D. J. (1886) Chinese Guilds or Chambers of Commence and Trades Unions. Journal of the North China Branch of the Royal Asiatic Society, 21: 133192. Morse, Hosea B. The Gilds of China, Shanghai: Kelly &Wash Ltd.

② 王日根：《中国会馆史》，上海：中国出版集团"东方出版中心"出版，2007年版，第14页。

③ 郑鸿笙《中国工商业工会及会馆、公所制度概括》《国闻周报》第2卷第19期，1925年5月18日，第19-21页。

④ 王日根：《中国会馆史》，上海：中国出版集团"东方出版中心"出版，2007年版，第14页。

国学者以及日本学者的看法基本一致。①1928 年，日本学者大谷孝太郎撰文《上海的同乡团体及同业团体》，指出近代上海商人团体的发展，时间越靠后其乡土结合越凝固，这种乡土结合实际上是在分割市场，阻碍了资本的聚集，②该研究的立足点依然是会馆为西方基尔特组织，不过他注意到了会馆等商人团体乡土结合的特性，却对商人团体所发挥的功能阐述不够全面。

20 世纪 30 年代以后，国内外学者对中国会馆、公所的研究有了新的进展。首先，在会馆是不是西方行会的问题上，学界基本达成共识，否定了早期关于会馆就是西方基尔特的观点。1934 年，全汉昇所著《中国行会制度史》一书问世，他在该书中论及明清时期的行会制度时，用的章节标题为"会馆"，肯定了明清会馆的商业行会组织的属性，但他指出其与欧洲的行会有本质区别。同时，该书明确了乡土观念在会馆源起中起到的重要作用，并且指出会馆的建立主要是为了应对客居者在生活、事业中遇到到诸多困难，它还具有同乡团体的性质。此外，该书还对客帮与会馆的联系、会馆的内部运作、事业活动等做了详细的分析。③该书虽然不是有关明清会馆的专著，但是作者对明清会馆的认识较为全面深入，是这一时期会馆研究的代表性成果。1935 年，日本学者加藤繁对会馆有了新的认识，他在《论唐宋时代的商人组织"行"并及清代的会馆》一文中对中国唐宋至清代的商人组织做了详细的考证，并将这些组织与会馆、公所进行了一一比较。他认为，欧美学者将中国会馆视为西方的基尔特，"但是相当于基尔特的却是行"，"所谓会馆是明代嘉靖、隆庆以后，集中在北京的各省官吏、士子等按照乡籍的差别而设置的憩息燕集场所，似乎北京以及各省的商人会馆也是模仿这种性质的。……商人会馆的发生，难以说是本地的行发展壮大的必然的结果，而显然是因为和其他都市的通商关系密切起来，其他

---

① John Stewart Burgess, The Guilds of Peking, New York, 1928.

② [日]大谷孝太郎：《上海的同乡团体及同业团体》,《支那研究》，1929 年第 19 期。

③ 全汉昇：《中国行会制度史》，上海：新生命书局 1935 年版。

地方的商人定居下来的人有所增加，也就是商业更加发展的缘故"。①1942年，他又发表《清代北京的商人会馆》一文，进一步澄清了会馆与工商业行会的区别，阐述了行商、坐贾以及商业发展与会馆的关系。②

其次，国内外学者对会馆研究的视角也在逐渐拓宽。1932年，根岸佶发表了《支那的行会》，将会馆研究视角从探讨会馆是否是西方行会，转到研究会馆与政府权力之间的关系，认为政府将部分管理经济的能力让渡给了商人。③1945年窦季良拓宽了会馆研究范畴，他在《同乡组织的研究》中从同乡组织视角对四川地区的移民会馆展开研究④，使会馆研究范畴不再局限于工商业性质的会馆，该研究堪称会馆史研究的一个重要里程碑。

这一阶段，学界研究的主力军为欧美、日本学者，研究的焦点为清末民初的工商性质的会馆。学者们进行了大量实地调查，收集了许多会馆资料，并在此基础上对会馆的起源、会馆与西方行会之间的关系进行了探讨，提出了对中国会馆最直观的也较为片面的认识，但这种认识随着他们对中国会馆研究的深入而变得更加客观。中国学者研究会馆的成果不多，但他们的认识较国外学者更为客观，研究亦较为深入。

（二）20 世纪 50 年代至 80 年代

这一时段，研究会馆的队伍不断壮大，不过国内、国外学者研究的重点稍有差异。

日本学者关注的焦点仍为中国工商会馆，但研究路径日益拓宽。根岸佶实地考察了中国上海等地的工商行业会馆，著有《上海的行会》和《中国的行会》两书，其视野仍集中在工商性质的会馆，但是他对

---

① [日]加藤繁：《论唐宋时代的商业组织"行"并及清代的会馆》，《中国经济史考证》第 1 卷，吴杰译，北京：商务印书馆 1962 年版。
② [日]加藤繁：《清代北京的商人会馆》，《中国经济史考证》第 3 卷，吴杰译，北京：商务印书馆 1962 年版。
③ 王日根：《中国会馆史》，上海：中国出版集团"东方出版中心"出版 2007 年版，第 16 页。
④ 窦季良：《同乡组织之研究》，南京：正中书局，1943 年。

会馆又做了一般性的全面研究。①

仁井田陞对会馆的研究成果集中在《中国的社会和行会》一书中，他继承了日本学者对中国工商行会性质会馆的经济史研究，指出应将中国的基尔特组织与西方行会组织做比较研究，为深层次把握中国会馆的特质，应先理解中国社会的内部构造，从而将会馆研究向社会史方向拓展，这是日本学界在会馆问题研究方面的重大突破。②此外，仁井田陞收集的会馆碑刻等资料由后辈学者整理汇编为《仁井田陞博士辑北京工商基尔特资料集》，70年代以后陆续出版。③今崛诚二是另一位在会馆研究方面成果较多的日本学者，他先后发表了《行会史》《河东盐业同业公会的研究》《中国行会商人的构造》等论著，集中探讨了工商业行会、会馆在城市社会经济发展中的重要作用。④此外，泽崎坚造、横山英、宫崎市定、幼方直言、白山反正、增井经夫等发表了关于中国行会、会馆的论文，其内容涉及会馆属性、作用等传统问题。

欧美学者关于中国史的研究出现了两种不同的学派，一派以欧洲中心论为出发点，将中世纪欧洲城市社会发展模式应用于中国，在会馆研究上他们将中国的会馆视为欧洲中古社会的基尔特行会组织，忽略了会馆、公所的时间差异和区域差异，并认为会馆、公所的市场垄断权力十分强大。如，1983年蒂莫西（Bradstock, Timothy R）发表了《清代中国的手工业行会及其垄断》，认为中国的手工业行会与欧洲中古社会的行会相似，在市场发展中具有重要的垄断作用；⑤1988年，刘广京（Liu Kwang-ching）发表了《中国的商人会馆：历史疑问》，认为行会类似于西方的基尔特组织，并指出行会和同乡会馆反映出商业

---

① 见王日根：《中国会馆史》，上海：中国出版集团"东方出版中心"出版2007年版，第16页。

② 见王日根：《中国会馆史》，上海：中国出版集团"东方出版中心"出版2007年版，第16页。

③ [日]佐伯有一、田仲一成：《仁井田陞博士辑北京工商基尔特资料集》，东京：东洋文化研究所1975—1983年版。

④ 见王日根：《中国会馆史》，上海：中国出版集团"东方出版中心"出版2007年版，第16页。

⑤ Bradstock, Timothy R.(1983). Ch'ing Dynasty Craft Guilds and Their Monopolies. The Tsing Hua Journal of Chinese Studies, 14(12): 143155.

互动的私有化。[1]

另一派则脱离欧洲中心论，客观地看待中国社会经济发展历程，他们以一种全新的视角来研究中国及中国社会的行会或会馆，如何炳棣、施坚雅、罗威廉等。美籍华人学者何炳棣于 1966 年出版了《中国会馆史论》，他在该书中对中国会馆的起源做了考证，指出会馆最早出现于明永乐年间，为旅京官僚团体所建。他认为"会馆是同乡人士在京师和其他异乡城市所建立，专为同乡停留聚会或推进业务的场所。狭义的会馆是指同乡所公立的建筑，广义的会馆是指同乡组织"。他还特别指出北京的同乡会馆具有作为考生寄宿地的特殊功能。[2]同时，他依据文献记载对中国京城、大中小商业城镇的会馆做了梳理，指出中国存在不同类型的会馆，并首次对会馆做了较为全面的界定。美国学者施坚雅开创了中国城市史研究的"中心地方"模式，他在其著作《中国帝国晚期的城市》中，从客居的角度论述了城市中的同乡会馆，认为城市中的客居是以忠于乡里原则为基础的，并因客居的同乡组织而受到推动。北京和各省会的同乡会馆在科举，入仕方面具有重要作用，其他经济中心地的同乡会馆是"垄断式控制职业位置之争的表现"。[3]继施氏之后，另一位美国学者罗威廉秉承了施氏中国史的研究视角，以清代中国著名商业都市汉口为研究对象，深入研究了汉口城市中的会馆或行会，他认为"会馆既指一座建置，也指占有它的组织。会馆是一个永久性地缘组织的驻地"。[4]会馆不仅与汉口城市商业发展有着紧密联系，还与城市社会的其他领域，诸如慈善、治安管理等有着千丝万缕的联系。

这一时期，国内学者受史学研究"五朵金花"的影响，对会馆的关注在很大程度上与资本主义萌芽论相结合，开展了关于会馆概念、性质界定的激烈讨论。以雷大受、吕作燮为代表的学者认为，中国的

---

① Liu, Kwangching.(1988). Chinese merchant guilds: An historical inquiry. Pacific Historical Riview, 57(1): 123.

② [美]何炳棣：《中国会馆史论》，台北：学生书局 1966 年版，第 11 页。

③ [美]施坚雅主编，叶光庭等译：《中华帝国晚期的城市》，北京：中华书局 2000 年版，第 643 页。

④ [美]罗威廉：《汉口：一个中国城市的商业和社会（1796—1889）》，江蓉、鲁西奇译，台北：学生书局 1966 年版，第 312 页。

会馆不等于西方的行会。雷大受在《漫谈北京的会馆》中提到，北京的会馆创设之初其目的在于联系同乡情谊，北京的会馆性质大致有二：一种是工商业者的行会；另一种则是专为应试仕子解决住宿问题而设置的。①可以说，他对北京的会馆一分为二地进行了客观阐述。吕作燮在《明清时期的会馆并非工商业行会》中指出，中国会馆并非工商业行会，且早期会馆与工商业毫无关系，北京、上海、苏州、汉口等地会馆资料显示，会馆多为地域性质同乡组织或行帮组织。②之后，他又相继发表了《明清时期苏州的会馆和公所》③和《南京会馆小志》④两文，进一步指出会馆是地域观念的组织，其成员有官员、工商业者、农民等各色人等，而公所是同业组织，成员仅为工商业者。

以胡如雷、洪焕春为代表的学者，则认为中国的会馆就是工商业行会组织。胡如雷在《中国封建社会形态》中指出，"明清之际，我国才真正形成了类似西方行会的工商业组织，或称会馆、或称公所、或称行、或称帮"，即会馆、公所是工商业组织。⑤此后，洪焕春的《论明清苏州地区会馆的性质和作用——苏州工商业碑刻资料剖析之一》⑥、顾延培的《上海最早的会馆——商船会馆》⑦、贺海的《北京的工商业会馆》⑧、汪士信的《明清商人会馆》⑨，均表达了相同的见解。1987年，李华也在《明清以来北京的工商业行会》一文中⑩，区别了北京仕

---

① 雷大受：《漫谈北京的会馆》，《学习与研究》，1981 年第 4 期。

② 吕作燮：《明清时期的会馆并非工商业行会》，《中国史研究》，1982 年第 2 期。

③ 吕作燮：《明清时期苏州的会馆和公所》，《中国经济史研究》，1984 年第 2 期。

④ 吕作燮：《南京会馆小志》，《南京史志》，1984 年第 5 期。

⑤ 胡如雷：《中国封建社会形态研究》，北京：三联书店 1982 年版，第 271 页。

⑥ 洪焕春：《论明清苏州地区会馆的性质和作用——苏州工商业碑刻资料剖析之一》，《中国史研究》，1980 年第 2 期。

⑦ 顾延培：《上海最早的会馆——商船会馆》，《中国财贸报》，1981 年 5 月 16 日。

⑧ 贺海：《北京的工商业会馆》，《北京日报》，1981 年 11 月 27 日。

⑨ 汪士信：《明清商人会馆》，《平准学刊》，1986 年第 3 期。

⑩ 李华：《明清以来北京的工商业行会》，《历史研究》，1987 年第 4 期。

子会馆和工商业会馆，但他认为北京的工商业会馆是一种封建组织，阻碍了资本主义商品经济的发展。一些学者受会馆就是工商业行会组织观点的影响，还专门整理、汇编了相关工商业会馆碑刻资料。如彭泽益编著的《中国近代手工业史资料》①，收录有关手工业公所、会馆资料；李华编著的《明清以来北京工商会馆碑刻选编》②，收录了北京工商性质会馆碑文；苏州历史博物馆编著的《明清苏州工商业碑刻集》③，收录了苏州工商性质会馆的碑刻资料；广东社科院历史研究所中国古代史研究室等编纂的《明清佛山碑刻文献经济资料》④，也收录了部分工商会馆碑刻资料。

这一时段的研究，国内外学者仍在持续关注中国工商性质的会馆，但研究路径已经拓展。由于国内学者对会馆的研究晚于国外学者，故当国外学者已经从探讨会馆与行会、基尔特之间的同异转向探讨会馆与社会经济发展关系时，中国学者还在集中讨论会馆与行会、基尔特的异同。总体上会馆研究的地域范围仍然集中在北京、上海、苏州、广州等工商业非常发达的城市。

（三）20 世纪 90 年代至今

经过 1880 年到 1980 年近一个世纪对会馆的研究、探讨及认识，20 世纪 90 年代以后，学界对会馆研究的视角和思路不断创新，研究内容越来越丰富，研究日益理性化、全面化、深入化。

日本学者关于中国会馆的研究有了新的突破，研究焦点从关注会馆的基尔特性质转到探讨会馆与社会经济发展之间的关系。如川胜守在《明清时代的北京、苏州、上海之广东会馆》中，率先应用会馆的地域分布强弱来分析地域性商帮在某地实力的强弱，指出商人会馆是对士大夫会馆的一种模仿，并通过会馆分析了明清社会变革中商与士

---

① 彭泽益:《中国近代手工业史资料》，北京：中华书局 1962 年版。
② 李华:《明清以来北京工商会馆碑刻选编》，北京：文物出版社 1980 年版。
③ 苏州历史博物馆等:《明清苏州工商业碑刻集》，南京：江苏人民出版社 1981 年版。
④ 广东社科院历史研究所中国古代史研究室:《明清佛山碑刻文献经济资料》，广州：广东人民出版社 1987 年版。

的关系。①寺田隆信在《关于北京歙县会馆》中指出，北京的歙县会馆主要是为服务于科学而建立的，但是在会馆发展中商人资本发挥了重要作用，他将会馆问题与科举、商业资本问题联系起来，使研究视野进一步扩展。②

欧美学者受社会整体研究史热潮影响，将中国会馆研究置于大社会背景下，注重会馆与其他社会单元的联系，对会馆的认识更加客观。如 1992 年罗威廉发表了《明清会馆》一文，提出中国会馆"复合结构"论，即认为会馆兼有同乡、同业组合的双重结构。③2009 年，莫尔·马塔（Moll-Murata.C）发表了《17 至 20 世纪的中国行会概述》一文，认为中国的会馆类似西方的基尔特行会，并对中国会馆、公所的研究现状做了概述。④

国内会馆研究队伍愈发壮大，在会馆的性质、功能等基本问题研究，会馆与区域社会经济发展之间关系的研究以及会馆资料收集整理方面都取得了丰硕成果。

关于会馆性质、功能的研究是国内学者研究的重要内容，他们注意到了同乡与同业的会馆、公所之间的联系与区别，客观地分析了会馆的"双重结构"。如徐鼎新认为上海的同乡会馆与行业公所之间有着密切联系，同乡会馆表现出同行业组合的特点，同时同业公所中又包括若干地域商帮。⑤王笛认为重庆的会馆、公所和同业行会也体现了同乡与同业双重组合的结构特征。会馆不仅是同籍移民举办各种社会活动的场所，也对城市政治、宗教、社会的发展起到重要作用，它几乎参与了城市管理和建设的各项事务。⑥王日根认为"会馆与公所在很多

① 叶显恩主：《清代区域经济史研究》，北京：中华书局 1992 年版。

② [日]寺田隆信：《关于北京歙县会馆》，《中国社会经济史研究》，1991 年第 1 期。

③ Rowe, William T.(1992). Ming Qing guilds. Ming Qing Yanjiu, 1: 4760.

④ Moll-Murata. C .(2009). Chinese Guilds from the Seventeenth to the Twentieth Centuries: An Overview. International Review of Social History, 53.

⑤ 徐鼎新：《旧上海工商会馆、公所、同业公会的历史考察》，《上海研究论丛》第 5 辑，上海：上海社会科学出版社 1990 年版。

⑥ 王笛：《清代重庆移民社会与社会发展》，《城市史研究》第 5 辑，天津：天津社会科学院出版社 1993 年版。

场合往往不易区分，倘若真要说出二者的区别，其主要点当在于：会馆往往较多地讲究仪貌，公所则更多地注重实效。……公所往往是中小商人谋求发展的处所，会馆则往往是大商人跻身于仕途或攀附仕途的根据地。而中小商人则既可栖身公所，又可寄居会馆"。①邱澎生认为"无论会馆公所或商会，这些苏州商人团体都是一种民间结社。他们有一定的结社宗旨，也有正式的内部组织章程，因而也是一种社会组织。"②范金明认为，对会馆与公所的关系不能一概而论，应区别对待，"会馆和公所都有地域性和行业性两类""会馆与公所不但在侧重点上有所不同，而且在产生时间上也有较为明显的先后"。③方志远认为"会馆与公所是一种递进关系。会馆是起始的名称，公所是继起的名称。但是会馆是聚会之所，叙的是乡谊，气氛宽松；而公所是公议之所，议的是利益，气氛严峻。"④上述观点，均有资料可以证明其合理性，但又难以涵盖所有会馆、公所的关系，因此要客观辩证地看待不同地域的公馆、会所。正如严昌洪指出"不应以会馆或公所的名称来区分这类社会组织的性质，应该按各个组织的组建动机、人员构成、活动内容来确定其性质，是同乡会还是行会，是商人组织还是手工业组织，或者兼而有之"。⑤

　　会馆与商会之间的关系，也是国内学者关注的焦点。起初，学者们重在强调会馆与商会的区别，否定了他们之间的联系。如朱英明认为，会馆与商会是明显不同的两种商人社团。⑥丁长清也认为会馆与商会是两种不同的组织，"商会与会馆不同，已不是以地缘为纽带组成的

① 王日根：《中国会馆史》，上海：中国出版集团"东方出版中心"2007
　　年版，第68-69页。
② 邱澎生：《商人团体与社会变迁：清代苏州的会馆公所与商会》，台北：
　　台湾大学历史学研究所博士论文，1995年，导论。
③ 范金明：《清代江南会馆公所的功能性质》，《清史研究》，1999年第2期。
④ 方志远：《人口流动与城乡商品经济》，北京：人民出版社2001年版，
　　第564页。
⑤ 严昌洪：《中国近代社会风俗史》，杭州：浙江人民出版社1993年版。
⑥ 朱英明：《辛亥革命时期新式商人社团研究》，北京：中国人民大学出版
　　社1991年版。

某地区、某帮商人组织，而是各帮商人的全国性组织"。①随着研究的不断深入，学者们逐渐客观地、历史地看待这两种商人组织演变过程中的联系与区别，更注重这些组织与社会经济变迁之间的关系。范金明指出，会馆与商会是发展与进一步发展的关系，商会成立之后并没有取代会馆，而是通过会馆来发挥自身作用。②邱澎生认为会馆与商会在组织经费来源、管理方式等方面有相似之处，且商会成立之后与会馆联系密切；相比会馆而言，商会的规章制度具有全国统一性和结构完整性，成员组成具有跨行业性。③王日根认为，会馆、商会都是社会变迁中社会组织建设的反映，"其中势必有一些不同，但绝不是泾渭分明，毫无传承共通之处的"。④至此，学界关于会馆的性质、功能，会馆与会所、商会的关系有了一致的看法。

国内学者逐渐将会馆置于社会经济发展进程中，联系地、动态地考察会馆与社会经济的变迁，更多地关注会馆在区域社会经济发展中扮演的角色及作用，研究视野更加开阔。会馆研究空间上，既深入挖掘北京、苏州、上海等商业重地的会馆在社会发展中的作用，又注重对其他商业城镇会馆的研究。前者如蔡鸿生的《清代苏州的潮州商人：苏州清碑〈潮州会馆记〉释证及推论》，从潮州会馆碑刻资料研究苏州的潮州商人及其贸易情况，探讨了苏州文化对潮州的影响⑤；王民、林国平的《明清两代北京闽中会馆的教育职能及其演变》，分析了闽中会馆在北京教育发展中发挥的作用及其演变⑥；张忠民的《清代上海会馆

---

① 丁长清：《试析商人会馆、公所与商会的联系和区别》，《近代史研究》，1996 年第 5 期。

② 范金明：《明清江南商业的发展》，南京：南京大学出版社 1998 年版，第 273、275 页。

③ 邱澎生：《商人团体与社会变迁：清代苏州的会馆公所与商会》，台北：台湾大学历史学研究所博士论文，1995 年。

④ 王日根：《中国会馆史》，上海：中国出版集团"东方出版中心"2007 年版，第 82 页。

⑤ 蔡鸿生：《清代苏州的潮州商人：苏州清碑〈潮州会馆记〉释证及推论》，《韩山师专学报》（社会科学版），1991 年第 2 期。

⑥ 王民、林国平：《明清两代北京闽中会馆的教育职能及其演变》，《教育评论》，1999 年第 2 期。

公所及其在地方事务中的作用》，探讨了客商会馆在上海地方事务中发挥的积极作用[1]；刘惠新《近代上海会馆公所慈善医疗事业的发展——以四明医院为例》，探索了 20 世纪以后上海会馆、公所慈善事业的近代化发展历程[2]；邱澎生的《商人团体与社会变迁：清代苏州的会馆公所与商会》，深入分析了会馆等商人团体与苏州社会变迁之间的复杂关系，并阐述了会馆在清代苏州社会发展中起到的作用[3]。后者如刘正刚的《清代四川的广东移民会馆》《试论清代四川南华宫的社会活动》对四川移民会馆进行了深入、系统的研究[4]；李甜的《明清以降宁国商人会馆的时空分布与组织类型》，考察了皖南宁国府商人会馆的数量、时空分布以及会馆组织类型及其变迁[5]；王俊霞、李刚的《论明清山陕会馆空间分布的经济依赖性——以甘肃、湖北、河南为例》，探讨甘肃、湖北、湖南地区经济发展与会馆空间分布之间的紧密联系[6]；李储林的《明清贵州江西会馆地域分布及形成机制探析》，探讨了贵州地区江西会馆的地域分析及形成机制[7]。

与此同时，学者还对港台及海外的中国会馆进行了研究。如北京市台湾同胞联谊会编著的《台湾会馆与同乡会》，对台湾的会馆出现的

---

① 张忠民：《清代上海会馆公所及其在地方事务中的作用》，《史林》，1999年第 3 期。

② 刘惠新：《近代上海会馆公所慈善医疗事业的发展——以四明医院为例》，《新乡学院学报》（社会科学版），2009 年第 4 期。

③ 邱澎生：《商人团体与社会变迁：清代苏州的会馆公所与商会》，台北：台湾大学历史学研究所博士论文，1995 年。

④ 刘正刚：《清代四川的广东移民会馆》，《清史研究》，1991 年第 4 期；刘正刚：《试论清代四川南华宫的社会活动》，《暨南学报》，1997 年第 4 期；刘正刚：《清代四川的广东移民经济活动》，《中国社会经济史研究》，1992 年 04 期。

⑤ 李甜：《明清以降宁国商人会馆的时空分布与组织类型》，《地方文化研究》，2015 年第 2 期。

⑥ 王俊霞、李刚：《论明清山陕会馆空间分布的经济依赖性——以甘肃、湖北、河南为例》，《兰州学刊》，2015 年第 7 期。

⑦ 李储林：《明清贵州江西会馆地域分布及形成机制探析》，《晋中学院学报》，2015 年第 2 期。

历史背景、会馆的基本信息进行了梳理和考证①；汤锋旺、李志贤的《20世纪前期新加坡华人会馆学校社会经济史研究——基于潮州公立端蒙学校经费的分析》，通过对华人会馆学校经费的考察，透视了会馆学校与华人社会经济之互动及其办学机制②。

在研究视野和思路上，学者们也有创新，他们将会馆这一传统的研究对象与新的研究因素结合起来，使会馆研究不再局限于就会馆论会馆的狭隘视野中。许檀开创了通过会馆碑刻资料考察区域商业发展状况的新思路，她发表的《清代河南朱仙镇的商业——以山陕会馆碑刻资料为中心的考察》等系列文章，均是通过会馆碑刻资料剖析区域商业城镇的商业发展状况，运用第一手新资料，揭开了古老商业城市商业发展的面貌。③这一研究思路为众多学者所借鉴，越来越多的学者开始充分利用会馆碑刻、档案资料来解读区域社会经济发展情况。④胡德平等以翔实的资料编纂了《中国会馆志》，系统地梳理了中国会馆的发展、演变过程，会馆的类型、分布以及会馆文化的内容，探讨了会馆与商品经济、人口流动、中外文化交流之间的关系，可谓是一部较为全面的研究中国会馆的专著。⑤薄井由、候宣杰等学者对区域会馆的

① 北京市台湾同胞联谊会：《台湾会馆与同乡会》，北京：北京大学出版社2012年版。

② 汤锋旺、李志贤：《20世纪前期新加坡华人学校社会经济史研究——基于潮州公立端蒙学校经费的分析》，《世界民族》，2014年第4期。

③ 许檀：《清代河南朱仙镇的商业——以山陕会馆碑刻资料为中心的考察》，《中国社会科学》，2000年03期；许檀：《清代中叶洛阳的商业——以山陕会馆碑刻资料为中心的考察》，《天津师范大学学报》（社会科学版），2003年04期；许檀：《清代河南北舞渡镇——以山陕会馆碑刻资料为中心的考察》，《清史研究》，2004年01期；许檀：《清代河南赊旗镇的商业——基于山陕会馆碑刻资料的考察》，《历史研究》，2004年02期；许檀：《清代中叶聊城商业规模的估算——以山陕会馆碑刻资料为中心的考察》，《清华大学学报》（哲学社会科学版），2015年第2期。

④ 如，黄忠鑫：《清末民初福州的古田商帮——以福州古田会馆碑刻为中心的考察》，《中国经济史研究》，2012年第2期；宾长初：《清代广西百色的粤商商业——基于粤东会馆碑刻资料的考察》，《中国经济史研究》，2013年第5期。

⑤ 中国会馆志编纂委员会编：《中国会馆志》，北京：方志出版社2002年版。

地理分布进行了考察。①王日根在前人研究的基础上，开创了会馆研究的新方法和视角，撰写了《中国会馆史》，可谓中国会馆研究的又一集大成之作，该书系统、深入地论述了会馆的发展、演变以及原因和对社会经济的影响，并就各地的会馆做了初步统计。②赵逵的《"湖广填四川"移民通道上的会馆研究》，以"湖广填四川"这一重大历史事件为背景，以巴蜀地区为中心，对会馆及会馆文化进行系统研究。③刘凤云、闫淘、余晓川等学者从城市空间文化、信仰文化、商业文化的文化角度考察了会馆在城市文化发展过程中发挥的作用。④白继增、白杰的《北京会馆基础信息研究》以会馆文献、档案资料为基础，在实地调查、考证的基础上，厘清了14省在京会馆的基本信息，分析了会馆的城市布局、管理体制、历史地位，是至今较为全面地研究北京会馆的专著，可作为工具书⑤使用。宋伦、李刚将市场机制引入会馆研究中，他们以山陕会馆为个案，充分发掘了会馆的市场化运作机制。⑥邹怡通

① 薄井由：《清末以来会馆的地理分布——以东亚同文书院调查资料为依据》，《中国历史地理论丛》，2003 年第 3 期；侯宣杰：《清代以来广西城镇会馆分布考析》，《中国地方志》，2005 年第 7 期
② 王日根：《中国会馆史》，上海：中国出版集团"东方出版中心"2007 年版，第 82 页。
③ 赵逵：《"湖广填四川"移民通道上的会馆研究》，南京：东南大学出版社 2012 年版。
④ 刘凤云：《明清城市的文化空间》，北京：中央民族大学出版社 2001 年版；闫涛：《山陕会馆与关公信仰文化研究》，《天津大学学报》(社会科学版)，2017 年第 5 期；余晓川：《河南会馆建筑雕刻题材中的商业文化》，《中原文物》，2017 年第 5 期。
⑤ 白继增、白杰：《北京公馆基础信息研究》，北京：中国商业出版社 2014 年版。
⑥ 宋伦、李刚：《明清工商会馆"会底银两"资本运作方式探析——以山陕会馆为例》，《江苏社会科学》，2007 年第 2 期。李刚、宋伦：《明清工商会馆"馆市合一"模式初论——以山陕会馆为例》，《中国社会经济史研究》，2004 年第 1 期。李刚、宋伦：《论明清工商会馆在整合市场秩序中的作用——以山陕会馆为例》，《西北大学学报》(哲学社会科学版)，2002 年第 4 期；李刚：《明清时期陕西会馆和近代陕西商会的"市场化"基因》，《中国社会组织》，2014 年第 1 期。

过会馆分析国家与民间社会之间的关系。①赵鹏、李刚还从商帮社区自治的角度探讨了明清时期会馆的社会功能，指出会馆是明清社会转型初期商人应社会需要而进行的制度创新。②

在会馆资料的收集整理方面，学界继续推进会馆、公所碑刻、信征录的整理汇编。如袁德宣的《湖南会馆史料九种》，收集了九地湖湘人士所建会馆的会馆志资料；③许檀的《清代河南、山东等省商人会馆碑刻资料选辑》，整理、汇编了河南、山东多地商人会馆碑刻资料④；李琳琦、梁仁志整理的《徽商公所征信录汇编》，整理、汇编了清朝至民国期间由徽商创建或参与建设的会馆、公所的征信录⑤；闫润德的《明清山西商人会馆史料》，整理、汇编了全国各地晋商会馆资料信息及其刻本资料⑥。这些资料的整理为相关研究提供了珍贵的第一手资料。

这一时段，国内外学者关于会馆的研究内容丰富，视角新颖，空间开阔，更加科学、客观地认识会馆。

（四）云南会馆研究总结

通过对学界研究动态的梳理发现，尽管中国会馆史研究历史悠久，硕果累累，可是对云南会馆的研究稍显薄弱。

1966 年，美国华裔学者何炳棣在《中国会馆史论》第四章《会馆的地理分布（上）：商埠、省会、一般州县、工商镇市》中，依据海关十年报告及方志对云南省蒙自、昆明、思茅三商埠的会馆做了简要介绍，但文中并未对云南会馆做深入分析。⑦

① 邹怡:《善欲何为：明清时期北京歙县会馆研究（1560—1834）》,《史林》,
2015 年第 5 期。
② 赵鹏、李刚:《论明清工商会馆的社区功能——以山陕会馆为例》,《理
论导刊》,2014 年第 2 期。
③ 袁德宣:《湖南会馆史料九种》,长沙:岳麓书社 2012 年版。
④ 许檀:《清代河南、山东等省商人会馆碑刻资料选辑》,天津:天津古籍
出版社 2013 年版。
⑤ 李琳琦、梁仁志:《徽商公所征信录汇编》,北京:人民出版社 2016 年版。
⑥ 闫润德:《明清山西商人会馆史料》,北京:中国文史出版社 2017 年版。
⑦ [美]何炳棣:《中国会馆史论》,台北:学生书局 1966 年版,第 46、52、
53 页。

在 1984 年出版的《昆明市志长编》近代之一、近代之二中，收录了清代、民国时期昆明县包括民间访谈在内的同乡会馆、行业会馆的相关资料，对我们研究昆明地区的会馆具有重要史料价值。2000 年出版的《云南史料丛刊》卷十三中，方国瑜先生亦对会馆做了精要的评论，并收录了会馆碑刻资料。

1996 年，蓝勇在《明清时期云贵汉族移民的时间和地理特征》一文中，对云南省的江西、四川、湖广、广东、福建、秦晋、江南和贵州会馆分布数量做了统计，得出清代云南共有 151 所移民会馆，但文中并没有论述这些会馆在云南的详细分布情况，也未提及资料的出处。[①]1997 年，章文焕对西南三省万寿宫（即江西会馆）进行了实地考察，撰写了《云贵川三省万寿宫考察记》一文，文中指出：云南省 33 个市县有 50 座万寿宫，但他并未对各市县的万寿宫分布进行详细论述或考证。[②]同年，刘云明发表《清代云南商人的群体整合》一文，对清代昆明地区的商人会馆进行了考察，指出了清代在云南的商人群体认同不断强化的现象。[③]

2000 年，美籍华裔学者李中清（James Z. Lee）出版了《The Political Economy of a Frontier：Southwest China，1250—1850》（《中国西南边疆的政治经济：1250—1850》），他在该书"附录 C：移民庙宇和会馆"中以表格形式对江西、陕西、湖广、四川、贵州、两广、江南、福建庙宇及会馆在云南省的分布地、出现年代做了梳理，但未对这些会馆的详细分布做介绍。[④]一般情况下移民庙宇即为移民会馆，不同地域移民庙宇和会馆在称谓方面具有一定的规律可循，如江西庙宇或会馆一般称为"萧公祠""真君殿"或"万寿宫"；但在有些地区这些移民会

① 蓝勇：《明清时期云贵汉族移民的时间和地理特征》，《西南师范大学学报》（哲学社会科学版），1996 年第 2 期。

② 章文焕：《云贵川三省万寿宫考察记》，《南昌职业技术师范学院学报》，1997 年第 2 期。

③ 刘云明：《清代云南商人的群体整合》，《思想战线》，1996 年第 2 期。

④ James Z. Lee. (2000). The Political Economy of a Frontier：Southwest China, 1250-1850. Cambridge, Mass: Harvard University Press. 2013 年该书的中译本出版（李中清：《中国西南边疆的社会经济：1250—1850》，林文勋、秦树材译，北京：人民出版社 2012 年版）。

馆的称谓又会发生变化，如云南蒙自的江西临江会馆又称"仁寿宫"、个旧江西会馆又称"关圣宫"，这些变化可能会导致研究者对会馆梳理的遗漏。李中清先生将移民庙宇和会馆并列在同一表格，不知是否有移民庙宇即为会馆之意，我们在运用表格中的会馆资料时应加以辨析。

2003 年，日本学者薄井由在《清末以来会馆的地理分布——以东亚同文书院调查资料为依据》一文中，分析了 20 世纪初至 30 年代中国各地会馆的地理分布，其中涉及云南会馆分布的内容较多，还专门论述了云南开埠与会馆兴衰之间的关系。①此外，她在其博士论文《清末民初云南商业地理初探——以东亚同文书院大旅行调查报告为中心的研究》的第四章"清末民初云南境内会馆的兴衰及其地域差异"中专门对清末民初的云南会馆进行了论述。该章第一节将日本东亚同文会对清末民初云南省城会馆的调查记录做了翻译，这些资料是我们了解清末民初云南会馆发展状况的第一手史料，其中关于行业会馆的调查报告弥补了行业会馆记录缺失的文献空白；第二节则在同文会调查记录的基础上对云南主要城镇（昆明、蒙自、思茅、宜良、会泽、昭通等）的会馆做了统计，这些统计数据并不精准，然文中对晚清云南部分城镇会馆分布的记录，弥补了其他文献记录的缺失，具有重要的史料价值；第三节分析了开埠及滇越铁路的修建对会馆分布转移的影响，尤其是对民国时期昆明和蒙自城会馆发展的影响；第四节总结了近代云南会馆的特点。薄井由对清末民初云南会馆的分布、兴衰转移和发展特点做了梳理和分析，其引用的调查报告是研究云南会馆的重要史料。但是由于她的梳理和分析是基于东亚同文会的调查报告，故时间上主要集中在 1910 年至 1928 年，空间上主要集中在清末云南的主要商业城镇，难以展现整个清代云南全省会馆的发展、演变历程，难以对云南会馆分布做更为全面、系统的梳理和分析。

2006 年，毛佑全在《云南昆明会馆组织史迹探索——简述云南昆明会馆组织的社会整合功能》一文中，梳理了昆明的会馆组织，简要

---

① 薄井由：《清末以来会馆的地理分布——以东亚同文书院调查资料为依据》，《中国历史地理论丛》第 18 卷第 3 辑，2003 年 9 月。

分析了会馆的社会整合功能。①

2007 年，罗群在《从会馆、行帮到商会——近代云南商人组织的发展与嬗变》一文中，简要梳理了云南昆明的同乡、同业会馆的分布、兴起原因及发展状况，深入分析了近代云南商人组织经历的会馆、行帮、商会三个发展阶段，并且指出三者之间是相互联系的，它们的发展演变就是"商人之间由分散走向联合，由孤立状态走向协调行动，使全省商人形成一个整体网络"的过程，该文是清代云南会馆研究成果中系统性较强的论著之一。②

2008 年，陈树志的硕士论文《清代——民国时期昆明城会馆研究》③从地理历史角度分析了清代至民国时期昆明城同乡、同业会馆的分布概况、原因及特点，并且对会馆戏曲文化活动和慈善活动进行了介绍和分析，是昆明城会馆研究的重要成果。

2010 年吕维洪的《会泽八大会馆中的神祗崇拜及其文化意蕴》从会馆神祗崇拜现象分析了会馆文化所具有的意蕴，其研究角度较具新意。④

2011 年，卞伯泽出版了《会泽文化之旅：会馆文化》（以下简称《会馆文化》）一书，该书是云南省会泽县城会馆研究的重要成果。⑤尽管该书的研究空间位置仅锁定为会泽县，但是研究的内容却非常丰富。卞伯泽先生自小就生长在会泽县城，对会泽县城的会馆情有独钟，他实地考察、广泛收集了会泽民间有关会馆的口碑、文献资料，还参与了会泽县城会馆的修复工作，非常熟悉会泽会馆发展历史，可谓会泽县城会馆的活字典。《会馆文化》全书分为上下两册，共九章。第一章

① 毛佑全：《云南昆明会馆组织史迹探索——简述云南昆明会馆组织的社会整合功能》，《大理民族文化研究论丛》，2006 年。

② 罗群：《从会馆、行帮到商会——近代云南商人组织的发展与嬗变》，《思想战线》，2007 年第 6 期。

③ 陈树志：《清代——民国时期昆明城会馆研究》，昆明：云南大学硕士学位论文，2008 年。

④ 吕维洪：《会泽八大会馆中的神祗崇拜及其文化意蕴》，《曲靖师范学院学报》，2010 年第 4 期。

⑤ 卞伯泽：《会泽文化之旅：会馆文化》（上下），昆明：云南人民出版社2011 年版。

就会馆的定义、历史沿革、部分地域会馆的分布做了介绍；第二章对会泽县历史沿革、城市发展特色做了简要介绍和分析；第三章对会泽县城会馆类别做了介绍；第四章对会泽会馆及其他庙宇所祀之神做了介绍和分析；第五章对会泽会馆的建置布局以及会泽城市建筑文化做了详细介绍和解读；第六章介绍了会泽会馆的戏剧、庙会文化以及会馆志——《东川湖广会馆传书》；第七章集中分析了会泽县会馆的组织形式、管理机构和经济开支；第八章分析了会馆的社会功能；第九章对会泽县人在郡外所建会馆做了介绍。本书的优点是开创了云南会馆研究的新路径，除了对会泽县城的会馆分布、部分会馆的兴建时间进行介绍和考证外，还对云南会泽县城各会馆的建筑布局、会馆的内部结构、会馆的文化活动、社会功能等做了较为详细的分析，大大丰富了会馆研究的内容。据笔者了解，书中所介绍的会馆志——《东川湖广会馆传书》是在禹王宫修复时出土的残本，亦为孤本，是我们了解会泽会馆历史的第一手史料。

2015 年，孙健灵的《会泽寺庙会馆的宗教人类学考察》从宗教人类学的角度对会泽会馆文化进行了研究，指出会馆是一个世俗与圣神交融的"剧场"。①

综上可见，学界对商业大都市、全国商业重镇会馆的研究越来越重视，而许多中小城市、边疆地区会馆研究则非常薄弱。近 20 年来，越来越多的学者开始关注、研究云南会馆，其视角不断拓展，研究内容也日益丰富。但是，学界关于云南边疆地区会馆的研究广度、深度仍有提升空间。在已有的关于云南会馆的研究成果中，研究地域主要集中昆明、会泽两地，而像会馆较为集中的蒙自、昭通等地的研究较少，而且这些成果尚未对云南全省范围内的会馆分布做全面的、详细梳理和分析，也未出现对云南会馆内部组织机制、内部经济运作以及会馆对地方社会经济发展的影响做系统地、联系地、全面地研究，关于省外、国外云南会馆的研究更少。因此，有必要对清代云南的会馆以及云南人建立的会馆进行系统研究，厘清会馆分布、运作、性质、

---

① 孙健灵：《会泽寺庙会馆的宗教人类学考察》，《曲靖师范学院》，2015年第 1 期。

功能等基本问题，探寻会馆与云南社会经济发展之间的关系。

三、研究范围、基本资料及概念界定

（一）研究范围

本书基于前人研究成果，从空间和时间两个方面对清代云南各府州的省外人、省内人所建会馆的分布、原因及特点做全面的梳理和分析。

1. 空间范围

本书在梳理云南会馆的地理分布时，将清代云南的 14 个府、4 个直隶州、4 个直隶厅划分成四个区域来论述，即云南府、迤西地区、迤东地区、迤南地区。

本书之所以这样划分，而没有按照方位将其划分八个区域（东、西、南、北，西北、东北、西南、东南），一是因为按照方位划分太琐碎，二是因为清代中央政府曾于雍正八年至乾隆三十五年（1730—1770）在云南设置了三个"道"，即迤西道、迤东道和迤南道，而且此后道的辖区范围较少发生变化。直到光绪十三年（1887），才增设"临安开广兼管关务道，析迤南道属之临安，迤东道属之开化、广南等三府来属"，由于此道兼有专务道的性质，且设立时间较晚，为了行文的方便，我们仍将清末临安开广道所辖府州归到乾隆三十五年划归的道来论述。三个道的具体辖区如下。

迤西地区（迤西道①），包括永昌府、大理府、楚雄府、丽江府、蒙化直隶州、顺宁府、永北直隶厅和景东直隶厅。

---

① 乾隆《云南通志》卷18上"秩官"：（雍正八年）"改分守永昌道为分巡迤西道，辖大理、楚雄、姚安、永昌、鹤庆、顺宁、永北、丽江、蒙化、景东十府，仍驻大理府"。《大清一统志》卷368"云南省"："分巡迤西兵备道，雍正八年改分守永昌道，设驻大理府，辖大理、楚雄等十府；乾隆三十一年永北改厅，三十五年姚安、鹤庆改州，分属楚雄、丽江二府，蒙化、景东并改厅，共辖大理等八府厅。"

迤东地区（迤东道①），包括东川府、昭通府、曲靖府、澄江府、广西直隶州、广南府、开化府、武定直隶州。

迤南地区（迤南道②），包括临安府、普洱府、元江直隶州、镇沅直隶州、威远直隶厅。

清政府在乾隆三十五年对云南府、州建置进行了较大的变动，此后除了个别府州名称有所更改之外，其余几乎未发生大的变动，故本书以乾隆三十五年时云南所设置的 14 个府、4 个直隶厅、4 个直隶州③为准，参照道光《云南通志》卷三十二"建置志"所载各府、直隶厅、直隶州所辖州、县进行论述。具体辖区如下。

云南府，辖昆明县（附郭，今昆明市）、富民县、宜良县、罗次县、晋宁县（今晋宁区）、呈贡县（今呈贡区）、安宁州（今安宁市）、禄丰县（今属楚雄彝族自治州）、昆阳州（今昆阳县）、易门县（今属玉溪市）、嵩明州（今嵩明县）。

大理府，辖太和县（附郭，今大理白族自治州古城区）、赵州（今凤仪镇全镇，弥渡县部分地区）、云南县（今祥云县）、邓川州（今洱源县部分）、浪穹县（今洱源县部分）、宾川州（今宾川县）、云龙州（今

---

① 乾隆《云南通志》卷 18 上"秩官"："（雍正）八年，置分巡迤东道，辖云南、曲靖、临安、澄江、武定、广西、广南、元江、开化、镇沅、东川、昭通、普洱十三府，驻寻甸州。"嘉庆《大清一统志》卷 368 "云南省"："分巡迤东道，雍正八年设，驻寻甸州，辖云南、曲靖等十三府，乾隆三十一年，将云南、武定归驿盐道辖，普洱、元江、镇沅、临安归新设之迤南道辖，本道专辖澄江等七府州。"

② 嘉庆《大清一统志》卷 368 "云南省"："分巡迤南兵备道，乾隆三十一年设，驻普洱府，辖普洱、镇沅、元江、临安四府州。"

③ 《皇朝文献通考》卷 289《舆地考·云南省》："（康熙）八年，降寻甸府为州，属曲靖府；……三十七年，升北胜州为永北府，以永宁土府属于永北府。雍正二年，改威远土州为直隶同知厅；四年改四川之东川军民府来属，五年又改四川之乌蒙、镇雄二军民府来属，六年降镇雄为州属乌蒙府，七年置普洱府，……八年置开化府，九年改乌蒙府为昭通府。……（乾隆）三十年，定武定、曲靖、东川、元江、永昌等府俱罢称军民府，三十五年省姚安府入楚雄府，省鹤庆府入丽江府，改广西、武定、元江、镇沅四府俱为直隶州，改蒙化、永兆（北）、景东三府俱为直隶同知厅，凡领府十四、直隶州四、直隶厅四。"

云龙县、泸水市部分）、十二长官司（今祥云县、姚安县部分地区）。

临安府，辖建水县（附郭，今建水县、元阳县部分、红河县部分、金平县、绿春县部分）、石屏州（今红河哈尼族彝族自治州石屏县、红河县部分地区）、阿迷州（今红河哈尼族彝族自治州开远市）、宁州（今玉溪市华宁县）、通海县、河西县（今玉溪市通海县河西镇）、嶍峨县（今玉溪市峨山县）、蒙自县（今蒙自市、个旧市）。

楚雄府，辖楚雄县（附郭，今楚雄市）、南安州（今双柏县）、定远县、广通县（今禄丰县）、姚州（今姚安县）、大姚县（今大姚县、永仁县）、镇南州（今南华县）。

澄江府，辖新兴州（今玉溪市）、河阳县（今澄江县）、江川县（今江川区北部）、路南州（今石林县）。

广南府，辖宝宁县（今广南县、砚山县北部、富宁县）。

顺宁府，辖缅宁厅（今临沧市临翔区、永德县、镇康县、双江县）、顺宁县（今临沧市凤庆县、耿马县、沧源县和保山市昌宁县部分）、云州（今云县），辖区还包括今孟连县、澜沧县、西盟县。

曲靖府，辖南宁县（今曲靖市）、沾益州（今沾益区）、陆凉州（今陆良县）、马龙州（今马龙区）、罗平州（今罗平县）、寻甸州（今昆明市寻甸县）、平彝县（今富源县）、宣威州（今宣威市）。

丽江府，辖丽江县（今丽江市）、中甸厅（今迪庆藏族自治州香格里拉市）、维西厅（今迪庆藏族自治州维西县、福贡县、贡山县、德钦县部分）、鹤庆州（今大理白族自治州鹤庆县）、剑川州（今大理白族自治州剑川县、兰坪县部分）。

普洱府，辖宁洱县（今普洱市宁洱哈尼族自治县）、思茅厅（今普洱市思茅区）、他郎厅（今普洱市墨江哈尼族自治县）、车里宣慰使司（今西双版纳傣族自治州地区）、威远厅（今景谷傣族彝族自治县）。

永昌府，辖保山县（今保山市、施甸县、昌宁县部分、泸水市部分）、腾越厅（今腾冲市、瑞丽市）、龙陵厅（今龙陵县）、永平县（今永平县）。

开化府，辖文山县（今文山市、砚山县南部、屏边自治县）、安平厅（今马关县、河口县）。

东川府，领会泽县（今为曲靖市辖区）、巧家厅（辖今会泽县、昭通市巧家厅及昆明市东川区部分地区）。

昭通府，领恩安县（今昭通市朝阳区）、镇雄州（今镇雄县、彝良县、威信县）、永善县（今永善县、绥江县）、大关厅（今大关县、盐津县）、鲁甸厅（今鲁甸县）。

景东直隶厅（今普洱市景东彝族自治县），蒙化直隶厅（今大理白族自治州巍山县、南涧县、漾濞县），永北直隶厅（辖区为今丽江市永胜县、华坪县、宁蒗彝族自治县），威远直隶厅（辖区为今普洱市景谷彝族傣族自治县）。

武定直隶州（今楚雄彝族自治州武定县），领元谋县（今为楚雄彝族自治州辖区）、禄劝县（今为昆明市辖区）。

元江直隶州（今玉溪市元江哈尼族彝族傣族自治县），领新平县（今玉溪市新平县和普洱市江城红河哈尼族彝族自治州东部）。

镇沅直隶州，领恩县（今普洱市镇沅彝族哈尼族拉祜族自治县）。

广西直隶州（今红河哈尼族彝族自治州泸西县），领师宗县（今曲靖市师宗县、文山壮族苗族自治县）、弥勒县（今红河哈尼族彝族自治州弥勒市）。

2. 时间范围

清代云南会馆的发展时间上呈现出阶段性特征，即战乱前兴盛，战乱中衰落，战乱后再兴盛。本书在论述各地会馆分布时，为了清晰展现会馆发展的具体脉络，将从三个阶段来论述会馆的发展状况，尽管第二个阶段的论述可能只是寥寥数语，但却是会馆发展中不可或缺的一环。具体阶段划分如下：顺治元年至咸丰五年（1644—1855）为第一个阶段，咸丰六年至同治十二年（1856—1873）时期为第二个阶段，同治十三年至宣统三年（1874—1911）为第三个阶段。当然，由于一些地区的会馆，文献资料未详细记载它是否受到战乱影响，是否在战乱中被毁，为了合理安排论述，这些地区我们只按两个阶段对其进行论述，即将第二、三阶段合并。

（二）基本资料

会馆是民间组织，具有明显的地方性色彩，故地方性资料是本书研究的基本资料。方志的祠祀部分清晰地记载了会馆祠庙的具体坐落和修建时间，尽管有的记载较为详细，有的记载较为简单，可是这些记载能够帮助我们厘清会馆的时空分布。云南各府州县在清代、民国时期所修的方志是本书的重要文献资料。会馆自身留下的碑刻、会馆志是本书研究的第一手资料，这些资料的记载比文献记载更为详细、翔实，本书许多内容将以这些第一手资料为中心进行考察。此外，其他有关会馆、云南社会经济发展记载的文献，也是本书的基本资料。

（三）概念界定及相关说明

1. 云南会馆

本书的研究对象"云南会馆"包括"云南的会馆"和"云南人所建会馆"两部分。"云南的会馆"是指外省人、本地人在云南省所建的同乡或同业会馆，"云南人所建会馆"是指云南人在国内、国外建立的同乡或同业会馆。尽管本书收集到的"云南人所建会馆"资料非常有限，主要运用"云南的会馆"资料来进行论述和分析，可是为了清晰呈现会馆与云南社会经济发展之间的关系，本书并未忽略对云南人所建会馆的研究。

2. 同乡公馆、移民公馆、商人公馆

会馆组建纽带有地缘、业缘之分，清代云南的会馆主要为以业缘为纽带组建的同乡会馆。由于以地缘为组建条件的会馆是外省族滇移民或滇省移居他州县的人所建，故同乡会馆实质上就是地域移民会馆。移民身份有为官者、幕僚者，有为商人、工匠、小贩者，有为其他穷民者，其中官员、商人是会馆的主要倡建者，而工商业者是城镇、矿区会馆核心成员。云南的会馆空间分布上以工商业者倡建（或为核心成员）的会馆居多，加之当时走场者大多携带商品销售，亦工亦商，故可将工人、农民、商人视为同一商人群体，他们建立或发展的会馆可视为商人会馆。农民建立在乡村的会馆以及官僚群体组建的会馆，工商业者有参与，但未占据核心地位，故不能视为商人会馆，比如昆明的浙江会馆、昭通和广南村寨的会馆。

3. 会馆名称辨识和说明

清代的许多同乡会馆、同业会馆名称并不称"会馆"，而称"祠""宫""庙"，一般地域会馆的祠庙名称具有一定规律性，然而个别地区的会馆祠庙名称并未遵循一般命名规则，这就需要对会馆名称加以辨析和说明。

本书在梳理会馆分布时，参考了大量方志资料。在官方所修方志中，"祠祀"分为"典祀"和"俗祀"或"群祀"，典祀即官员祭祀之祠庙，俗祀或群祀则为民众祭祀之祠庙，若典祀祠庙名称与地域会馆祠庙名称相同，除非有特别记载为某官率某地客民所建，否则我们均不将其归入会馆之列。一些出现在群祀记载之列的祠庙名称与云南以外地区出现的地域会馆名称相同，但云南方志中并未详细记录其为某地域客民所建时，我们本着宁缺毋滥的原则均不将其视为云南会馆，如"晏公庙"就是这种情况。

（1）云南的会馆。

湖广会馆，又称"寿佛寺""禹王宫"，是湖南、湖北籍旅滇官商人①所建，馆内建有"禹王宫"，供奉传说中的治水功臣"大禹"。东川府会泽县湖广会馆称为"东岳庙"，其他地区多称"寿佛寺"。

江西会馆或江右会馆，又称"万寿宫""真君殿""萧公庙"或"萧公祠"等，为江西籍旅滇商民所建，会馆内主要供奉许逊、萧公等地方乡贤。江西籍商民遍布云南各府、县、村寨，所以除了省级会馆之外，各府县另建有会馆，会馆称谓上略有变动，如会泽县临江会馆称"药王庙"，保山市江西抚州会馆则称"昭武祠"。江西会馆多冠名为"万寿宫"。但是，清代地方官绅供奉皇帝牌位的寺庙也称为"万寿宫"，"万寿宫"既出现在官祀之列，又出现在群祀之列，所以如无特别记载，一般不将其归入会馆。有学者将"晏公庙"或"严公庙"视为江西会馆，然笔者收集到的资料中尚未发现关于"晏公庙"或"严公庙"是江西会馆的记载，故此类不在本书梳理的江西会馆之列。

四川会馆，又称"川主庙""西来寺"或"璘珉宫"，为四川籍旅滇官绅、商人所建，会馆内主要供奉"李冰父子"。关于"西来寺"本

---

① 商人：本书的商人既包含专门从事贸易活动的职业商人，又包括亦农亦商、亦工亦商的兼职商人。

书也采取谨慎态度，除了有明确记载其为四川客民所建，否则不将其归入本书梳理的四川会馆之列。

贵州会馆，又称"忠烈宫""黑神庙"，为贵州籍旅滇民众所建，会馆内主要供奉唐代名将"南霁云"。会泽县贵州会馆又称"楚黔会馆"，据传是因为该会馆建造时得到湖广会馆的资金支持而得名。

陕西会馆、山陕会馆，又称"陕西庙""关圣行宫""关圣宫"，为陕西籍或山西、陕西两省旅滇官绅、商人所建，馆内供奉关羽。实际上，"关圣宫""关帝庙"并非陕西会馆独有的名称，在云南个旧，江西会馆、云南会馆亦被称为"关圣宫"，因此当根据记载区别对待。

福建会馆，又称"天后宫"（有些文献书写为"天上宫"），为福建籍旅滇民众所建，会馆内主要供奉海神"妈祖"。

江南会馆，又称"吕祖阁""白衣阁""兴国寺"，为江苏、安徽等籍旅滇官绅、商人所建，会馆内主要供奉吕洞宾、白衣观音、华佗等神人或先哲。

浙江会馆，又称"浙江先贤祠"，昆明浙江会馆早先为浙江籍官绅捐置的公义坟冢"享堂"，清末才建浙江先贤祠作为他们的会馆。

广东（粤东）会馆、广西（粤西）会馆、两粤会馆，又称"南华宫"，是广东、广西或两广旅滇官、商所建。

云南人在本省所建会馆俗称并不统一，如保山市大理会馆称"双鹤观"，鹤庆会馆称"鹤云寺"；昆明、腾冲等地同乡会馆则直接以地名冠名，如腾阳会馆、迤西会馆、临安会馆等。

（2）云南人所建会馆。

云南人在缅甸建的会馆称"观音寺"，供奉观音及其他诸神；在西藏建的会馆称"三多庙"，供奉纳西族的三多神；在北京的会馆称"赵公祠""景忠会馆"；在中国其他地区建的会馆多称"云贵宫""云南会馆"。

四、研究方法、目的及结构

（一）研究方法

1. 以历史学研究方法为经

会馆史研究历史悠久，硕果累累，特别是对北京、上海、苏州、江南等城市和地区会馆的研究渐成气候，至今方兴未艾。会馆作为特定历史条件下形成的经济社会组织，它承载的内涵十分丰富，因而吸引了历史学（包括经济史、社会史、城镇史等方向）、经济学、社会学等学科的学者们运用各学科理论和方法来研究会馆史，如西方行会论、资本主义萌芽论、传统与现代论、马克思主义对立统一论、市场论等。然而，会馆史和经济史归根结底属于历史学范畴，故本书仍然遵循以历史学为主的研究方法。首先，注重史料的收集、考辨、运用，尤其是对方志、档案、碑刻史料的收集和发掘。笔者查阅了至今云南省百余部方志以及其他文献资料，以期能够准确地厘清本书所要研究的会馆问题。其次，坚持论从史出的研究方法，依据收集到的史料对会馆问题进行分析，史论结合，力求做到有理有据。最后，还借鉴了其他学科的研究方法。正如吴承明先生指出，一切理论都可以作为经济史的研究方法。因此，本书在分析过程中，借鉴了管理学、经济学理论和归纳法、统计法来分析文本中的一些问题，力求更加清晰地说明云南会馆及其与云南经济社会发展之间的内在联系。

2. 以田野调查方法为纬

会馆建筑是一个客观存在的、看得见的历史遗存物，而文献资料对它的记载较为简单，只有实地考察，才能收集到如会馆的建置布局、风格、会馆碑刻等第一手资料，才能更准确、科学地对其进行分析。因此，笔者借鉴社会科学的田野调查方法，尽可能到各地实地考察、采访有关会馆的文字资料和民间口碑资料。

会泽县是现今云南省会馆保存最为完整的地方，也是笔者田野调查的重要地区。2010 年至 2017 年，笔者曾 4 次到会泽县城对当地的会馆进行实地考察，逐一对江西会馆"真君殿"、江西临江会馆"药王庙"、江西豫章会馆、湖广会馆"寿佛寺"、四川会馆"川主宫"、陕西会馆"关圣宫"、江南会馆"白衣阁"、福建会馆"天后宫"、贵州会馆"忠烈宫"等 7 省 9 所会馆进行考察，仔细观察各会馆的建置布局及所供奉的神灵，并对会馆建筑进行拍照，还收集到了该地各会馆内的 25 通碑刻资料。在会泽考察过程中，笔者有幸拜访到了《会泽文化之旅：会馆文化》的编著者卞伯泽先生，先生不辞辛苦，引导笔者再次走访了城内各会馆，并介绍了各个会馆的发展和修复历程，丰富了笔者对会馆的认识。

此外，笔者还到会泽县娜姑镇白雾街进行了考察。白雾街保存有清代所建的湖广会馆"寿佛寺"、贵州会馆"忠烈宫"和江西会馆"万寿宫"3所会馆遗址。与城内的会馆相比，白雾街的会馆规模较小，贵州会馆"忠烈宫"现为民居，殿内所供奉神灵早已不知所踪，修复工作也尚未启动；湖广会馆"寿佛寺"则是大门紧闭，据周围居民介绍，会馆里面已经没有神像；江西会馆"万寿宫"大殿等建筑均已不复存在，只经周围居民介绍知其为会馆遗址。

2012年，笔者到大理白族自治州弥渡县和下关市进行考察。弥渡县城东街尚存清末修建的陕西会馆吉安会馆遗址，未发现有碑刻；大理古城内的江西会馆"萧公祠"已不复存在，可喜的是有两通碑刻收藏在大理州博物馆内。

2012年，笔者依据方志记载的位置，对昆明城内的会馆遗址进行了考察。考察发现，城内20余所同乡、同业会馆在现代城市建设中被拆毁，无一幸免，除了江西会馆"萧公祠"的"棉花例规"碑刻被保存在云南省博物馆外，其余碑刻均不知去向。笔者为此走访了昆明市五华区、官渡区文物管理局，他们称亦不知碑刻去向。幸运的是，方国瑜先生的《云南史料丛刊》中收录了两通昆明会馆碑刻碑文和一通个旧会馆碑刻碑文以及《昆明市志长编》收录了昆明四川会馆三通碑刻碑文。

2015年，笔者对滇南蒙自、建水一带的会馆进行了考察。考察发现，蒙自老城区、个旧市（清代个旧厂）的老会馆建筑有一部分被保存下来，会馆碑刻则被完整保存下来。田野调查收集到的碑刻、文献资料，充实了本书的研究史料。

（二）研究目的

梳理清楚云南会馆的时空分布及其特征之后，我们将进一步分析它的运作机制以及性质、功能。会馆不仅是一座祠庙建筑，还是一个团体组织，它有着严密的组织系统、独立的经济来源和独特的内部运作方式，这样一个有实体、有组织、有体系的组织，它的存在必然具有特殊的属性和功能，这些问题是我们在厘清会馆分布之后需要解答的问题。最后，我们将重点探寻这些会馆在云南矿业、商业贸易、云南社会、文化的发展过程中所扮演的角色。

（三）全书结构

第一章为导论部分。第二章，对云南会馆兴起时的特殊历史背景进行介绍和分析，指出云南会馆是在清代云南边疆开发的大历史环境中兴起的。第三章，全面梳理云南会馆的时空分布，重点梳理外省人、云南人在云南省建立的会馆分布情况，分析会馆在云南分布的特点；简要梳理云南人在国内、缅甸建立的会馆分布情况。第四章，考察云南会馆的内部运作机制，包括会馆组织体系和会馆经济运作两个部分。第五章，分析云南会馆与云南经济发展的互动关系及其影响。由于清代云南工业发展的焦点为采矿业，故第一节主要探讨云南会馆对云南采矿业发展的影响，揭示会馆在采矿业资金聚集、生产、管理中的促进作用；第二节主要探讨会馆对云南商业发展的影响，揭示会馆在云南商业制度建立、城市商业发展、贸易（省内、省际、国际）拓展中的推动作用；第三节简要分析会馆经营土地与云南农业的互动。第六章，分析云南会馆对云南社会发展的影响。第一节分析会馆在推动云南流寓人口管理上发挥的积极作用；第二节阐述会馆所举办的各类慈善活动，这是整个社会救济体系中的重要组成部分；第三节分析会馆建置布局特点，以及戏曲文化对云南文化发展的影响；第四节论述会馆在云南社会冲突中，被会馆领导误导、利用，以维护矿商阶层的利益，从而导致械斗事件的发生；第五节探讨会馆之后的官商博弈。结语部分，对全书进行总结，指出会馆在云南经济、社会、文化发展中都起着积极作用，但是它的存在方式却比较隐蔽，并且分析民众为何以馆庙合一的方式建立民间组织；鉴于清代云南会馆在政治、经济、文化中的作用，笔者提出了它对当代社会的几点启示。

第二章
清代云南边疆发展与会馆的兴起

　　任何事物都不是独立存在的，也不是凭空出现的，会馆亦是如此。在研究会馆之前，我们需要对会馆兴起的条件或者历史背景进行详细剖析，这样才能更好地认识它。中国会馆兴起，与明清时期中国社会经济的变迁有关，商业贸易、农业经济、工业活动、思想文化等因素都对会馆的兴起产生了直接或间接作用。中国幅员辽阔，各地区的社会经济文化发展水平不均衡且各有特色，会馆兴起的历史背景亦不尽相同。

　　就云南而言，会馆的兴起与云南政治环境、经济的发展、社会的文化变化有关，工商业、农业、文化的发展变化共同造就了云南的会馆。这些发展变化的开始，要追溯至明清中央政府对云南边疆的经略。自明代开始，随着中央政府对西南边疆地区政治、军事控制的巩固，边疆经济开发逐渐稳步推进，开中、屯田、矿业开采、商业贸易等一系列经济策略的实施，使云南社会经济发展取得一定成效。在明代，中央对云南的经略以政府主导为主。到了清代，中央政府依然没有放弃对西南边疆地区的经略，平定吴三桂之乱、改土归流后云南地方趋于稳定。但是，整个地区满目疮痍、百废待兴，平边军队需要供养、政府衙门需要开支、土地需要开垦等问题摆在了云南最高行政官员面前，恢复与发展是当务之急。云南总督等高层官员经过深思熟虑制定了边疆发展策略，其中对云南社会经济变迁带来深远影响的是开矿藏、招民屯垦政策。地方政府着力恢复发展经济的政策，以及中国商品经济高速发展的势头，给地域商人到云南开拓业务创造了条件，也为会馆的兴起创造了条件。

第一节　清王朝边疆开发与云南移民

明末清初，中国社会经济经历了一次洗牌，满族入关并实现对腹地及边疆地区的统治，国家进入新的王朝统治时期，各地社会经济陆续得到恢复和发展。就云南而言，社会经济的恢复、发展和繁荣，得益于开矿藏、招民屯垦这两项政策的实施。农业是整个国家的经济基础，也是地方财政税收的重要来源，而且恢复农业生产较其他产业相对容易，加之云南地广人稀，许多荒地无人耕种，所以实行了招民耕种的解决办法。然而，在云南这样一个以山区、半山区为主的区域，农业经济并不能使其走上富裕之路，田赋税收也只能维持地方的日常开支，兵饷、建设等财政支出仍无着落。于是，云南地方政府提出了开矿藏政策。正是这项政策的提出和实施，改变了云南经济发展的一般轨道，矿业的勃兴不仅使云南经济快速发展和繁荣，还使云南社会发生了变化，尤其是人口的变化，为会馆在云南的兴起提供了条件。

一、资源开发与云南移民

（一）矿业开发

中国第二次商业革命的典型特征是商品经济向广大农村地区扩散，这就使铜钱在乡村层级市场上的需求量加大。17 世纪 40 年代清王朝初定，根据市场需求继续实行明代以来银钱并行的货币制度，而且铜钱的流通量较大。据燕红忠统计，1644 年至 1650 年 10 余年间，制钱的流通量已达到 5000 万串左右；1660 年至 1690 年间，制钱的流通稍有回落，量降到 4900 余万串至 4800 余万串；18 世纪后，中央和地方钱局的铸币量以及制钱的流通量均大幅度上升，最高时达到 1.6 亿串以上。[①]与白银货币的外来不同，制钱主要为清政府自己铸造发行，

---

① 燕红忠：《从货币流通量看清代前期的经济增长与波动》，《清史研究》，2008 年第 4 期。

由中央户、工两大钱局以及各省地方钱局负责，制钱的大量流通势必需要大量的铸币原料——铜。据马琦推算，从顺治十八年到乾隆二十年（1661—1755），国家铜钱铸币量从 2.9 亿文增至 14.9 亿文；[①]自顺治十八年至乾隆二十五年（1661—1760），铸币所需铜矿量从 245 万斤上涨至 1159 万斤[②]。但是，从燕红忠的统计来看，政府钱局的铸币量以及制钱的流通量都在 1660 至 1680 年间呈现下降趋势；之后的 20 年间中央铸钱局的年铸币量没有上升趋势；这种状态一直到 1710 年以后才发生变化，中央、地方的铸钱量以及铸钱的流通量都呈上升趋势。铸钱量以及流通量之所以出现这种回落、上升现象，与清初政府的矿业政策有关，政府矿禁时期，国内铸币资源短缺，铸币量、流通量出现回落趋势；政府开禁后，又开始回升。当然，这里的开禁主要是针对云南边疆地区的矿业，尤其是铜矿业。

从顺治年间到康熙十八年（1679）中央政府实行禁矿令，严禁各地私自采矿，国家所需铜矿资源主要由各税关从国内各地收购供给。随着铜矿需求量的增长，国内各税关办铜越来越困难。康熙十八年至四十三年（1679—1704），清政府鉴于当时国家所需铜矿供不应求，下令开封采矿。康熙十八年（1679），朝廷各部汇议了《钱发十二条》，提出了解决铜矿来源的策略：开源节流和开采铜矿政策。其中，第八条规定"凡一切有铜及白黑铅处所，有民具呈愿采，该地方督抚即选委能员，兼管采取"[③]，开封采矿令颁布。康熙二十一年（1682），即开封令颁布后第三年，云贵总督蔡毓荣即上奏朝廷，提出在云南"开矿藏"的建议，"矿碉亦开也"[④]。随后，户部批准了蔡毓荣的奏议，标志着云南矿业开采的正式合法启动。但是，由于康熙二十三年（1684）

---

① 马琦：《国家资源：清代滇铜黔铅开发研究》，北京：人民出版社 2013 年版，第 27 页。

② 马琦：《国家资源：清代滇铜黔铅开发研究》，第 28、29 页。

③ 《清圣祖实录》卷 85 "康熙十八年十月，户部等衙门会议钱法十二条"，北京：中华书局 1985 年版。

④ 蔡毓荣：《筹滇第四疏·议理财》，见康熙《云南通志》卷 29《艺文志三》，康熙三十年（1961）刻本。

开放海禁后，中国每年向日本进口铜矿（洋铜）约 387.89 万余斤[1]，基本满足了国内的铜矿需求，云南铜矿业发展缓慢。

康熙四十三年（1704），中央政府再次下令禁止采矿。皇帝"闻开矿事情，甚无益于地方，嗣后有请开采俱不准行"[2]，朝廷以开矿无利于地方为由，不但禁止日后地方再奏请开矿，甚至还封闭了广东、湖南等地已开的矿厂。不过，云南矿厂未被禁封。康熙五十二年（1713），大学士九卿会议议定："除云南督抚雇本地人开矿，及商人王纲明等于湖广、山西地方各雇本地人开矿不议外，他省所有之矿，向未经开采者仍严行禁止。"[3]也就是说，云南成为唯一合法准许采矿的地区（湖广、山西等地虽允许开矿，但是是以王纲明等商人的个人名义）。中央政府之所以做出这样的采矿规划，有三个方面的影响因素：一是云南银铜矿资源储量非常丰富。据《清史稿》载："云、贵、两湖、两粤、四川、陕西、江西、直隶报开铜铅矿以百数十计，而云南铜矿尤甲各行省。盖鼓铸铅铜并重，而铜尤重。秦、鄂、蜀、桂、黔、赣皆产铜，而滇最饶。"[4]二是云南财政拮据，兵饷难以解决，兵心不稳，而采矿有利于稳定兵心，稳定边防。"滇省丛山密箐，赋税无多，每岁供兵，俱仰给于协济……一有未济，兵心皇皇，故筹滇莫先于筹饷也"[5]。三是云南边地开矿，并未滋生事端，如若滋事，其地理位置偏僻，对中央政府构成的威胁亦较腹地小。

除铜矿外，蔡毓荣所奏请开采的还有金、银、锡、铅、铁矿。云南银矿在明代已得到大规模开采，清代时云南各地银矿亦陆续得到开采，最著名的银厂有乐马厂和滇缅边境的茂隆厂。锡矿、铅矿的开采是随着铸钱业发展起来的，铜钱铸造最主要的原料为铜矿，辅材为铅，

① 陈希育：《清代日本铜的进口与用途》，见《中外关系史论丛》（第 4 辑），天津：天津古籍出版社 1994 年版。

②《军机处录副奏折》"康熙四十三年六月十四日"，见中国人民大学清史研究所等编：《清代的矿业》上，北京：中华书局 1983 年版，第 68 页。

③《清圣祖实录》卷 255 "康熙五十二年五月，大学士九卿等遵上旨议覆开矿一事"，北京：中华书局 1985 年版。

④《清史稿》卷 124《食货志五》，北京：中华书局 1977 年版。

⑤ 蔡毓荣：《筹滇第四疏·议理财》，见康熙《云南通志》卷 29《艺文志三》，康熙三十年（1961）刻本。

只是掺兑比例不同，如铜八铅二、铜六铅四、铜铅各半。为了满足云南省内铸币铅矿需求，者海等各地铅矿相继开采。乾隆五年（1740），中央改铸青钱，即铜钱铸材由铜、铅、锡三者构成，按比例掺兑。云南锡矿以个旧储量最丰富，乾隆以后陆续开山采矿，"统计县境纵横不过数百方里之地，而重要锡厂共有六十处之多，子厂且有加无已焉，可谓盛已"。①

云南采矿业得到朝廷的许可后，地方政府开始着力发展。由于开采矿业不仅需要巨额资本，还需采矿技术及劳动力，云南本土民众难以解决这一问题，蔡毓荣便提出"招商开矿"政策。蔡毓荣在《筹滇十疏》的第四疏"议理财"中指出，开矿"虽有地力，必资人力，若令官开官采，所费不赀，当此兵饷不继之时，安从取给"；另一方面开矿风险太大，不利于政府获取利润，"一经开挖，或以矿脉衰微，旋作旋转，则工本半归乌有"。朝廷为了规避采矿业投资高风险以及避免加重财政负担，允许地方政府招商采矿，具体措施是"听民开采，官收其税"。地方官员实地查验后，在全国范围内发布招商采矿告示，听任商人开采，官府征收 20% 的课税，"广示招徕，或本地殷实有力之家，或富商巨贾，悉听自行开采，每十分抽税二分"。②

采矿业虽然潜藏着巨大的商机，但是也存在较高风险，加上云南地方遥远，经济发展落后，并非商人理想的投资之地。政府为了吸引商人，在政策上给予很大优惠，除了商人可自行销售 80% 的余铜外，还规定商人可通过缴纳矿税捐官，"凡有司招商开矿，得税一万两者，准其优升；开矿商民商税三千至五千者，酌量给与顶带，使之鼓励"。而且还严禁地方官员、豪强等欺压商人，"又严禁别开官硐，严禁势豪霸夺民硐，斯商民乐于趋事，而成速效矣"。③政府希望以此优惠政策来吸引内地商人以及商人资本，投资云南采矿业。

清初中国工业技术水平有限，尚未出现用于采矿工业的机械化设

① 《新纂云南通志》卷 146《矿业考二》，民国三十七年（1948）铅印本。
② 蔡毓荣：《筹滇第四疏·议理财》，见康熙《云南通志》卷 29《艺文志三》，康熙三十年（1961）刻本。
③ 蔡毓荣：《筹滇第四疏·议理财》，见康熙《云南通志》卷 29《艺文志三》，康熙三十年（1961）刻本。

备，基本上依靠人工开采，因此需要大量技术、苦力劳动者。政府为了保证云南采矿业有序发展，规定商人可以招募技术工人或民夫前来采矿，"盖官开则必派取民夫，民开则自觅矿夫，民夫各有本业，或力不能深入矿硐，往往半途而废，且恐派夫扰民，朝廷未见其利而地方先见其害也。若矿夫多系游手无籍，有膂力而无衣食之人，彼知利不专于官而与民共之，未有不趋赴如市者，矿夫既集，且予此辈以逐利之途，而渐息其非为之念"。①因此，云南要发展矿业，必然要招募大量工人。

（二）云南的矿业移民

从康熙二十一年（1682）大力发展采矿业开始，就不断有外省商人、技师、劳工等人群移民云南参与矿业开采，而且矿业移民随着云南铜、银等矿开采的兴盛不断增加，至于具体数据官方则没有准确的统计。不过，云南地方官员对当时迁入云南的矿业人口做了许多估算。如清代云南省铜矿产量最高的东川府汤丹矿区。雍正十一年（1733），东川府知府在言及地震伤亡人数时说：汤丹厂有铜硐数百，每硐有"七十三尖"，每尖"至少不下十四五人"，②若各硐情况大致一致，按此数计算，每硐至少 1095 人，百硐计曰 109 500 人，那么汤丹厂数百硐聚集的矿业人口当为几十万人。乾隆二十六年（1761），东川府在编查户口时，查出各厂共 2404 户，至于每户的具体人数则不得而知，即便按每户 10 口人计算，厂民不过 24 040 人。③这与按照崔乃镛所述推算出的人口数相差十余倍。当然，厂民中还有许多是来去不定之人，并未定居编户，但雍正、乾隆年间汤丹厂大旺，厂民没有理由离开此厂，转移到其他矿厂就业，即便有来去不定之人，也不会达到七八万人之多。另据乾隆二十九年（1764）云贵总督刘藻估算，当时仅汤丹、大

① 蔡毓荣：《筹滇十疏》，见康熙《云南通志》卷 29《艺文志三》，康熙三十年（1961）刻本。

② 乾隆《东川府志》卷 20《艺文·东川府地震纪实》，清光绪三十四年（1908）东川师范学堂重印本。

③ 乾隆《东川府志》卷 8《户口》，清光绪三十四年（1908）东川师范学堂重印本。

碌两厂就有"不下二三万人"①，这与乾隆二十六年政府统计的编户人口数相差不大，亦当可信。因此，乾隆年间汤丹厂常年铜矿业人口当在 2 万～3 万人左右。

当时还有官员对全省的矿业人口数量做了推算。乾隆三十一年（1766），云贵总督杨应琚估算当时云南矿业各处矿厂聚集人口"不下数十万"。②道光二十四年前后，云南巡抚吴其濬推测云南数十厂约计厂众"数十万"。③光绪八年（1882），云贵总督岑毓英等称云南省以往"大厂动辄数十万人，小厂亦不下数万"。④光绪十三年（1887），云南矿务督办唐炯亦称"从前大厂率七八万人，小厂六万余人，合计通省厂丁，无虑数百十万"⑤。这些估算数据从数十万人到百万人不等，杨应琚、吴其濬是当时云南地方最高行政官员，负责总理全省厂务工作，他们对云南矿厂的总体情况比较了解，其关于矿业人口的估算当不为夸张，应当可信。光绪间，岑毓英和唐炯的估算是根据云南总人口的增长数以及自我判断而得出，尤其是唐炯当时负责复兴矿业的任务，其推测难免夸张，故可信度不高。但这些估算均表明，云南矿业移民人口规模在十万以上，其中大多为铜矿业人口。

铜矿业移民人口的规模一直是今人研究的焦点，许多学者根据清代文献记载对其进行了研究，出现了新的估算和推算数据。李中清依据清代文献记载折中估算得出云南矿工人口不超过 30 万⑥；曹树基等人则估计云南矿山工人及其家属约为 100 万左右，作为移民的矿工大

① 《清实录高宗纯皇帝实录》卷 725 "乾隆二十九年十二月"，北京：中华书局 1986 年版。

② 《清实录高宗纯皇帝实录》卷 764 "乾隆三十一年七月"，北京：中华书局 1986 年版。

③ 吴其濬纂，徐金生绘辑：《滇南矿厂图略·滇南矿厂舆程图略·帑第四》，道光云南刻本。

④ 葛士濬：《皇朝经世文续编》卷 49《户政二十六·奏陈整顿滇省铜征事宜疏》，光绪二十四年（1898）上海书局石印本。

⑤ 葛士濬：《皇朝经世文续编》卷 26《户政三·筹议矿务拟招集商股延聘东洋矿师疏》，光绪二十四年（1898）上海书局石印本。

⑥ 李中清：《中国西南边疆的社会经济：1250—1850》，林文勋、秦树才译，北京：人民出版社 2012 年版，第 116 页。

约为 50 万或不足 50 万①。这两种均属大概的推测，没有具体的测算标准，也没有具体估算铜矿业从业人员的数量。陈庆德依据不同矿种的人均生产能力推算出清代云南铜矿业从业人口当在 7.4 万人左右②；马琦根据人均矿产量推算出云南铜业人口平均每年约 7.6 万人，最高时达 14.2 万人③。这两种推算均有一定的计算标准，而且数据也比较接近。

清代铜矿业人口包括从事生产、运输的工人以及贸易的商人。由于开采技术有限，开采难度较大，而且矿洞内生产环境较为艰苦，大量人口集中在坑内从事采运这一环节。冶炼环节每炉或每窑有固定人员，矿成品运输可资畜力而非唯人力不可，贸易商民大多能够固定在厂周边提供稳定的服务。在当时的生产技能条件下，采矿基本全靠人力进行，吴其濬将在厂生产人员称为"打厂之人"，名曰"砂丁"，砂丁之众寡，标志着厂之旺衰，或者说砂丁之众寡代表着矿产量之多少，故以矿或矿砂产量来推算矿业人口数量的方法是可取的。清代云南铜矿，除彻铜矿（净铜，产量较少）外，一般的矿砂平均出铜率约6%，"万斤之矿……得铜五六百斤"④，或得铜"六七百斤"⑤。据学者推算，清代云南铜矿产量（办铜量）最低时为雍正元年（1723）的 10 000 百斤，最高时为乾隆年间的 146 000 余百斤，平均年产量 85 664 百斤⑥；乾隆二十五年至道光十八年（1760—1838）管收铜数平均为 20 030 023 斤。按照 6%的出铜率计算，所需矿砂最低时为每年 1 666 666.67 斤，最高时为每年 243 333 333 斤，平均每年需矿砂约 142 773 333 斤，按

① 曹树基、吴松弟、葛剑雄：《中国移民史》第 6 卷，福州：福建人民出版社 1997 年版，第 170、172 页。
② 陈庆德：《清代云南矿冶业与民族经济的开发》，《中国经济史研究》，1994 年第 3 期。
③ 马琦：《国家资源：清代滇铜黔铅开发研究》，北京：人民出版社 2013 年版，第 131 页。
④ 吴其濬纂、徐金生绘辑：《滇南矿厂图略·附倪慎枢〈采铜炼铜记〉》，道光云南刻本。
⑤ 吴其濬纂、徐金生绘辑：《滇南矿厂图略·附王昶〈铜政全书·咨询各厂对〉》，道光云南刻本。
⑥ 马琦：《国家资源：清代滇铜黔铅开发研究》，北京：人民出版社 2013 年版，第 117-118 页。

乾隆二十五年以后的管收铜数平均值计算需铜砂 333 833 717 斤。开采、搬运这些矿砂的，就是云南矿业人口中所占比重最多的人员。据1914 年日本技工山口义胜在东川的调查，当时东川矿山坑道依然沿用清代以来的采矿方式，"坑夫之采矿量，每人平均日计之甚少，普通二十斤至三十斤，五十斤以上者甚稀""坑夫六人为一组合，每组合日采二百斤矿石，用运搬夫六人"[①]；另据清末梁焕彝在东川矿山的调查显示，坑道搬运夫均用少年，"每次仅能拖出二十斤，硐之深者每日不得二次"。[②]综合这两条记录可知，矿工每日可采、运出铜砂 20 斤，每出铜砂 20 斤约需人工 2 人。

然而，矿工不是每日都能出矿砂的，或因矿厂粮食、柴炭等供应不足停工数十日，或时逢雨季，洞内积水、炉座被冲淹停工数十日半月[③]，加上前期找矿开洞所需时间，我们以一年中的 330 天作为砂丁的出矿时间。那么，每 2 名坑夫每年可运出 6 600 斤铜砂，云南铜矿年产量最低时所需矿砂 16 666 666.7 斤，约需坑夫 5 051 人；铜矿年产量最高时需矿砂约 243 333 333 斤，约需坑夫 73 737 人；铜矿平均年产量为 8 566 400 斤，约需矿砂 142 773 333 斤，每年平均需采矿人工43 264 人；乾隆二十五年以后的管收铜量 20 030 023 斤，约需坑夫101 161 人。

矿砂出硐后，需捶捡、淘洗，然后矿砂含量高者入窑锻炼，再烧铍，最后入炉冶炼成铜。各厂冶炼所需炉器略有不同。笔者为方便计算，排除各厂铜矿冶炼时所用窑、炉等形制的多样性，视入窑锻矿、入炉熔矿、烧铍为一个冶炼周期，以当时云南铜矿产量最高的东川矿区冶炼程序、周期及人工为参考，计算冶炼铜矿所需人工。据清末民初山口义胜调查，东川汤丹等厂冶炼时仍需入窑焙炼（煅矿），再入炉熔炼冰铜、最后入小炉烧铍，其中窑煅周期约为 5~10 天，熔矿周期约为 3~4 天，烧铍周期约为 5 日，一个冶炼周期平均约为 15 天，每

① [日]山口义胜：《查东川各矿山报告书》，《云南实业杂志》，1914 第 2 辑第 2 期，第 18、19 页。

② 云南省档案馆、云南省经济研究所：《云南近代矿业档案史料选编》第3 辑（上），1990 年第 11 页。

③ 故宫博物院：《清档》，见《云南省历史洪旱灾害史料实录》。

一个冶炼周期约出铜 1 100～1 500 斤。①东川汤丹一个冶炼周期所需人工约 23 人，具体如下：窑煅人工根据矿量、矿仓远近而定，约为 3～10 人，平均需人工 6 人；烧钹约需 4 人；熔炼时需炉头 1 人、扯风夫 8 人、装矿夫 2 人、杂役 2 人。一年之中，除去窑炉修复和雨季不能冶炼的时间，我们以 320 天为矿厂正常工作时间，这样一年可达 21 个冶炼周期，每一个冶炼周期平均得铜 1 300 斤，一套冶炼工具全年可得铜约 27 300 斤。云南产铜量最低时为 10 000 百斤，大约需 37 套冶炼工具，每套人工 23 人，负责冶炼的人工约为 851 人；铜矿产量最高时为 146 000 百斤，大约需 535 套冶炼工具，负责冶炼的人工至少为 12 300 人；铜矿平均年产量约为 85 664 百斤，需冶炼人工 7 217 人，按乾隆二十五年的管收铜数平均值计算，则需工人 1 467 人。此外，据王德泰估算负责铜矿运输人员每年约为 2.7 万人左右②，这样每年负责采矿砂、冶炼、运输铜矿的人工就达 82 764 人左右。

除铜矿外，还有大量移民前来云南开采银锡等矿，只不过其人口规模不及铜矿，甚至个别矿厂由于矿砂同时含铜、银，故采冶铜、银的人工为同批人。据文献记载，康熙四十七年（1708）前后，云南银矿的课税总额为 2.7 万～2.8 万两，乾隆初年云南银矿课税总额增至 7 万余两③，按照云南银矿"每银一两，抽课银一钱五分，撒散三分"的课税标准（即 15%的正课，3%的附加税），其银矿产量在康熙年间为 18 万～18.67 万两，乾隆初期约为 46.67 万两。乾隆七、八年（1742、1743），乐马、茂隆两大银厂投入开采，课税额大幅增加。其中，乐马银厂年课银 4.2531 万余，年产量约为 28.35 万余两④；茂隆银厂年课税初为 1.1 万余两，乾隆十一年（1746）以后减半，约为 5.5 万两，其年产量约为 36.67 万余两。乾隆十一年以后，云南省银矿产量约为 111.69 万两。嘉庆道光以后，银矿产量逐渐下降，其课税额锐减，嘉庆十七

① [日]山口义胜：《查东川各矿山报告书》，《云南实业杂志》，1914 年第 2 辑第 2 期。

② 陈庆德：《清代云南矿冶业与民族经济的开发》，《中国经济史研究》，1994 年第 3 期。

③ 师范：《滇系》卷 2《秩官系》，嘉庆二十二年（1817）刻本。

④ 道光《云南通志》卷 73《矿厂一·银厂》，道光十五年（1835）刻本。

年（1812）云南新旧各银厂年课银 6.2589 万余两，年银产量为 41.7 万余两[①]；道光年间吴其濬记载云南摸黑等 19 厂共计课银 2.1306 万余两，年银产量为 14.2 万余两[②]。

云南银矿矿砂的质量（即含银量），据文献记载银矿"墨绿为上，盐沙次之，有一两至七八两胚子；荞面黄、火药酥又次之"，又"以胚子称矿，一斤得银一分，为一分胚子"。[③]一分胚子即矿砂的出银量为 10%，一两至七八两胚子的银矿砂出银量为 10% ~ 80%，平均出矿率为 45%。还有出银率低于 10% 的矿砂，不过由于云南省银矿品质较高，我们以 45% 作为其出矿率。康熙年间云南银矿产量约 18 万两，需矿砂约 40 万斤；乾隆初产量约为 46.67 万两，约需矿砂 100 万斤；乾隆十一年（1766）后产量约为 111 万两，约需矿砂 240 余万斤。银矿砂的开采方式与铜矿相同，所需人工相当，故我们依照铜矿的出砂所需人工来计算银砂出砂所需人工，可以得出以上各时期参与银矿开采的人工分别为 120 人、300 人、727 人。再加上冶炼、运炭人工，参与银矿冶炼的人工总计在数千人左右。

由此估算，加上开采锡、铅等矿的人员，云南的矿业人员平均为 10 万人左右，高时可达 13 ~ 14 万人左右。

二、屯垦与云南移民

在中国古代帝制时期，农业长期以来被视为立国之本，历朝历代统治者对农业的重视程度均非常高。清政府在制定云南边疆开发战略时非常重视农业的发展，地方政府更是亲历亲行，贯彻落实朝廷的农本政策，屯垦开荒，征收赋税。清初，当朝廷完成了在云南的军事攻略后，云南各地已是满目疮痍，人口或逃或亡，许多田地荒芜而无人

---

① 《钦定大清会典事例》卷 243《户部九十二·杂赋》。

② 吴其濬纂，徐金生绘辑：《滇南矿厂图略·滇南矿厂舆程图略·银厂第二》，道光云南刻本。

③ 吴其濬纂，徐金生绘辑：《滇南矿厂图略·云南矿厂工器图略·矿第四》，道光云南刻本。

耕种，众多山区不见人烟。田地赋税是地方以及中央财政收入的重要来源，也是解决戍边军队粮草问题的关键，因此垦荒战略势在必行。

（一）招民垦荒

顺治十八年（1661），云南初定，总督赵廷臣上奏："滇黔田土荒芜，当亟开垦。将有主荒田令本主开垦，无主荒田招民垦种，俱三年起科，该州、县给以印票，永为己业。"①这可视为清代云南最早的招民垦田战略，无主荒地招民垦种，政府发给土地凭证，使其成为农民的永业田。

康熙二十一年（1682），云南藩王吴氏一族被平定，蔡毓荣在《筹滇第四疏》中再次提出屯垦策略，他提议由随军士兵的家属就地开垦各汛塘土地，"查兵丁之有父兄、子弟余丁者十常五六，请将附近各镇、协、营无主荒地，按实有父、兄、子弟余丁之兵，每名酌给十亩或二十亩……设法借给牛、种，听其父子、兄弟余丁及时开荒，渐图收货，以赡其家……三年之后，仍照民例起科"。②康熙三十二年（1693）政府又宣布："滇省明代勋庄土，照老荒地之例，招民开垦，免其纳税。"③此后，康熙年间朝廷在云南的垦殖战略依然未变，或招随军家属耕种，或招其他民耕种。

雍正年间，朝廷在云南实施改土归流政策，土司治理地区的人口大量死于战争，田地荒芜，岁无赋税，政府出台了募民垦荒的政策。雍正十年（1732），云贵总督高其倬鉴于昭通府大量田地荒芜、军队粮草短缺的状况，上奏朝廷建议招民来垦殖，"昭通一郡，四面环山，兵米自外州县运往，转输不易，若本地耕获有资……田畴渐广则民户日曾，可以填实地方，可以移易猂习……檄令布政司葛林、粮储道黄士杰议详，商同抚臣张允随批定……专办垦务""新招垦户到昭之时，每人给以田二十亩。此给田之处，先尽熟水田给垦；熟水田给完，再尽

① 《清圣祖实录》卷1"顺治十八年一月至二月，云贵总督赵廷臣奏"，北京：中华书局1985年版。

② 蔡毓荣：《筹滇第四疏·议理财》，见康熙《云南通志》卷29《艺文志三》，康熙三十年（1961）刻本。

③ 《皇朝文献通考》卷2《田赋考》，光绪八年（1882）浙江书局刊本。

生水田给垦"。①可见，雍正年间的垦荒政策依然以招民垦殖为主。

朝廷的边疆开发屯垦政策为内地自发移民入滇屯垦创造了机会，内地各省移民在诸多因素的影响下，逐渐移民云南山区、半山区开垦荒地，造成事实上的移民屯垦。在广南、顺宁等地山区，屯垦移民即为这些地区的开拓者。如普洱、开华、广南就有大量流民涌入山区开荒，"云南地方辽阔，深山密菁未经开发之区，多有湖南、湖北、四川、贵州穷民，往搭寨棚居住，砍树烧山，艺种苞谷之类，此等流民于开华、广南、普洱三府最多"②；广南"楚、蜀、黔、粤之民携挈妻孥，风餐露宿而来，视瘴乡为乐土"③。移民屯垦政策使云南的众多地区土地、山林被开垦，一些山区、半山区、边远地区都成为外省移民眷顾之地，各地持续开荒，云南耕地面积持续扩大。据清代官方统计，康熙二十四年（1685）云南田土总计共 64 817 顷 66 亩，康熙三十年（1691）云南田地增至 72 988 顷 32 亩；雍正实施改土归流的政策后，云南人口锐减，耕地荒芜，耕地面积较康熙年间减少，总计 64 114 顷 95 亩。经过雍正后期的恢复以及移民垦荒政策的实施，云南耕地面积在乾隆年间迅速增长，经过短短 20 余年的时间，至于乾隆十八年（1753），云南总计民田 69 499 顷 80 亩，屯田 5 915 顷 37 亩，学田 44 顷 88 亩，较雍正年间增长了一倍多，之后云南耕地依然持续增加，每年都有新开垦田地题报，多则百顷，少则几顷；嘉庆以后，每年题报新增耕地较乾隆时期大量减少，但仍有新增。据道光七年（1827）统计，云南实在成熟民田 83 744 顷 41 亩，比乾隆十八年（1753）增加了 14 245 顷；实在成熟屯田地 9 143 顷 98 亩④，比乾隆十八年增加了 3 228 顷。

（二）云南的垦荒移民

云南耕地面积持续增长，那么到底有多少移民参与了农业垦荒运

---

① 乾隆《云南通志》卷 29《艺文五·委员赴昭办理开垦疏》，乾隆元年（1737）刻本。

② 道光《威远厅志》卷 3《户口》，道光十七年（1837）刻本。

③ 道光《广南府志》卷 2《民户》，道光二十八年（1848）刻本。

④ 道光《云南通志》卷 58《食货志二十二·田赋二》，道光十五年（1835）刻本。

动呢？官方没有详细的、系统的、持续的移民数据，只有部分地区的零散统计。

昭通府为清初云南招民屯垦的主要区域。雍正八年（1730）禄万福起兵抵抗改土归流政策，战争造成境内人户逃亡、死伤、迁移大半，村舍变成废墟。政府招民前来昭通，或屯垦、或经商，户口逐渐增加，至乾隆十年（1765），昭通府户口共 9007 户，男丁 26 538 人，女丁 19 018 人，短短数十年增长了 10 余倍。①

东川府也是招民垦殖的重要区域。东川民众在土司战乱中损伤达 3/10，雍正十三年调查全府共 5400 户，而乾隆二十六年清查烟户达 12 803 户，不计厂户及其他非烟户，户口增长亦非常快。除了原有人户的增长繁衍之外，户口增长的另一个重要原因就是走厂移民入村寨成为耕户，"各省其旁郡民聚二三万人，其娶妻生子，凿井耕田"。②

普洱、开化、广南三府地广人稀，是流民潜入垦荒的最佳选择地。据云南政府官员禀称，道光三年（1823）已经对进入这些地区的流民进行了清查入编。然而，不到数年又有大量四川、贵州、广西等流民潜入，十余年间流民户口以万户为单位增长，"开化所属安平、文山等处现计客户、流民共二万二千余户，广南所属宝宁、土富州等处现计客户、流民共二万二千余户"。③两地共稽查出新增流民户 4.6 万户，新增人口不详，我们姑且以每户 2 人计算，其人口已达 9.2 万。当然，有些户的人口不止 2 人，实际人数当高于此数，已突破 10 万人口。这些移民到云南后大多落籍居住，繁衍生息，地方政府也并未对这些垦荒流民实行遣返政策，而是将其编入保甲造册，按编户进行管理，并每年定期清查人户。

这是局部地区的移民屯垦情况，至于全省的移民增长，我们可以从清代云南人口增长的总体趋势来进行考察。从清代官修方志中可以看出，云南总人口的统计数据持续增长，乾隆、嘉庆、道光三朝的增长速度最快。据康熙《云南通志》载：康熙三十年（1691），政府统计

---

① 乾隆《恩安县志》卷 5《风俗人事·户口》，清宣统三年（1911）抄本。
② 乾隆《东川府志》卷 8《户口》，清光绪三十四年（1908）刻本。
③ 道光《威远厅志》卷 3《户口》，道光十七年（1837）刻本。

的原额人丁及清出人丁共 141 058 人^①；康熙五十年（1711）又清出民丁 145 240 人、军舍土丁 38 277 人，共 183 517 人。雍正九年（1731），全省实在民户人丁及其滋生人丁 188 920 人，军舍土丁及其滋生人丁共 49 041 人，共计 237 961 人。也就是说，康熙、雍正年间官方记录的人口数量保持持续增长，但未突破 24 万。^②

乾隆以后，云南人口爆发式增长，尤其是民户口急剧增长。乾隆六年（1741）实在民户口已增至 9 170 185 人，十六年（1751）增至 1 974 037 人，二十六年（1761）增至 2 008 802 人，三十六年（1771）增至 2 207 650 人，四十六年（1781）增至 2 626 492 人，五十六年（1791）增至 2 938 522 人。嘉庆二年（1797），民户口 3 248 625 人；嘉庆十四年（1809），民户口突破 400 万人，道光年间人口仍持续增长。^③由于这些统计中并未注明土著与移民的比率，我们无法得知移民的具体数据。但清代云南人口呈爆发式增长，除了人口的自然增长繁衍之外，大量移民持续进入云南并在云南落籍居住，也是一个重要原因。

无论是矿业移民，还是农业移民，他们的到来使云南会馆的兴起具备了必要条件。

第二节　国内长途贸易的拓展与云南市场的成长

清朝在康乾时期迎来了商品经济发展的辉煌期，商业贸易朝着更有活力的方向发展。明代地域商人所擅长的国内长途贸易在清代得到更好的发展，贸易的区域更为广泛，贸易队伍更加壮大。云南虽然位于我国西南边陲，路途遥远、交通阻塞、瘴毒弥漫，并非贸易的最佳地区，但随着商人贩运贸易的不断拓展以及云南矿业的勃兴，越来越多的商人跋山涉水、不辞辛劳而来，或向厂民提供服务，或在云南城镇、集市、村寨进行贸易。地域商人在云南的活动，使云南各级贸易

---

① 康熙《云南通志》卷 9《户口》，康熙三十年（1691）刻本。
② 乾隆《云南通志》卷 9《户口》，乾隆元年（1736）刻本。
③ 道光《云南通志》卷 55《户口》，道光十五年（1835）刻本。

市场成长起来，为会馆的兴起和发展奠定了经济基础。

一、国内长途贸易与云南市场

商品在不同市场之间的流通就形成了贸易，中国古代商品流通的途径主要靠商人贩运，物流的渠道是单一的。所谓长途贸易，指的是地域商人将商品从生产地远销到各地市场的活动，长途贩运贸易随着商人空间的拓展，其经营活动也日益繁荣。中国的长途贸易在唐宋时出现了第一次高峰，明清时期迎来第二个高峰。此时的长途贸易的区域范围更广，商品流通的距离更远，而且参与的商人队伍也越来越壮大。除了明代兴起的著名十大商帮之外，各地新兴的地域商人也加入了长途贩运贸易。当然，人们对长途贸易的距离并未进行过界定，久而久之就把跨省贸易、跨国贸易，乃至远距离的省内贸易都归为长途贸易。

地域商人从事长途贸易，将某地稀缺商品贩销入境，或将当地出产之商品运销出境，在大多数时候这种贸易是双向的。因此很多时候地域商人迁移到另外一地，就标志着他们所从事的长途贸易拓展至该地。就云南而言，我们也可能通过文献记载的商人足迹，来判断他们是否将长途贩运贸易拓展到了云南地区。

（一）长途贸易拓展至云南

云南在唐宋时就与省外市场有了联系，不过这种联系有限，而且长途来云南贸易的外省人较少。明代以后，中国长途贩运贸易日益繁荣，从这时开始就有许多外地商人入云南进行贸易，其中尤以江西商人为最。在姚安城内，万历年间就有江西商人行商至此①；在云龙州洛马井，"慕盐井之利"②而来的商人络绎不绝。江西商人不仅仅将长途贸易拓展至云南，还在云南落籍居住，时人称云南省"非江右商侨居

---

① 民国《姚安县志》卷 36《人物志》，民国三十七年（1948）铅印本。
② 康熙《大理府志》卷 12《风俗》，康熙三十三年（1694）刻本。

之，则不成其地"①，可见当时江西商人的贸易范围已经拓展至云南大部分地区。

清代，中国长途贸易迎来发展的全盛时期，各省地域商人蠢蠢欲动，陆续加入贸易队伍，云南是他们的贸易范围之一。据文献记载，清代将贸易拓展至云南的地域商人较多，而且他们大多选择在云南短暂或长期居住，贩运贸易日益稳固。其中，江西商人依然是在云南贸易范围最广、经营人员最多的地域商人，"滇黔各处，无论通衢僻村，必有江西人……往来贸贩"②，在景东"每有数十家村寨处，辄有江西人在彼开铺、熬酒、卖布，重利放债"③，在滇缅边境江西抚州府人"市米肉"④，尤以清江、吉安、抚州商人在云南者最多。江西商人素来以能吃苦著称，云南乃边境地区，商业发展有限，加上路途遥远、旅程辛苦，许多商贩不愿踏足，唯独江西商人不辞辛劳，深入云南山区、半山区、边远地区进行贸易，或在城镇开设店铺，或到村寨行商，足迹遍布全云南。

另外，徽商、晋商等资本厚实的大商人也将其长途贸易逐渐拓展至云南。徽商资本厚实，大商贾较多，"有挟资千万者，最少亦一二百万"⑤，他们以雄厚的资本为基础，向全国各地拓展贸易，云南虽然不是他们的贸易重地，但也有不少人到此经营，"虽滇、黔、闽、粤、秦、燕、晋、豫，贸迁无不至焉，淮、浙、楚、汉又其尔焉者"⑥晋商是十大商帮中经营理念、经营方式最为先进的一支地域商人，资产上数十万两者较多⑦，经营项目以钱庄、票号为主，在清代，他们将其长期经营的钱庄、当铺拓展至云南，在昆明、会泽、蒙自、保山等地开设店铺。

① 〔明〕王士性：《广志绎》卷4《江南诸省》，北京：中华书局1981年影印本。
② 谢圣纶：《滇黔志略》卷14《云南土司》，乾隆二十八年（1763）刻本。
③ 嘉庆《景东厅志》卷28，嘉庆二十五年（1820）年刻本。
④ 王旭：《征缅纪闻》，见李根源辑《永昌府文征》，腾冲：美利公铅印曲石丛书，民国三十年（1941）。
⑤ 王增芳：《谨陈补救淮盐积弊疏》，见葛士濬辑《皇朝经世文续编》卷51《礼政二》，光绪二十四年（1898）上海书局石印本。
⑥ 道光《歙县志》卷1《风俗》，道光八年（1828）刻本。
⑦ 徐珂：《清稗类钞》，北京：中华书局1984年版，第2286页。

此外，楚、黔、川、广等地商人也将贸易拓展到云南。在普洱、广南、开化三府，楚、黔、粤商人到此贸易生理①，其人数多寡不定。在蒙自个旧，"商贾贸易者十之八九，土著无几"②。在普洱，"普洱府威远、宁洱产盐，思茅产茶……客籍之商民于各属地，或开垦田地，或通商贸易而流寓焉。"③

（二）云南市场的发展

地域商人长途贸易的拓展，推动了云南市场的发展。早在明代，江西等省商人的活动，带动了云南各种乡村集市、地区集市业的形成。明清王朝更迭的战争，使明代形成的一些市场受到破坏，战争结束后，云南经济得到恢复和发展，各地商贾陆续而至，原先已形成的市场再度兴盛。如在明代就已经发展为滇西区域集市的大理三月观音市，在清初又恢复了往日的繁荣，"观音市，在城西教场，每岁以三月十五日集至二十止，各省商贾争集。官恐其喧闹，调戍卒卫之"。④乾嘉年间，三月街市越发繁荣，师范目睹其盛况后作诗云："吴蜀罗锦纷成来，红者珊瑚白者玉；药气熏天种种全，奇形百出摇双目；毡裘毳帽耳珠坠，爨缅番戎貌各殊；璀璨疑游五都市，喧嚣如展上河图……"⑤蜀锦、珊瑚、玉石、药材、毡裘、毳帽、耳珠等商品琳琅满目，爨、缅、番戎等地商贾齐聚，街市俨然一都市。

与此同时，许多不同辐射半径的乡村交易集市普遍形成。康熙年间，元谋县马街"为两省通途，每逢街期，百货云集，上达郡城省会，下抵江外巴巫。商多三姚楚景，客尽江右湘湖，所谓滇南都会也"。⑥元谋马街为周边地区的乡村交易集市，药材、日用百货均聚此地。乾隆

---

① 〔清〕谢体仁：道光《威远厅志》卷3《户口》，清道光十七年（1837）刻本。

② 康熙《蒙自县志》卷上《厂务》，康熙五十一年（1712）刻本。

③ 咸丰《普洱府志·梁星源序》，咸丰元年（1851）刻本。

④ 康熙《大理府志》卷6《城池·市肆》，康熙三十三年（1694）刻本。

⑤ 师范：《月街吟》，见道光《云南通志》卷200《诗四》，道光十五年（1835）刻本。

⑥ 翁咏榴：《元阳赋》，见檀萃《华竹新编》卷1《建置志》，乾隆四十六年（1781）刻本。

年间，丽江府城外的大研里，已发展成为繁华的集市和转运市。"在府城西关外大研里，湫隘嚣尘，环市列肆。日中为市，名曰'坐街'。午聚酉散，无日不集。四乡男妇偕来，商贾之贩中甸者必止于此，以便雇脚转运。丽女不习纺织，布帛皆资外境。合市所陈稻粱布帛居其半，余则食物薪蔬，无他淫巧也。"①此地市场交易物品以布帛、粮食、蔬菜为主。大理剑川的夜市也成长起来，成为周边村民交易市场，"州的沙溪、甸尾皆有市。悄悄长昼，烟冷街衢，日落昏黄，百货乃集。村人蚁赴，手燃松节，日明子，高低远近，如萤如磷。负女携男，赴市买卖"。②

除了交易市场外，云南还发展起跨州县的区域的商品市场。如大理太和县手工艺品、衣服、鞋帽、纺织品一度销往周边以及其他州县，成为滇西地区手工制品供应市场，"衣服、帽鞋、纺织以及金、铜、铁、木、石诸品物为境内之一大输出，谓非工艺之发达不可也"。③昆明石虎关为菊花生产市场，"石虎关民争种菊，人肩车载而入于市，即以为菊庄收成，可不谓花农乎"。④河西（今通海县）是全省有名的土布供应市场，"河西向以出产土布著称，过去海禁未开，缅甸棉花输入，家庭妇女大半以纺纱织布为业……河西布成为出产之大宗"。⑤这些都属于手工艺或农作物商品供应市场。

尽管云南市场有了成长，但是由于地理位置偏僻，舟车难通，又关卡累累，商贾时时裹足不往，许多地方商贾罕至，更不用说成市了；而另一方面，云南物产不丰，省内所需用品又多需外省商贾贩运而来。为了吸引更多商贾，解决云南物资困乏问题，云南省政府于乾隆二年（1737）下令革除商人冗税："凡耕锄、箕帚、薪炭、鱼虾、蔬果之属，所值无几，请全行裁革。普洱、武定、丽江三府……一切杂货，俱系

---

① 乾隆《丽江府志略》卷上《建置略·市肆》，乾隆八年（1743）刻本。
② 张泓：《滇南新语·夜市》，《丛书集成初编》，上海：商务印书馆，民国二十五年（1936）。
③ 民国《大理县志稿》卷5《食货部二·附论工艺之发达与改良》，民国六年（1917）铅印本。
④ 檀萃：《滇海虞衡志》卷9《志花》，嘉庆九年（1804）刻本。
⑤ 乾隆《续河西县志》卷3《风俗志》，乾隆五十三年（1788）刻本。

落地土税……应一并裁革。"①此令在一定程度上减轻了商贾的贸易负担，激励了商人入滇经营。

云南交易市场、商品供应市场的成长，为商人长途贩运贸易创造了经营环境，为商人进一步活跃云南市场，繁荣云南商业贸易奠定了基础，也为会馆的兴起创造了经济条件。

二、国际长途贸易与云南市场

清代中国的国际贸易非常繁荣，和中亚—欧洲、东南亚—南亚、美洲三个区域建立了贸易联系。在19世纪以前，中国盛产的丝绸、茶叶、瓷器三种商品是出口贸易的大宗商品，并使中国长期处于贸易出超地位；输入的商品主要为白银。不过，这些国际贸易与云南市场未发生直接的联系。

17世纪80年代后，中国的国际贸易输入商品又增加了一项——铜，而国际贸易铜矿供需的变动，则为云南铜矿商品打开了市场。康熙二十三年至五十四年（1684—1715）中国的铸币铜矿主要从日本进口，高峰期最高运铜量在500万~600万斤以上。②1715年（康熙五十四年，日本正德五年）日本官方颁布了《正德新例》，规定将中国商船准入长崎港的船数从高峰时期的70艘减为30艘，每年输出铜矿不超过300万斤。③此后，日本减少对中国铜矿的出口量，各省采买洋铜数量也随之日益减少，铜矿供不应求。康熙、雍正朝先后出台了相关措施均未能有效解决铜矿短缺问题。其间云南政府官员题奏中央将滇铜运销湖南等地，但销路仍有限。乾隆以后，中央支持云南发展铜矿业，批准8省铸币铜矿从云南采购，开创了云南铜矿业的发展黄金期。据文献记

①《清高宗实录》卷41"乾隆二年四月，覆、云南巡抚张允随疏报、遵旨革除冗税"，北京：中华书局1986年版。

②[日]木宫泰彦：《中日交通史》（下），陈捷译，上海：商务印书馆1932年版，第369页。

③[日]华立：《清代洋铜贸易中的额商集团》，见朱诚如、王天友编《明清论丛》第11辑，北京：紫禁城出版社2011年版。

载，乾隆十九年（1754）云南铜销往江西、湖北、贵州、两广的总量达 177 万余斤；乾隆三十年（1765），云南铜销售市场进一步拓展，从原来的五省拓展至九省，销售量从 177 万余斤增长至 318 万余斤。①

19 世纪以后，随着西方国家工业革命的完成和商业殖民活动的推进，外国商人及商人资本以强大的军事力量为后盾，贸易市场逐渐向中国拓展，并且在贸易中占据出超地位。云南地处西南边疆，是英法殖民者在中国西南边疆拓展商业贸易的首选市场。

19 世纪末 20 世纪初，蒙自、思茅、昆明、腾冲开关，以及红河水道、滇越铁路的开通，促进了通商口岸以及各交通沿线的商业繁荣。蒙自、思茅、昆明、腾冲发展成为云南最繁荣的地区交易市场和商品转输中心。云南所产大锡，四川所产生丝等商品，国外所产洋纱、棉布及其他洋货皆经各口岸输出或输入。同治十二年（1873），红河航道被法国殖民者强行打通，在该水道越南段，海船自海防港起航，经 1 天行程到达河内，在河内改乘舢板航行 12 天达老街，由老街至蛮耗需航行 7 天。红河水道的开通后，滇越贸易货物多经由此路运进和运出。"滇南所产铜、铅、铁、锡、鸦片烟，取道红河出洋；各项洋货，又取道红河入滇，愈行愈熟，已成通衢。"②五口开埠以后，云南省际贸易和对外贸易日益繁荣，贸易范围扩大，商品交易种类和数量也日益增加。据统计，光绪十五年（1889）至宣统三年（1911）间，蒙自、思茅、腾越三关贸易总值共达 1 100 005 640 海关两有奇，出口土货总值从 87 629 海关两增至 7 228 365 海关两，入口洋货总值从 62 300 海关两增至 6 089 356 海关两。三关的进出口货价值处于出超地位，其中大锡出口价值占到 80% 甚至 90% 以上，此外出口货物还包括茶叶、药材、铅、锌等；进口货物以棉纱、匹头、棉花为大宗，煤油、烟类、瓷器、海味、燃料、洋杂货等次之。

宣统二年（1910），滇越铁路全线开通，沿线各地贸易随之繁荣，该商道逐渐取代了越南至中国的其他水运和路运交通方式，成为区域对外贸易的首选交通工具。据日本总督官方调查课《云南省事情》显

---

① 《铜政便览》卷 6《采买》，云南省图书馆藏清刻本。

② 万湘澄：《云南对外贸易概观》，昆明：新云南丛书社 1946 年版，第 18 页。

示："铁路开通以来，至今几乎没有一个旅客利用长江西江水路到达云南边境……至今除了二三种特殊货物以外，全部都利用铁路运输，如今百色南宁之间的水路显得极其凄凉，保持商路命脉的是，像蜡烛那种铁路规定特别昂贵的运费的商品运输。"[1]滇越铁路对云南市场经济发展的影响较大，李埏先生对此有一段精辟的评述："越靠近铁路的受到震动越大……这种震动具体表现为沿线庄园的破坏和殖民地商业城市的兴起。例如路南县的禄丰村，原是一个僻处深山、外人罕至的村庄，通车后不久，当地财主们便纷纷召集穷人开山场，办木料、烧炭，运销农产品甘蔗、米粮等。"[2]

尽管外国商业贸易的拓展带有强烈的殖民色彩，但是它对云南市场短暂的繁荣起到了一定的刺激作用。

第三节　儒家文化在云南的发展

会馆的兴起，还与孕育它的社会文化密切相关。一个国家和民族在发展的历史长河中，形成了自己独有的传统文化，这种文化对国民或族人的行为具有较强的约束力、凝聚力及影响力。

一、学校教育与儒学在云南的传播

儒家文化自汉代就确立了其在中国传统思想文化中的主导地位，并通过学校教育得到推行。学校教育早在三代就已经存在，经后世的发展有了官学和私学之分，又有中央和地方之别，学制虽然不同，但其目的皆为"明人伦也"。秦汉以前，学校教育的主要内容以经书为主；

---

① 日本外务省通商局编：《云南事情》，见薄井由《清末民初云南商业地理初探——以东亚同文书院大旅行调查报告为中心的研究》，复旦大学2003年博士学位论文，第162页。

② 李埏：《滇越铁路半世纪》，见《云南日报》，1957年4月14日。

秦汉以后则主要以教授儒家经典为主。隋唐以后，中央的学校教育部门逐渐扩大，教授的内容日益丰富，学校教育逐渐学科化，除了传统教育内容之外，法学、医学、算学等学科内容进入中央官学。宋代以后，又增加了画学、武学、道学。元代时期，中央学校管理机构还分出蒙、回、汉之不同。明代的学校教育较前代获得更大的发展，学科不断扩充，学校体系更为严密，尤其是地方学校发展较快，在原来府、州、县学的基础上，增设了督司儒学、行都司儒学、卫儒学、都转运司儒学、抚按儒学、诸土司儒学、学社，这些皆以儒学为主。清代学制整合了元明学制，仍然有中央和地方之别，中央设太学、旗学、宗学，地方有直、省、府、州、县、卫学①，学校教育与科举并行。

云南的儒学教育当始于汉代，汉武帝经略西南夷时，在云南置郡县，设官管理，迁内地汉人家族至云南，这些官员、大家族大都接受过官学经书教育，他们到云南后间接地将儒家文化带到云南，有云南人受熏陶前往学经并回乡传授②，从此儒学民间私相传授的方式逐渐在云南兴起。南北朝时期，益州郡设立了学校，成为正式传播儒学的机构，不过学校有限。唐南诏时曾设立孔庙，继续推行儒学。元代时云南被纳入大一统国家以后，国家的地方学制在云南得到推广，各路、府、州均设立学校，推行儒学。明代，在云南府、大理府、临安府、永昌府四个重要区域，以及曲靖、楚雄、澄江、鹤庆、姚安、北胜、广西、丽江各府都建立了学庙，这些学校教学生读书、习字，传播儒家文化。

清代承袭明代的教育制度，陆续恢复并新建各地文庙，设立训导，传播儒学，同时采用科举取士的制度。有清一代，云南地方共设立了101所官方学校③，或为文庙，或为学宫，基本上保证每府、州、县均设一所官学校。清政府还大力推动各地书院、义学等非官方学校的建设。雍正二年（1724），政府规定各州县设立义学④，凡有州、县建置的地方均按照要求设立了学校，并在各府、州设立儒学教授一职。学校按照政府要求，宣讲圣谕、儒家文化，学生多诵读四书五经、正史

①《新纂云南通志》卷131《学制考一》，民国三十七年（1948）铅印本。
②《新纂云南通志》卷131《学制考一》，民国三十七年（1948）铅印本。
③《新纂云南通志》卷132《学制考二》，民国三十七年（1948）铅印本。
④《新纂云南通志》卷131《学制考一》，民国三十七年（1948）铅印本。

等书籍。在清代学校成为云南传播儒学的重要阵地。另外，朝廷还要求土司应袭子弟也要接受学校教育。"顺治十八年（1661）题准，云南土司应袭子弟，令各学立课教训，俾知礼义，俟父兄谢事之日，回籍袭职。其余子弟并令课读。"①由于士农工商四民观念的变化，学校教育面向有能力求学的大众学子，扩大了儒家文化在云南的传播范围。

儒家文化博大精深，孔子所删定《诗》《书》《礼》《易》《乐》《春秋》被奉为经典，成为学校教育的重要教材。儒家的思想理念随着教育的发展也在全国范围内广泛传播，使得中国人有了共同的文化基础。虽然云南民族较多，各民族有自己的文化信仰，但这并不妨碍儒家文化在云南的传播与发展。

二、籍贯与故乡观念

中国人自古以来就十分重视"籍贯""故乡"。籍贯指的是人的出生地，无论以后迁居何方，其籍贯都是不会改变的；故乡则是出生或长期居住的地方。由此不难看出，籍贯与故乡之间是有着必然联系的。

中国人浓厚的"籍贯""故乡"情怀与儒家的"孝道"思想的渗透有密切关系。"孝道"是儒家的经典思想，《孝经》认为"孝"乃"德之本也，教之所由生也"②，孝是人类社会的法则和基本理念。"孝"有天子之孝、诸侯之孝、卿大夫之孝、士之孝、庶民之孝，圣人以孝治天下，则天下太平。孝道之中，以敬重父亲为要，敬重父亲，则以祭祀先祖时配祀天地为最，"孝莫大于严，严父莫大于配天，则周公其人也"。③ 儒家还认为，人不仅要孝敬父亲，还要向孝敬父亲那样孝敬母亲，侍奉兄长、前辈或长辈。秦汉以后，孝道作为官方正统思想通过学校教育等方式在全国推行和传播。在儒家孝道思想的熏陶下，逐渐形成了根深蒂固的"敬天法祖""孝养父母""善事兄长"的传统文化，它使人们对父母、兄长有着特殊的责任与情感，无论何时何地都

---

① 《新纂云南通志》卷133《学制考三》，民国三十七年（1948）铅印本。
② 《孝经·开宗明义章》，文渊阁四库全书本。
③ 《孝经·圣治章》，文渊阁四库全书本。

不能忘记父母、忘记先祖，无论身居何职都应赡养父母。有父母、兄弟的地方就是家，家所在的地方就是家乡，故古语有云："父母在，不远游""必安土重迁"。

这种重视先祖、父母、家乡的观念，在封建王朝推行流官制、科举制的过程中得到进一步强化，逐渐形成重视籍贯、故乡的观念。孝道观念使中国人"安土重迁"，并且非常重视家人之间血缘关系。一家人经过数年、数十年的繁衍之后，就成为一个庞大的家族，而对血缘关系的重视增强了家族内部的互助和团结。秦汉时期，朝廷为了削弱或防止地方大家族势力的膨胀，限制官员在家乡任职，即实行地方官员任职本籍回避制度。这一制度在以后各朝代均有实施，只是程度有所不相同，它"大大增强了统治阶级对原籍或祖籍的观念"。①籍贯观念还影响着科举制度。隋朝科举制创立后，学校与科举并行，而且学生需在原籍进行乡试，考中乡试后方可考举人，中举后才可考进士，尤其在明代每地学校的生员皆有额数，"科举与学校全部根据地籍"。②科举制、流官制的长期推行，使中国人尤其是士大夫、官僚阶层均非常重视籍贯，籍贯观念不断增强。

籍贯观念的增强使人们对作为原籍的故乡有了深刻的眷恋。原籍、故乡有亲人的关怀，有自己熟悉的环境与风俗，这一切在人们流寓之后都显得倍加亲切。家乡变故乡，故乡的语言、建筑、习俗、亲人、乡里等一切都在游子的心里化作浓浓的乡愁。因此，对中国人来说，故乡不仅是一种人文关怀，还是一种地域认同。

随着中国社会经济的发展，除了士子、官僚阶层外，工、商、农业者也开始移民，流寓他乡的人们有对故乡有着共同记忆、共同思念，重视籍贯、故乡的观念逐渐扩展至各个阶层。正是这种观念的存在，使人们往往在流寓他乡后，选择同乡人聚居，仍然保持者原来的建筑、习俗、语言，久而久之他乡便成故乡。

重视籍贯和故乡的观念随着云南推行学校教育、科举制度以及移民的进入逐渐在云南社会中形成，从而使云南的许多地区，在职业观

① [美]何炳棣：《中国会馆史》，台北：学生书局 1963 年版，第 3-4 页。
② [美]何炳棣：《中国会馆史》，台北：学生书局 1963 年版，第 8 页。

念、生活起居、风俗节日等方面，都与内地更加相近。如昆明市"民性淳良，不好争讼，但近城市多习贸易而以少事耕织，服食交除不无奢靡耳"，顺宁县云州（今云县）"自开辟以来，陆续寄居汉人渐多，俱各省及他郡来人，籍者其习业服食……与中州同"。①再如，安宁州（今安宁市）"汉彝杂处居，相沿既久，自明洪武间人多习儒……文物衣冠几与中州埒"。②这就是儒家文化、故乡文化在云南传播的结果。

三、四业理念

在中国古代，"民"是统治阶级对被统治阶级的统称，但"民"之间也是存在身份、地位的差别，而且这种差别是以职业分工以及职业所代表的产业在国民生产中所占的地位而定的。职业分工是在先秦就已经被提出，以《管子》为代表。《管子》认为，保证一个国家的国民安守本分，最好的办法就是让分别从事士、农、工、商职业的人只能世代承袭，不能更改职业，四民不能杂处，只能各居其地，各司其职。③这种"四民定居论"亦为儒家所赞同，士、农、工、商不仅是指职业，也代表着身份，《管子》是从经济功能的不同来进行划分，而儒家则从社会阶层关系来进行划分。儒家"农本商末"的经济思想暗含了农、商两种职业者在社会地位上有轻重之别，他们屡屡强调"农"者之重要性，无形中就表达了"工商者"的次要性，因此，四业划分论便成为四民阶层划分论的理论依据。自秦汉开始，四民阶层划分论就被用于实践，士农工商的排列顺序就成为四业群体社会地位的排列顺序，从事工、商职业者被视为社会地位最低的阶层。四民定居论以及四民职业地位论，在秦汉以后的很长时期内被统治者沿用，民众只得被迫接受。久而久之，四民理论就成为一种主流思想观念，并在士大夫阶层中根深蒂固。直到唐宋时期，随着商品经济的不断发展，国家对商

① 光绪《续顺宁府志》卷5《风俗》，光绪三十年（1904）刊本。
② 康熙《云南通志》卷2《风俗》，康熙三十五年（1696）刻本。
③《管子·小筐第二十》，清文渊阁四库全书本。

业贸易活动的控制有所松动，一些商人聚集了大量社会财富，但是他们的社会地位仍处在社会的低层，这与商人的经济地位不相匹配。商人中的富民阶层，在唐代就已经开始在"工商不得入仕"的禁令中寻找入仕的出路，到了宋代便出现了"士多出于工商"的现象①，表明传统的四民理念已经在此时悄然发生变化。

明清以后，中国商品经济继续保持唐宋以来的繁荣发展，四民理念的变化更为显著。许多地域商人在贸易活动中积累了巨额的社会财富，其聚财能力排在各业之首，正所谓"良贾近市利数倍，次倍之，最下无能者逐什一之利"②。商人获利之后，他们往往大肆兴建土木，引领社会奢靡之风，生活水平明显提高。商人的快速致富，对朝不保夕的贫穷士子和农民来说，是一种巨大诱惑，为了解决生存问题，社会上出现了士、农阶层弃其本业而从商的现象。如徽州民"以商贾为第一等生业"③，在山东济宁州"多贾贩，民竟刀锥，趋末者众"④。商人致富的事实以及从商热潮，促使士大夫阶层开始重新审视和评价商人的社会地位，出现"四民异业同道"观念，如明清之际的黄宗羲明确提出了工商皆本的主张。⑤

士大夫阶层重视、维护商业和商人的思想，又进一步激励着清代商人阶层的发展，士儒、商贾、农民的职业身份也存在许多相互转换的现象。如婺源《三田李氏统宗谱·环田胡处士松峰李公行状》中金粟斋云："松峰公者，易儒而贾，以拓业于生前；易贾而儒，以殆谋于身后，庶几终身之慕矣。"⑥而部分士儒从商致富后，又转而为农、为儒，如若自己不能达到目的，便寄希望于其子孙。如温纯说："家大夫即贾，然喜儒，故以纯为儒。纯诸生时，家大父贾，后罢，稍治负郭

---

① 张邦炜：《两宋时期的社会流动》，《四川师范大学学报》，1989 年第 2 期。
② 嘉靖《徽州府志》卷 2《风俗》，嘉靖四十五年（1566）刻本。
③ 凌濛初：《二刻拍案惊奇》卷 37《叠居奇程客得助三救厄海神显灵》，北京：中华书局 2009 年版。
④ 康熙《济宁州志》卷 2《风俗》，康熙十二年（1673）刻本。
⑤ 黄宗羲：《明夷待访录·财计三》，北京：中华书局 1981 年版。
⑥ 李晖、李春等纂修：《三田李氏统宗谱·环田胡处士松峰李公行状》，明万历四十三年（1615）刻本。

田为农。"①然而，四民观念的演变并未改变四民之"民"的本质，要从根本上改变他们的地位，仍然只能通过科举考试，以得授官职为途径。所以，商人一直没有放弃他们通向统治阶级的机会，致富后即要求子女、弟兄潜心读书，士者从商后依然将读书之重任交予子女或其他亲人。

先秦以来形成的四民理念，在秦汉以后随着大量内地移民的迁入而传播到云南。但是，由于云南本地民族较多，有自己的社会阶层观念，四民理念在云南的影响如何，难以知道其详细情形，地区虽然有贸易往来，但贸易的发展水平及商人的地位则不得而知。元代至明清时期，云南再次被纳入大一统的国家版图，朝廷在云南推行儒家文化和科举制度，四民理念再次在云南得到传播。自明代开始，大量外省商人移民云南从事贸易活动，还有一些商人事迹被载入地方志或官员的著作中。这些记载虽说只是描述现象，但并未排斥或贬低商人，这也从侧面反映出士大夫阶层对商人态度的变化。到了清代，云南官员的幕僚、亲人及家丁从事工商业的现象已司空见惯，人们不再以从事工商业为耻辱。如东川赵氏一族的先人就是随官员到东川，并经营铜矿业致富的，"乾隆中，敏功始以庚午（乾隆十一年）年举人清泉县令周祚锦来滇，周令署理东川军民府，兼铜务总办，以敏功公经理客长、课长、总务等职，兼办竹子箐矿硐……"。②再如，维扬肖氏，祖辈"好士"，族员肖希圣曾官至大理太守，而希圣之弟希闲则"不事诗书"，听闻云南山中有矿，可以"数千金置一峦而发家千倍者"，便弃儒经商，到山中投资采矿。③甚至有的商人因经商成功而入仕，如东川府知府萧文言，本是在东川办理铜矿的商人，因办矿卓有成效，"进东川守"④，出任东川府知府。这些现象表明，云南的四民观念已经发生变化，为士者、为农者可以从商，为商者亦可以入仕。

---

① 温纯：《温恭毅集》卷13《二亲行略》，文渊阁四库全书。

② 东川《赵氏宗祠碑记》，见中国人民大学清史研究所等编《清代的矿业》（上），北京：中华书局1984年版，第104页。

③ 吴芗厈：《客窗闲话》卷1《初集》，扬州：江苏广陵古籍刻印社1995年影印本。

④ 檀萃：《厂记》，见师范《滇系》卷8之4，嘉庆二十二年（1817）刻本。

第三章
云南会馆的时空分布

云南会馆始于明，盛于清。早在明万历年间云南就出现过会馆[①]，然就笔者所收集到的资料显示，明代云南的会馆发展有限。到了清代，云南会馆如雨后春笋般迅速发展起来，在城镇、集市、渡口码头、村寨、矿厂都可以找到会馆的影子。除了部分城镇、集市的会馆保留下来之外，许多会馆都已经不复存在，只能根据文献记载、碑刻等资料发现其踪迹、追溯其历史。由于文献记载提供的信息不统一，有的详细记录了会馆的修建时间、所在地址、组建人员等信息，有的只有分布地信息。即便如此，我们仍然可以通过这些信息，大致将会馆在各地区与各时段的分布情况呈现出来。

第一节　会馆在云南的分布

云南的会馆主要为内地移民会馆，部分移民会馆还兼具商人会馆和同业会馆的特征。不过，会馆的名称大多不叫"会馆"，而称之为"庙"

---

① 道光《定远县志》卷3《祠祀》（道光十五年刻本）："萧晏二公祠（江西会馆），在城南许里，明万历二十年（1591）知县罗公一敬建，后客民重葺，塑罗公像祀之。"定远县江西会馆"萧晏二公祠"为知县罗公建，然修建会馆祠庙需巨额资金，知县一己之力恐难以承担，定远县境内有黑、琅二盐井，明朝廷在此设立黑、琅盐井二提举司，大量盐商、贸易商在明代进入定边县开中或贸易，故笔者认为应有众多江西盐商、贸易商人参与会馆修建。

"宫""殿""寺"等。关于各省会馆的俗称我们在导言中已经介绍，在此主要就云南省各区域、各时段的会馆分布进行详细梳理。

一、云南府

云南府为云南省治，"东西距离三百七十里，南北距二百五里……领州四县七，昆明县（附郭）、富民县、宜良县、罗次县、晋宁县、呈贡县、安宁州、禄丰县、昆阳州、易门县、嵩明州"。①

（一）昆明县

昆明县为云南府治，是全省政治、经济、文化中心，是流寓官员、商人、工匠到云南的首选聚集地，会馆分布最为集中。以下为不同时期昆明县城的会馆分布。②

1. 顺治元年至咸丰五年（1644—1855）

这一时期，昆明城共有 13 所会馆，其中同乡会馆 12 所，同业会馆 1 所，昆明城东门外以及城东南一带为会馆集中分布之地。

昆明城东南、城东有 8 所会馆，湖广会馆"禹王宫"、湖北麻城会馆"福国寺"、豫章会馆（江西会馆）、四川会馆"川主宫"、迤西会馆、江南会馆"兴福寺"、山陕会馆"关圣行宫"以及银钱会馆"九环宫"。湖广会馆"禹王宫（寿佛寺）"是昆明城区会馆修建时间较早的一所。康熙《云南府志》载："寿佛寺，在太平桥下，康熙三十一年建（1682）。"③另

---

① 《嘉庆重修一统志》"云南府"，上海：商务印书馆，民国三十五年（1934）影印本。

② 陈树志在《清代—民国时期昆明城会馆研究》（云南大学硕士学位论文，2008 年）中将昆明县城会馆分为试子会馆、移民会馆和行业会馆三类，集中论述了各类会馆兴起的原因、分布特征。本书则将昆明县城会馆分为同乡会馆和行业会馆二类，将清代划分为三个时间段来分别论述昆明县同乡、同业会馆在昆明城的详细分布情况，并在此基础上分析昆明会馆分布特征及原因。民国时期昆明县城会馆的分布不在本书讨论之列。

③ 康熙《云南府志》卷 17《方外二·寺观》，康熙三十五年（1770）刊本。

据道光《昆明县志》载："寿佛寺，一名禹王宫，康熙二十三年（1684）
建"①。两书关于寿佛寺的修建时间记载有所出入。"寿佛寺"的详细
地址，据道光《昆明县志·城外街巷图》②所绘，"禹王宫"位于城东
南太平桥南岸，塘子巷以东；该方志还记载了太平桥位于"城东南……
又东南二里许曰云津桥，又东南二里曰太平桥"③，即是说太平桥在城
东南四里许的地方（今拓东路西段），南为塘子巷，故禹王宫当位于今
拓东路西段靠近塘子巷一带。

城东南太平桥北岸的太和街、毕锅巷、白塔巷一带，即今北京路
塘子巷至交三桥段以东，尚义巷至白塔路一带，分布有江西会馆、四
川会馆等4所会馆。江西会馆为康熙年间所建，初称"豫章会馆"，俗
称"万寿宫"，在城东门外太平桥左，后来又称"萧公祠"④，详细修
建时间不详，当早于康熙《云南府志》的纂修时间，即康熙三十五年
（1696）之前。四川会馆"西来寺"，一名"川主宫"，在城东太平桥，
四川客民建⑤，修建时间为康熙二十七年（1688）⑥。迤西会馆，"彩云
观，在城东太平铺，即迤西会馆，迤西士民公建"⑦，详细修建时间不
详，不过由于迤西会馆出现在《昆明县志·城外街巷图中》，故其修建
时间当在道光二十七年（1841）以前。据道光《昆明县志·城外街巷
图》所绘，豫章会馆以西为毕锅巷，以东为迤西会馆，再东为川主宫，
川主宫以东为白塔巷，即江西、迤西、四川3所会馆自西向东地分布
在太平桥东北的毕锅巷和白塔巷之间。山陕会馆（亦即"关圣行宫"）
也位于太平桥西北。据道光《昆明县志·城外街巷图》所绘，"关圣行
宫"在江西会馆以西，与江西会馆隔毕锅巷相望，其西为太和街。另

---

① 道光《昆明县志》卷4《祠祀下》，道光二十七年（1841）刻本。
② 道光《昆明县志》卷3《建置·图》，道光二十七年（1841）刻本。
③ 道光《昆明县志》卷3《建置》，道光二十七年（1841）刻本。
④ 康熙《云南府志》卷91《祠祀志二之一》；道光《昆明县志》卷4《祠
祀下》。
⑤ 道光《昆明县志》卷4《祠祀下》，道光二十七年（1841）刻本。
⑥ 昆明县四川会馆"西来寺"《西来寺新建客堂碑记》，清乾隆五年（1740），
见《昆明市志长编》卷6，昆明市志编纂委员会内部发行，1984年。
⑦ 光绪《云南通志》卷91《祠祀志二之一》。

据光绪《云南通志》载："关圣行宫，（昆明县）在城南门外太平桥，本山西、陕西会馆。"①笔者认为，"关圣宫"即为"关圣行宫"，位于今北京路塘子巷至交三桥段以东至尚义巷一带。

城东门外的金马山、韭菜园各有 1 所会馆。据文献记载，江南会馆又名"兴福寺"，"在归化寺左（在城东金马山），康熙三十四年（1695）江南客民公建，即江南会馆"。湖北麻城会馆又名"福国寺"，"在东城韭菜园侧"。银钱会馆"九环宫"亦位于城东南，建于咸丰二年（1852）。②

昆明城南分布有 4 所会馆，福建会馆"天后宫"、江西会馆"萧公祠"、建阳会馆、布行会馆"孚佑宫""吕祖庵"。福建会馆"天后宫"为"闽之客滇者建……在城南门外校场之南"，修建时间不详，当早于道光二十七年（1841）。③布行会馆"吕祖庵"位于城南门外顺城街，原布新小学修建在该馆馆址上，该馆建于雍正初年，"雍正初年，我行先辈合行商酌，捐金修葺，自此庆祝宴会，咸于斯焉"④。据道光《昆明县志·城外街巷图》所绘，在城南门外还有一座江西会馆"萧公祠"，祠前为吴西桥⑤，修建时间不详。建阳会馆在城南门外⑥，修建时间不详，该馆曾在咸同战乱中被毁，由此推测当建于咸丰六年（1856）以前。

城西有 1 所会馆，浙江会馆"安阜园享堂"，乾隆四十五年（1780）浙江客滇人士倡导在城西关外安阜园修建新享堂（墓地），并建"厅事三楹，以作乡人毕谈之所"。⑦

2. 咸丰六年至同治十二年（1856—1873）

这一时期云南发生战乱，昆明为战争的主要战场。在战争期间，昆明城内之前建立的 13 所会馆中除了迤西会馆、福建会馆"天后宫"、

① 光绪《云南通志》卷 91《祠祀志二之一》，光绪二十年（1894）刻本。
② 光绪《云南通志》卷 91《祠祀志二之一》，光绪二十年（1894）刻本。
③ 道光《昆明县志》卷 4《祠祀上》，道光二十七年（1841）刻本。
④ 昆明布行会馆光绪八年《布铺阛行重新增广鼎建孚佑宫碑记》，见《昆明市志长编》卷 6，昆明市志编纂委员会内部发行，1984 年，第 377 页。
⑤ 道光《昆明县志》卷 3《建置》，道光二十七年（1841）刻本。
⑥ 光绪《云南通志》卷 91《祠祀志二之一》，光绪二十年（1894）刻本。
⑦ 陈鹤：《云南浙江会馆志》《浙江会馆记》，光绪二十二年（1896）集萃轩刊本。

银钱会馆"九环宫"无明确记载是否被毁之外，其他会馆均在战乱中被毁。

据光绪《云南通志》载："寿佛寺……兵燹倾毁；关圣行宫……咸丰七年（1857）兵燹毁；萧公祠……拆毁过半；西来寺……咸丰间兵燹毁；兴福寺……咸丰七年（1857）兵燹全毁；建阳会馆……咸丰七年（1857）兵燹毁；福国寺……兵燹倾毁"。①布行会馆"吕祖庵""……咸丰丁巳，省垣变乱，兵燹迭遭，一旦化为灰烬"②。浙江会馆"安阜园新享堂"，"咸丰七年滇乱，享堂毁于兵"。③

同治末年，昆明地区战乱基本平息，湖广、江西客民重修会馆。湖广会馆"寿佛寺……在城内西南隅，同治十二年（1873）总督刘岳昭新建"。江右新馆"萧公祠"，在城南门内龚家村，同治间江右官商新建，改名"江右新馆"。④

3. 同治十三年至宣统三年（1874—1911）

光宣时期，昆明城东、城东南一带仍然是会馆分布集中之地，新建同乡会馆 4 所，行业会馆 8 所，加上重修的会馆，共计会馆 16 所。其中在会馆原址上继修的会馆有江西会馆"萧公祠"、四川会馆"西来寺"、建阳会馆、布行会馆 4 所。据光绪《云南通志载》："萧公祠……光绪间，江右官商续修；西来寺……光绪间重修；建阳会馆……光绪十一年（1885）建水士民拓修"⑤；布行会馆"吕祖庵""……布行……于光绪己卯（1879）庀材鸠工"重修⑥。

昆明县城新建的 4 所同乡会馆，均位于城内。四川会馆"西来寺"、江南会馆"兴福寺"分别由其省客滇官商新建于城北，"西来寺，一在

---

① 光绪《云南通志》卷 91《祠祀志二之一》，光绪二十年（1894）刻本。
② 昆明布行会馆光绪八年《布铺阛行重新增广鼎建孚佑宫碑记》，见《昆明市志长编》卷 6，昆明市志编纂委员会内部发行，1984 年，第 377 页。
③ 陈鹄：《云南浙江会馆志》《浙江会馆记》，光绪二十二年（1896）集萃轩刊本。
④ 光绪《云南通志》卷 91《祠祀志二之一》，光绪二十年（1894）刻本。
⑤ 光绪《云南通志》卷 91《祠祀志二之一》，光绪二十年（1894）刻本。
⑥ 昆明布行会馆光绪八年《布铺阛行重新增广鼎建孚佑宫碑记》，见《昆明市志长编》卷 6，昆明市志编纂委员会内部发行，1984 年，第 377 页。

城北门内，光绪八年（1882）知县朱坛能等倡捐新建；兴福寺，光绪三年（1877）巡抚潘鼎新、按察使李德茂、粮储道崔尊彝别建于城北门内圆通山下"。①浙江会馆"先贤祠"，在城西门内关帝庙左，光绪二年（1876）盐道沈寿榕倡捐新建。两粤会馆，在城内西南隅龙井街，光绪元年（1875）云贵总督岑毓英倡建。②

清末昆明的行业会馆迅速兴起，文献或其他资料中有确切记载的行业会馆共有8所，集中分布在城东、城南一带。详细分布见表3-1。

表3-1　清末昆明同业会馆一览表

会馆名称	俗称	所在地	创建时间	资料来源
盐行会馆	盐龙祠	南门外贞庆铺街	光绪三年（1877）	《支那省别全志》（卷三）
芦茶会馆		在城东	清末	《盘龙区地名志》
铜活会馆		在城东门内	清末	《盘龙区地名志》
缨帽会馆	轩辕宫	在翠湖东南	清末	《滇会痕影录》
芙蓉会馆		在南门外鱼市铺街	1902—1907年	《支那省别全志》（卷三）
丝行会馆	补天寺	在小西门内	光绪元年（1871）	《盘龙区地名志》
首饰行会馆	三官殿	在南门内东城埂	光绪间	《盘龙区地名志》
金属行会馆	南询寺	在天王庙左（城南）	清末	《盘龙区地名志》
棉花行会馆	三元宫	在城东真庆观左	光绪三年（1877）	《盘龙区地名志》

（二）昆明城会馆分布特点

1. 空间上的分布特点

第一、二阶段，会馆集中分布在城东南、城南一带，且主要为移民同乡会馆。清代昆明城城东南、城南一带是昆明城的商业中心。移民在昆明兴建的会馆，不仅是同乡人供奉祖先、神灵以祈福的地方，也是同乡人联系、议事的地方，故会馆的选址尤为重要，要么位于同

---

① 光绪《云南通志》卷91《祠祀志二之一》，光绪二十年（1894）刻本。
② 光绪《云南通志》卷91《祠祀志二之一》，光绪二十年（1841）刻本。

乡人居住地附近，要么位于他们经常工作的地方附近。会馆分布在商业区表明其成员大多为在此地经商的贸易者。

据道光《昆明县志·城外街巷图》显示，太平桥比邻塘子巷，出塘子巷即为滇阳驿，也就是说城东南太平桥一带是进出昆明城的交通要道；南门外是士庶工商户居住之地，而且城南西关靠近水路、马路，交通便捷。官府设立的盐店、铜店亦位于城南、城东南一带，如"白铜局在南城外东南，官铅店在南城外头道巷，盐店在南城外盐店街"。[①] 可以想象，当时运输官铜、铅、盐的商贩、车马，以及前来贸易、赶集的商贾、客户必定汇聚于城南、东南，久而久之，南城外以及城东南的太平桥、塘子巷就发展为昆明县商业繁华之区。另据文献记载，清中叶外省各地商贾陆续到昆明经商，"省外商之贸易于滇者，最早为江西帮，湖南帮之笔墨庄、磁器庄，四川帮之丝绸、玻璃、烟叶等，其世业有相沿迄今者"[②]，他们肯定选择在昆明商业中心从事经济活动，正如施坚雅指出："城门沟通城市与腹地扇形区域间来来往往的全部交通，所以紧靠城门外的地区是为乡村居民服务的集市和商业最有利的地方。"[③]

第三阶段，城南、城东南仍为会馆的主要分布地，同时会馆的新建或移建呈现出城外向城内移动，由城东南向城西南移动的特征。

行业会馆主要分布在城东南、城南商业区。行业会馆是同行业工商业者为了更好地服务于他们的商业活动而建立的，故行业会馆大多建于某种行业店铺密集地附近。太平铺、真庆街盐店居多，盐行会馆就建立在南门外贞庆铺街；南门至马市口一带钱庄较多，银钱会馆就建在城东南庙前后铺；正南街、三牌坊（正义路中段）则有洋纱铺30余家，丝线铺20余家，南城一带有170余家布铺，布行会馆便设立在城南门外顺城街，丝线行会馆亦设立在离此不远的庙前后铺，芙蓉会馆亦设立在南城外东寺街。

同乡会馆则逐渐由城外向城内移动，由城东南向城西南移动。如

① 道光《昆明县志》卷3《建置》，道光二十七年（1847）刻本。
②《新纂云南通志》卷143《商业考一》，民国三十七年（1948）铅印本。
③ [美]施坚雅主编：《中华帝国晚期的城市》，叶光庭等译，北京：中华书局2000年版，第108页。

湖广会馆"寿佛寺"原位于城东，后移至城内西南；江右会馆原在城东，后移至城南门内；新修建的两粤会馆、浙江会馆位于城西门内、城内西南；四川会馆、江南会馆则由城外移建于城北门内的政治中心区。

清末昆明城会馆分布的变动与城市布局功能的变化有关，这时商业区范围扩大，由城南外向城内，由城东向城西延伸。城南、城东南一带交通便捷，仍为商贾货物聚集之区，不过城内格局被打破，原先仅为官僚办公、居住的内城逐渐向市民、商人开放。昆明城的商业中心区逐渐由城东的今拓东路、塘子巷一带向西、西南延伸至今近日楼、大小西门一带，城南门内今正义路等地均为商业区。从城内三牌坊、马市口至南门外的顺城街、金马坊，再到城东南的塘子巷、状元楼这一大片区域均发展为商业区。此外，城内许多街道亦有商铺，如辕门口有许多帽靴铺，东院街有众多广杂洋货，书院街刺绣店、书画装裱店。有众多地域商人、行业商人生活在这一区域从事商业活动，如城南金碧路原名广聚街，由于清末广东人主要聚集在此地居住、从事商业活动，为此他们不惜花费重金修复同乡会馆，并在这一带新建同乡会馆。

昆明城会馆由非政治中心区向城北政治中心区移动，体现出会馆与官员、或政府之间有着紧密联系。其实，文献对此有明确记载，圆通山下的江南会馆是"巡抚潘鼎新、按察使李德茂、粮储道崔尊彝"倡建的，北门内四川会馆则为知县朱坦能所建。不过，这些由官员倡建、新建的会馆，其成员并非只有官员群体，还包括大量商人。据清末日本东亚同文书院学生调查记录写道："江南会馆，位于北门内，建筑雄伟，拥有约三反步的地基，会馆内树木茂盛，建筑费达到一万元，该会馆由江苏、安徽等商人一起筹建。"[①]日本调查员所记录的北门内江南会馆，实际上就是光绪三年（1877）巡抚潘鼎新、按察使李德茂、粮储道崔尊彝别建于城北门内圆通山下的江南会馆"兴福寺"。会馆向城北移动以及官建、商建会馆界限的模糊，表明会馆的组建、发展与其功能的转变有关。

---

① 东亚同文会编：《支那省别全志》卷3《云南省》，见薄井由《清末民初云南商业地理初探——以东亚同文书院大旅行调查报告为中心的研究》，复旦大学2003年博士学位论文，第219页。

（二）其他州县

笔者收集的资料显示，云南府其他州、县的会馆分布较少。

宜良县有江西客民所建江西会馆"万寿宫"，其兴建时间应早于《宜良县志》刊刻时间，即乾隆三十二年（1767）①；易门县四会有江南会馆"萧公祠"②，道光修纂的《云南通志》并未见易门有江西会馆的记录，故其兴建时间应为咸同或光绪年间。

从以上云南府各州县的会馆分布资料显示，清代云南府共有 27 所会馆，其中 13 所建于咸丰战乱之前，光绪间新建会馆 12 所。云南府的会馆集中分布在昆明县城内，共有 25 所，而这 25 所会馆中有 22 所是分布在城东、城南、城西的交通便捷、商业发达之地，反映出昆明县会馆的分布与该地商业发展的关系密切。

二、迤西地区

迤西地区地理位置优越，该区域以大理为中心，向东可达省城昆明，向西由腾越可达缅甸，向北可达川藏，便捷的交通使迤西地区成为各种货物流通的重要市场，商贾辐辏，商业繁荣，有众多会馆分布其中。咸同战乱期间，滇西的保山、大理、鹤庆等地是战争最为激烈的地方，众多城池遭到破坏，城内建筑损坏，滇西一片萧条。从战争的激烈程度推测，滇西众多会馆遭到破坏。为了避免行文重复，我们再次统一说明，下文只就其余两个时间段进行论述。

（一）大理府

大理府位于滇川、滇藏、滇缅大道的交会处，凡川货西出缅甸或东进昆明，滇南茶叶北上川藏，藏区药材入滇以及滇货出缅、缅货入滇都必经此地，"商贾辐辏，甲于他郡，亦滇中大都会也"③，该府辖

---

① 乾隆《宜良县志》卷 3《杂稽志》，乾隆三十二年（1767）刻本。
② 光绪《云南通志》卷 91《祠祀志二之一》，光绪二十年（1894）刻本。
③ 道光《云南志钞》卷 1《地理志》，道光九年（1829）刻本。

太和县（附郭）、赵州、云南县（今祥云县）、邓川州、浪穹县、宾川州、云龙州（今云县）、十二长官司（今祥云、姚安县部分）。

1. 太和县（今大理古城）

太和县，为大理府附郭，迤西地区的商业、交通枢纽中心，也是移民聚集之区。民国《大理县志》载："……有明以降，衣冠文物中土同风，近之则川、黔、贵、粤，远之则赣、苏、杭，皆梯航而至。"①若按此推测，太和县应当有不少移民会馆，但由于资料缺乏，目前仅发现 3 所会馆。

（1）顺治元年至咸丰五年（1644—1855）。

康熙、乾隆年间，江西人在太和县城修建了 2 所江西会馆，分别位于城西南和东南。据康熙《大理府志》载"萧公祠，在城西南城隍庙左"②，但并未记载该会馆的详细修建时间。鉴于康熙《大理府志》刊刻于康熙三十三年（1694），推测该馆的修建时间应在此之前。

乾隆年间，江西人在太和县城东南隅新建另一所江西会馆"萧公祠"。据乾隆《萧公祠吉府常住田碑记》载"吾江人士□□□，时建萧公祠于榆城……左为药王庙，右为地藏□（寺）"③，可知该"萧公祠"左为药王庙、右为地藏寺，其右并非"城隍庙"，也就是说这是府城另一所"萧公祠"的所在地，应为吉安府人士建造。据《大理府志》载："地藏寺，治东南隅，康熙年间提督张国柱建。"④即江西吉安府会馆"萧公祠"位于城东南隅。

（2）咸丰六年至宣统三年（1856—1911）。

咸同战乱期间，大理的政治中心太和城发生了惨烈的争战，太和"死者三万余，房屋亦被毁，火焰冲天"，⑤由此推测 2 所"萧公祠"应毁于战乱之中。

① 民国《大理县志》卷 6《社交部》，民国六年（1917）铅印本。

② 康熙《大理府志》卷 3《户籍》，康熙三十三年（1694）刻本。

③ 太和县江西吉安会馆"萧公祠"乾隆四十四年《萧公祠吉府常住碑记》，见大理白族自治州白族文化研究所编《大理丛书·金石篇》，昆明：云南民族出版社 2010 年版，第 2642-2643 页。

④ 乾隆《大理府志》卷 27《寺观》，民国二十九年（1940）大理严氏铅印本。

⑤ 王树森：《滇西会乱纪略》，云南省图书馆藏抄本。

战乱结束后，大理地区新增会馆 1 所江西会馆"万寿宫"。据大理白族自治州博物馆藏《修复榆城万寿宫记》载："当民国之十有四年，岁乙丑春三月十六日，榆城地震，宫室尽毁，宫之大殿楼宇亦悉倾覆。……兹将修理会馆所有收入开列……"①可知此"万寿宫"为江西会馆。然而，该碑并未说明此"万寿宫"在榆城的详细方位以及修建时间。据民国《大理县志》记载，清末大理地区的商业主要为江西人执掌②，此地必为江西商人聚集之地，"万寿宫"当修建于清末。

（3）太和县会馆分布特点。

笔者收集到的资料显示，太和县城仅有 3 所江西会馆，即新旧"萧公祠""万寿宫"，它们分别位于城西南和城东南。城南一带是太和县商业区，据文献记载太和县城"商业区主要集中在南北城门一线，从南门'双鹤门'至北门'安远门'间的大街，除了鳞次栉比的店铺外，还有各种小市，逐日贸易，率以为常。还有菜市等，就在鼓楼北面，显然，大街一线的确是商贾辐辏，货物流通，相当繁盛的地段，这种情况延续至今。"③，太和县的江西会馆位于该城的商业区内，充分体现了会馆分布与商业发展之间的关系。

太和县城是滇西的交通中心，凡川货西出缅甸或东进昆明，滇南茶叶北上川藏，藏区药材入滇以及滇货出缅、缅货入滇都必经此地，吸引了众多商贾前往。城外三月街，每年三月份的庙会时各地货商纷纷而至，"四方商贾如蜀、赣、粤、浙、湘、桂、秦、黔、藏、缅等地以及本省各州县之云集者，殆十万计。马、骡、药材、茶、布、丝、棉、毛料、木植、磁铜锡器，诸大宗生理交易之至少者值亦数万"④，是迤西乃至全省的区域交易市场。清初的大理，其商业之繁荣程度不亚于省城昆明，各省商人云集，应当为会馆集中分布之地，但有关会馆的材料显示仅有 3 所，这与商业繁荣程度不相吻合，其原因应有以

---

① 太和县江西会馆"万寿宫"民国十五年（1926）《修复榆城万寿宫记》，现在大理白族自治州博物馆内。

② 民国《大理县志》卷 6《社交部》，民国六年（1917）铅印本。

③ 吴晓亮：《洱海区域古代城市体系研究（公元前 3 世纪—公元 19 世纪末）》，云南大学 2002 年博士学位论文，第 115 页。

④ 民国《大理县志稿》卷 6《社交部·社会》，民国六年（1917）铅印本。

下两点：一是其他外省商人在太和县建立了会馆，但会馆及其资料均在战乱中被毁；二是外省商人只在三月庙会期间到此贸易，三月以后回籍或到其他地区进行贸易，留在太和的时间较少，故未修建会馆。

2. 赵州

赵州州治在今凤仪县城，然凤仪并不是赵州商业发达之地，笔者尚未收集到凤仪县会馆分布的资料，反而在商业繁荣的弥渡市镇有会馆的分布。

早在明代朝廷就在弥渡设白崖、弥渡市巡检司，并在弥渡坝子中部筑城，作为景东卫储粮之地，该地具有重要军事地位。清代，朝廷为加强对弥渡的管理，于雍正九年（1731）撤白崖巡检司，改弥渡市镇，移大理府南关分府通判驻弥渡，为弥渡市督捕通判，通判署址在今弥渡县城西街。弥渡位于滇西大道旁，西可通永昌（保山），西北可经府城达丽江、中甸，西南可达景东（临沧），堪称交通要冲，商人往来频繁，"弥渡百货丛集，流民杂处"[①]；清末，这里再次成为商人聚集之地，加上英国人策划修建滇缅铁路将过境弥渡，吸引了更多商人前来，"各省之游宦、经商落籍于此者固多……又如回族之经商来此者，散居城乡，亦约百余家"[②]，并且在此兴建会馆。

（1）顺治元年至咸丰五年（1644—1855）。

笔者收集到的资料显示，这一时期弥渡市镇有1所江西吉安会馆。据赵州《弥渡江西吉安府会馆碑记》（祀"关帝"和"萧晏二公"）记载，江西吉安客民于道光年间在弥渡建立了会馆[③]，会馆的详细地理位置不详。

（2）咸丰六年至宣统三年（1856—1911）。

咸同战乱期间，弥渡地区受到战争的波及，吉安会馆"萧公祠"毁于战火。

战乱结束后，弥渡市镇（今弥渡县城）经济逐渐恢复，城内新建了众多会馆，包括工匠行会馆"鲁班庙"、江西豫章会馆"万寿宫"、

① 康熙《大理府志》卷30《风俗》，康熙三十三年（1694）刻本。
② 民国《弥渡县志稿》卷8《氏族志》，大理白族自治州图书馆藏民国稿本。
③ 道光《赵州志》卷5《艺文志》，道光十八年（1838）刻本。

四川会馆"川主庙"、江西吉安会馆"关圣宫"和陕西会馆共 5 所同乡、同业会馆。

据民国《弥渡县志》记载，光绪年间弥渡兴建了 5 所会馆，3 所位于青螺山南，2 所位于弥渡城内。鲁班庙（行业会馆），在青螺山南，清宣统二年（1910）弥士庶工匠等筹建；万寿宫（江西会馆），在青螺山南，清光绪十年（1884）豫章旅滇商人创建；川主庙（四川会馆），在青螺山南，清光绪五年旅居川人同县绅创建；吉安会馆，在县城内东街，光绪二十年（1894）邑人周辅高同弥绅创建；陕西会馆，在县城东街，光绪十三年（1887）西秦邑人黄玉书同弥绅创建。①

（3）弥渡会馆分布的特点。

清代弥渡县城共有 6 所会馆，1 所建于道光年间，5 所建于光绪间，地点主要位于青螺山南（弥渡城北外）和县城东街商业区。

清代的弥渡城即弥渡市通判驻地，该城并未形成宏伟的建筑规模，甚至没有城门，它实际上是一个开放的大集市，关于城内的布局，明清文献并未作详细介绍。20 世纪 90 年代编纂的《弥渡县志》载："自明崇祯十年（1637）筑城起到新中国建立止的 312 年间，弥渡县城仅建成东街、光明街……"②可知东街为弥渡城历史最为久远的街道，在清代当为弥渡商业最繁华之区。北城外的青螺山南面向弥渡城，应为各地移民经商、客居之地。

3. 云龙州

云龙州位于大理府治西北，辖今云龙县、泸水市，境内有白羊、大功铜厂。尽管今云龙县城为云龙州州治，然就笔者收集到的资料显示，白羊铜厂是该州会馆集中分布之地。

云龙州白羊铜厂"离城一百八十里（西北方向），出产铜碤"③，开设于乾隆三十五年（1770），由云龙州州府管理，年额办铜矿 18 万

① 民国《弥渡县志》卷 11《寺观》，大理白族自治州图书馆藏民国稿本。

② 弥渡县志编纂委员会编：《弥渡县志》，成都：四川辞书出版社 1993 年版，第 321 页。

③ 佚名：《白羊厂汉回械斗案》，见荆德新《云南回民起义史料》，昆明：云南民族出版社 1986 年版，第 12 页。

斤（遇闰加 9000 斤）以供各省采买。铜厂开厂后，吸引了各地商人、劳工到此采矿，并建立了会馆。

（1）顺治元年至咸丰五年（1644—1855）。

据文献记载，云龙州白羊铜厂有 4 所同乡会馆，包括湖广会馆、临安会馆、回民会馆、江西会馆。湖南客民建立"寿佛寺"，临安人建立会馆，回民建立礼拜寺，"各作公所，历久无异"①，"白羊铜厂有江西客民建盖萧祠（萧公祠），管理香火"②。白羊铜厂械斗案案发时间为道光元年（1821），白羊铜厂开厂时间为乾隆三十五年（1770），湖广会馆"寿佛寺"、临安会馆、回民会馆、江西会馆当是乾隆三十五年至道光元年（1770—1821）间建立的。

白羊铜厂开办以后，到该厂投资、当佣工者多为湖广、江西、临安以及各省回"厂内开采磏硐，充当炉户砂丁人等，都是湖南、川、黔、江西及临安附近各州县汉民人单身聚集"③，投资商、砂丁聚集较多时，他们便以地缘或族缘为纽带，在白羊铜厂建立了会馆或公所。

（2）咸丰六年至宣统三年（1856—1911）。

咸同战乱期间，白羊铜厂生产停滞，矿硐、会馆在战乱中被捣毁。战乱停息之后，云南采矿业衰落，白羊铜厂各会馆未得到重修或重建。

（3）云龙州会馆分布特点。

云龙州的会馆主要分布在矿厂，这些会馆均为采矿商人及工匠兴建，现有资料显示白羊铜厂分布着 4 所会馆。云龙州还有一所铜厂——大功厂，该厂位于云龙大功山，开设于乾隆三十八年（1773），年额办铜矿四十万斤（遇闰加 33 303 斤）供京运、省铸采买，该厂的出铜量大大高于白羊铜厂，当时应聚集了更多的商人和劳工采矿，笔者推测应当有矿民在此修建会馆。

---

① 佚名：《白羊厂汉回械斗案》，见荆德新《云南回民起义史料》，昆明：云南民族出版社 1986 年版，第 12 页。

② 佚名：《白羊厂汉回械斗案》，见荆德新《云南回民起义史料》，昆明：云南民族出版社 1986 年版，第 35 页。

③ 佚名：《白羊厂汉回械斗案》，见荆德新《云南回民起义史料》，昆明：云南民族出版社 1986 年版，第 12 页。

4. 其他州县

云南县（今祥云县）位于滇西大道沿途，自省城至大理、永昌、丽江必过此地，交通便捷，云南县城有江西会馆"萧公祠"。据康熙《大理府志》载：云南县"萧公祠，旧在南门外，清康熙三年，迁建南门内"①。康熙三年（1664）以前，城南门外有一所江西会馆，始建时间不详。康熙三年（1664），"萧公祠"从南门外迁入城内。

宾川县牛井街有大理会馆，建于咸同以前，战乱中被毁，未重修。大理会馆"在本街北堡门内，因变乱毁，尚未重建，现于该地址建有当街铺房三间，后屋二进余隙地尚宽"②。

以上对大理府各州县会馆分布资料显示，大理府共有15所会馆，其中11所建于咸同战乱之前，5所建于清末，这些会馆主要分布在大理府商业区和矿厂。

（二）永昌府

永昌府北接大理，东接澜沧，西临缅甸，是兵家必争的战略要地，也是滇缅贸易的交通要冲，其地"地处极边，与缅甸接壤，一切货殖较他郡为多，故贾客亦最众"③，会馆分布密集。

1. 保山县（今保山市）

保山县位于大理与腾越之间，是滇缅大道上重要的商贸中转站。清代滇缅贸易繁荣，保山县城吸引了各地客商在此落籍经商，"市肆货物之繁华，城池风景之阔大，滇省除昆明外，他郡皆不及，人以此谓之小南京焉"④。

（1）顺治元年至咸丰五年（1644—1855）。

保山县有江西会馆"萧公祠"、江西抚州会馆"二忠祠"、江西吉安会馆"昭武祠"、湖广会馆"寿佛寺"、湖广会馆"吕祖楼"、四川会馆"川主宫"、大理鹤庆会馆"鹤云寺"、大理会馆"双鹤观"、腾越（腾

---

① 康熙《大理府志》卷17《祠祀》，康熙三十三年（1694）刻本。
② 民国《大理县志稿》卷3《建设部》，民国六年（1917）铅印本。
③ 光绪《永昌府志》卷17《市肆》，光绪十一年（1885）刻本。
④ 光绪《永昌府志》卷8《风俗》，光绪十一年（1885）刻本。

冲）会馆"腾阳会馆"等 5 省 9 所会馆，集中分布在太保山和城内外。

太保山有 4 所会馆，山麓 2 所，山腰 1 所，山下 1 所。山麓 2 所即四川会馆"川主宫"、大理鹤庆会馆。四川会馆"川主宫"修建时间较早，后又于嘉庆元年（1796）重修，"川主宫，在太保山麓，年久坍塌，嘉庆元年蜀省众商民捐资重修"①。大理鹤庆会馆建于乾隆年间，"鹤云寺，在斗姥阁（在太保山麓）右，乾隆四十二年（1755），大理鹤庆客民等建"②。山腰 1 所即湖广会馆，"吕祖楼，在玉皇阁左，嘉庆十六年（1811），湖广商人张学海等重修"③，玉皇阁位于太保山右山腰。山下 1 所，即大理会馆，"双鹤观，在太保山下，嘉庆十五年（1810），大理十属客商创建"④。

保山城内有 4 所会馆，江西会馆 3 所，腾阳会馆 1 所。江西会馆集中在萧祠街，街道名称由"萧祠"而得名。据光绪《永昌府志》载，保山县"萧公祠，在城内萧祠街（在朱氏街南）；其左为'昭武祠'，系江右抚州客民建；'昭武祠'之左为'二忠祠'，系吉安客民建，兵燹拆毁，今江西客民重建"⑤。这 3 所会馆毗邻而建，分别为江西省、抚州府、吉安县会馆，根据"兵燹拆毁"可知 3 所会馆均建于咸同战乱以前。另一所湖广会馆"寿佛寺，在城内东南隅，道光四年（1824）绅士林曰瀚、林曰艺暨楚商民捐资重修"⑥，该会馆的始建时间应为乾嘉时期。

城外西南隅有腾阳会馆⑦，腾越州（今腾冲市）商人所建。现今腾阳会馆馆址仍然存在，位于今保山市隆阳区太保公园附近。

（2）咸丰六年至宣统三年（1856—1911）。

保山地区是咸同战乱的肇始之地，战争从城内席卷到村寨，异常激烈，太保山及城内外会馆全部被毁。

战后有 4 所会馆得到修复或重建，没有新建会馆。湖广会馆"寿

① 光绪《永昌府志》卷 26《俗祀》，光绪十一年（1885）刻本。
② 光绪《永昌府志》卷 26《俗祀》，光绪十一年（1885）刻本。
③ 光绪《永昌府志》卷 8《风俗》，光绪十一年（1885）刻本。
④ 光绪《永昌府志》卷 26《俗祀》，光绪十一年（1885）刻本。
⑤ 光绪《永昌府志》卷 26《俗祀》，光绪十一年（1885）刻本。
⑥ 光绪《永昌府志》卷 26《俗祀》，光绪十一年（1885）刻本。
⑦ 光绪《永昌府志》卷 26《俗祀》，光绪十一年（1885）刻本。

佛寺……光绪间绅士林自友、林自恭，职员李生春、姜文举暨楚商重建"；
腾阳会馆"光绪八年腾越商人重建"；四川会馆"川主官……光绪间蜀生
客民改建"；江西会馆"萧公祠……今（光绪间）江西客民重建"。[①]

（3）保山县会馆分布特点。

保山县的会馆主要分布在城南、太保山和萧祠街。清代的保山城
是由山下的母城和山上的子城构成，山上设有永镇、定安二门[②]，也就
是说太保山的会馆实际上也是在城内的。

城南、太保山、萧祠街为保山县城的商业区，"府城内街自镇南门
（南门）至恺悌坊大街，逐日有市，率以为常"[③]。湖广、四川、腾越
大理商人到此经商，修建了会馆。

2. 腾越厅（今腾冲市）

腾越州"地处极边，孤悬两江之外，蛮夷错杂，商贾丛集"[④]，地
理上直接与缅甸接壤，凡从陆路到缅甸必经过腾越，早在清初腾越已
成为中缅贸易货物集散中心，"乾嘉间，海运未开，凡闽粤客商贩运珠
宝、玉石……一切缅货，皆由陆路而行，必经过腾境"[⑤]，腾越州商贾
云集，亦是会馆分布的重要城镇。

（1）顺治元年至咸丰五年（1644—1855）。

腾越州城内有3所会馆，福建会馆和2所江西会馆，均位于城南。
福建会馆"天后宫"建于嘉庆十一年（1806），据《重建腾越天后宫修
观音阁记》载"前康熙间，先有同乡述庵徐将军……曾就州属五保之
观音阁左侧，建天后宫"[⑥]，也就是说"天后宫"始建于康熙年间，嘉

① 民国《保山县志目次说明书》卷 7《建置一》，民国三十年（1941）石
　印本。
② 民国《保山县志目次说明书》卷 7《建置一》，民国三十年（1941）石
　印本。
③ 光绪《永昌府志》卷 17《市肆》，光绪十一年（1885）刻本。
④ 光绪《永昌府志》卷 8《风俗》，光绪十一年（1885）刻本。
⑤ 光绪《腾越乡土志》卷 8《商务》，云南省图书馆藏抄本。
⑥ 腾越厅福建会馆"天后宫"嘉庆十一年《重建腾越天后宫修观音阁记》，
　见李根源《永昌府文征》文录，腾冲：美利公铅印曲石丛书，民国三十
　年（1941）。

庆间重建，位于观音阁之左。观音阁的地理位置，据光绪《永昌府志》载，观音阁在来凤山①，故福建会馆应在南城外的来凤山上。

江西会馆"萧公祠"，有新、旧2所，乾隆《腾越州志》载："萧公祠，南城外新、旧祠二，皆江西客所建。"②关于2所"萧公祠"的具体位置，民国《腾越乡土志》载："五保街，有江西会馆'老萧祠'；六保街有'万寿宫'，江西人建，又名'新萧祠'。"③即老江西会馆"萧公祠"位于五保街，另一江西会馆"万寿宫"或"新萧祠"则位于六保街。

（2）咸丰六年至宣统三年（1856—1911）。

咸同战乱期间，腾越州亦经历了攻城之战，城内会馆在战乱中被损毁。

江西会馆新、旧"萧公祠"以及福建会馆"天后宫"于战后重修，光绪《腾越厅志》载："萧公祠，在南城外，有新旧二祠，皆江西客商所建。"④此志对萧公祠的记载与乾隆《志》的记载相似，故此二祠应为战后重修。光绪间，福建人在南城外重建福建会馆"天后宫"，据光绪《腾越厅志》载，"天后宫，在普济寺左"，普济寺在南城外。⑤

光绪年间各地移民又在腾越城兴建了6所会馆，包括贵州会馆、鹤丽剑会馆、三楚会馆、四川会馆、福建会馆、陕西会馆和云南会馆。贵州会馆"忠烈宫"，位于"武庙……左为忠烈宫，乃黔省会馆"；鹤丽剑三属会馆"云鹤寺"，在新桥河畔南；三楚会馆"禹王宫"，三楚同建，地理位置不详。⑥四川会馆"川主宫"，又名西蜀会馆，在城偏西。⑦这几所会馆的修建时间不详，当早于《腾越乡土志》成书时间光绪三十一年（1905）。陕西会馆或称西秦会馆，在五保街；大理会馆，在全仁街；云郡会馆（云南会馆），在东街。⑧这几所会馆在光绪年间

① 光绪《永昌府志》卷26《俗祀》，光绪十一年（1885）刻本。
② 乾隆《腾越州志》卷4《城署》，乾隆五十五年（1790）刻本。
③ 光绪《腾越乡土志》卷6《地理》，云南省图书馆藏抄本。
④ 光绪《腾越厅志》卷9《祠祀志·俗祀》，光绪十三年（1887）刻本。
⑤ 光绪《腾越厅志》卷4《建置制》，光绪十三年（1887）刻本。
⑥ 光绪《腾越乡土志》卷6《地理》，云南省图书馆藏抄本。
⑦ 光绪《腾越乡土志》卷6《地理》，云南省图书馆藏抄本。
⑧ 民国《腾冲县志稿》卷20《商务》，云南省图书馆据民国三十年（1941）刊本传抄本。

编修的《永昌府志》《腾越厅志》书中均未出现，故它们应当建于光绪三十二年（1906）以后。

清末腾越还新建了 5 所行业会馆。丝线行公所"轩辕宫"在五保街，宝货行公所"白衣真人殿"在来凤寺左，堆、旅、马店公所在东街，屠行公会在来凤山张桓侯殿，医师公所在西华街药王庙。[1]

（4）腾越厅会馆的分布特点。

腾越州城内外分布有江西会馆"萧公祠"等 9 所同乡会馆和丝线行公所等 5 所同业会馆，分别建于清初和清末。

腾越厅的会馆分布与该地繁荣发展的商业密切相关，腾越为滇西门户，与缅甸毗邻，滇越铁路未通之前，凡出滇入缅之货、出缅入滇之货物必经腾越，商贾云集；清末，腾越为中国西南边境的重要商埠，再次成为云南商业发展的焦点，商业发达，商人聚集，会馆密集。因此，商人所建的会馆多集中分布在腾越厅的城南商业区。据文献记载，腾越的"大街在南关外来凤山下，前明右所住居，今为市商所集，于丁、壬日赶集"[2]，四保街、五保街、六保街都在南城外，这些会馆当为来此贸易的各地商人所建。清末，腾越厅城的商业区从城南向城内拓展，城东各街道亦有许多商铺，众多同乡会馆、行业会馆分布于此。

3. 龙陵厅（今龙陵县）

龙陵厅位于滇缅大道上，东西向分别与保山、腾越相邻，是滇西交通要冲。

龙陵厅有江西会馆"萧公祠"、贵州会馆"忠烈公祠"、湖广会馆"寿佛寺"、四川会馆"川主庙"、大理等三属会馆"财神庙"5 所同乡会馆。

光绪《永昌府志》载："萧公祠，在厅治左，江西客民建；忠烈公祠，贵州客民建；寿佛寺，湖广客民建；川主庙，四川客民建；财神庙，大理、保山、腾越客民公建。"[3]遗憾的是，文献没有载明会馆的详细所在地以及修建时间。

---

① 民国《腾冲县志稿》卷 20《商务》，云南省图书馆据民国三十年（1941）刊本传抄本。

② 光绪《腾越厅志》卷 4《建置制》，光绪十三年（1887）刻本。

③ 光绪《永昌府志》卷 26《俗祀》，光绪十一年（1885）刻本。

可以肯定的是，龙陵厅会馆的兴建与该地商业的发展密切相关。龙陵厅土地贫瘠，物资匮乏，所需货物皆由商贾自外地贩运而至，"米谷多采购于芒市，花线且远来自缅邦"[①]。商贾还将缅甸象牙、琥珀、水晶等货贩至龙陵销售；同时该地曾产烟土、水银，商贾前来买贩，集聚此地，兴建会馆。

从以上永昌府各州县的会馆分布资料显示，永昌府共有23所会馆，其中具体修建时间可考的有10所，均建于咸同战乱以前。永昌府所属州县会馆的建立，均得益于该府商业的发展。保山、腾冲均位于滇缅大道沿途，清代滇缅贸易的繁荣，使这两个地区的商业较为繁荣；龙陵厅的商业虽然不及上述两州县繁荣，但作为保山与腾越之间的交通中转站，也是商贾聚集之地。

（三）顺宁府

顺宁府位于省城西南，与缅甸接壤，境内有湧金、悉宜银厂和宁台铜厂，工业较为发达。

1. 顺宁县（今凤庆县）

顺宁县为顺宁府附郭，境内有著名的宁台铜厂和湧金银厂，乾嘉时期各矿厂开硐采矿，众多内地及本省他州县商人、工匠、劳工前往开采，兴建会馆。

（1）顺治元年至咸丰五年（1644—1855）。

顺宁县城内有江西会馆"萧公祠"、太和会馆、四川会馆"川主宫"、两粤会馆、两湖会馆5所会馆。

光绪《顺宁府志》载："江右会馆，即旧志'萧公祠'，在城内新府署右，后江西士民重修。"[②]旧志即乾隆《顺宁府志》，由此可知江右会馆应建于乾隆二十六年（1761）《顺宁府志》成书以前。

据光绪《顺宁府志》载，太和会馆"在旧城正街大桥下东街，兵燹毁"，旧城即清初府城，咸同战乱被焚毁，由此可知太和会馆应建于

---

① 民国《龙陵县志·地舆志》，民国六年（1917）年刻本。
② 光绪《续顺宁府志》卷19《俗祀》，光绪三十年（1904）刊本。

咸丰六年（1856）以前。"两粤会馆，（采访）在新县署街""两湖会馆，（采访）在北城内下街"①，通过采访才知其方位，表明这些会馆光绪间已经毁坏，而且这 2 所会馆未出现在乾隆二十六年的方志记载中，故应修建于乾隆二十六年至咸丰六年间（1761—1856）。

顺宁县并非商业发达之地，但该县城为府附郭，境内有著名的宁台铜厂和湧金银厂，可以肯定外省移民在顺宁城内兴建会馆主要与采矿业的兴旺有关。宁台铜厂于乾隆四十六年（1781）开厂，湧金银厂开于嘉庆五年（1800），因此这些会馆建于乾隆、嘉庆时期的可能性较大。

（2）咸丰六年至宣统三年（1856—1911）。

咸同战乱之前，顺宁府回汉矿商就曾因矿利争夺发生过械斗，清初所建 4 所会馆均毁于战火。

光绪间顺宁县城的会馆陆续修复，新增四川会馆。江西会馆"萧公祠……江西士民重修"②，太和会馆"今（光绪间）购地另建东城太阳山香火铺"③，两湖会馆"光绪初年知县邓瑶倡、周士绅改建于北城小北门内"④，新建四川会馆"川主宫，在东城内大水井"。⑤

光绪间顺宁府右甸（今保山市昌宁县）城内外亦有众多会馆分布。右甸自明代就为顺宁府所辖，明万历三十年（1602）筑右甸城，并置通判；清代仍属顺宁府，乾隆十一年（1766）设右甸经历厅。

右甸城内外有湖广会馆、大理会馆、四川会馆、江西会馆 4 所会馆。湖广会馆"寿佛宫"，在右甸东城内；大理会馆，在右甸西城内；江西会馆"万寿宫"，在右甸城北一里；四川会馆"川主宫"，在右甸城东门外⑥。始建时间均不详。

（4）顺宁县会馆分布特点。

顺宁县城和右甸城是该县会馆分布最为密集之地，该县的会馆分布与铜矿的开采、转运有关，顺宁县城为该县商品的转输中心，聚集

① 光绪《续顺宁府志》卷 19《俗祀》，光绪三十年（1904）刊本。
② 光绪《续顺宁府志》卷 19《俗祀》，光绪三十年（1904）刊本。
③ 光绪《续顺宁府志》卷 19《俗祀》，光绪三十年（1904）刊本。
④ 民国《顺宁县志初稿·祠祀》，民国三十六年（1947）石印本。
⑤ 光绪《续顺宁府志》卷 19《俗祀》，光绪三十年（1904）刊本。
⑥ 光绪《续顺宁府志》卷 19《俗祀》，光绪三十年（1904）刊本。

了大量商人、工匠至此兴建会馆。

右甸城是顺宁府的交通要冲，该地南通镇康（今永德）可达缅甸，西通保山可达缅甸、大理，东北通蒙化（今巍山一带）可达大理下关，东南则通顺宁府城，是商贾往来顺宁、永昌、蒙化的交通枢纽，聚集了众多商贾及劳工。

2. 缅宁县（今临翔区）

缅宁县南通景东、景谷，西南通缅甸，为景东盐运和双江勐库茶运交通要道，各省贩运盐、茶以及缅货之商人，可取道缅宁县，久之聚集者较多，兴建会馆。

（1）顺治元年至咸丰五年（1644—1855）。

缅宁县有江西会馆"万寿宫"、江西会馆"萧公祠"、四川会馆、太和会馆、贵州会馆等 6 所会馆。

缅宁县城城内有贵州会馆"黑神庙"[①]，具体位置不详。城东外有江西会馆"万寿宫"、四川会馆"璁珉宫"、太和会馆。据光绪《续顺宁府志》载："万寿宫，在东城外里许；璁珉宫，在城东里许；太和会馆，在东城外，太和客籍嘉庆初年建内。"[②]除太和会馆明确记载为嘉庆初年所建外，其余 3 所会馆始建时间不详。乾隆《顺宁府志》中也未出现这 3 所会馆的记载，而光绪《顺宁府志》记载这 3 所会馆均毁于咸同战乱，可知它们应建于乾隆二十二六年至咸丰六年间（1761—1856）。

此外，锡腊有江西会馆"萧公祠"，建于雍正三年（1725）前。据雍正《顺宁府志》载，"萧公祠，在城内，天启五年抚州人何文魁建；一在锡腊，"[③]内城萧公祠始建于明代，清代仍存。

（2）咸丰六年至宣统三年（1856—1911）。

咸同战乱期间，缅宁"万寿宫……兵毁，璁珉宫……为贼毁，太和会馆……咸丰十年兵毁，黑神庙……咸丰十年为贼毁"[④]。

战乱结束后，光绪年间江西等三省移民陆续重修各省会馆。光绪

① 光绪《续顺宁府志》卷 19《俗祀》，光绪三十年（1904）刊本。
② 光绪《续顺宁府志》卷 19《俗祀》，光绪三十年（1904）刊本。
③ 雍正《顺宁府志》卷 4《坛庙》，雍正三年（1725）钞本。
④ 光绪《续顺宁府志》卷 19《俗祀》，光绪三十年（1904）刊本。

《续顺宁府志》载："万寿宫……光绪十一年（1885）江右客籍重建；璊珉宫……光绪七年（1881）四川客民重建；黑神庙……光绪五年（1879）贵州客民重建。"[①]

（3）缅宁县会馆分布特点。

缅宁县共有 4 省 6 所会馆，均建于清初，毁于咸同战乱，光绪年间有 3 省会馆得以修复。除贵州会馆外，其余 4 所会馆均集中分布在"城东许里"，城东一带应为缅宁县商民聚集之商业区。

3. 云州（今云县）

云州"自开辟以来，陆续寄居汉人渐多，俱各省及他郡来入籍者"[②]，这些人在云州从事工商业，并在城外修建了会馆。

（1）顺治元年至咸丰五年（1644—1855）。

这一时期，云州共有 6 所会馆分布，其中云州城有 3 所、猛郎 2 所、猛麻 1 所。

据雍正《顺宁府志》载：云州城有四川会馆"川主宫，城西南隅，游僧知归修"；"萧公祠，一在城北，一在猛郎"；"寿佛寺，在旧城南新街，湖广客籍公建"[③]。雍正《顺宁府志》刊刻于雍正三年（1725），这些会馆当建于此前。

此外，民国《大理县志稿》载："云县属公郎街大理会馆在正街南首，满清道光间建。"[④]云县即清代的云州，也就是说云州有大理会馆，建于道光年间。

（2）咸丰六年至宣统三年（1857—1911）。

咸同战乱期间，清兵于同治十二年攻克云州城，攻城期间城内会馆被毁。

光绪年间，江西、四川、大理客民相继在云州修建了 3 所会馆。据光绪《顺宁府志》载：四川会馆"川主宫"在猛郎；江西会馆"萧公祠"一在猛郎，一在猛麻，在猛麻者为新建；太和会馆在云州城北

---

① 光绪《续顺宁府志》卷 19《俗祀》，光绪三十年（1904）刊本。
② 光绪《续顺宁府志》卷 5《地理志三》，光绪三十年（1904）刊本。
③ 雍正《顺宁府志》卷 4《坛庙》，雍正三年（1725）钞本。
④ 民国《大理县志稿》卷 3《建设部》，民国六年（1917）铅印本。

门卖糖街，大理客籍公建。①这 3 所会馆修建时间不详，当建于战后之光绪元年（1875）至光绪三十年（1904）《顺宁府志》成书之间。

（3）云州会馆分布特点。

云州会馆主要建于清初和清末，地理位置上主要分布在州城内和猛郎、猛麻。云州城乃该州商业、政治中心，猛郎、猛麻则为云州两个乡村集市所在地（猛郎街、小猛麻街），这三地为商人往来贸易、客居经商之地，商业相对发达。

从以上顺宁府各州县会馆分布资料显示，顺宁府共有 19 所会馆，大多于清初修建，毁于咸同战乱，清末重修或重建。顺宁府会馆主要分布在城内以及商业集市，这与该府矿资源的开采、商业贸易的发展有关。

（四）楚雄府

楚雄府东临省治昆明，西通大理，南控新平，北可入四川，可谓"四达之冲"。物产上，境内分布着云南三大著名盐井区，"盐官之利乃甲于通省"②；亦有石羊、革喇两银厂以及寨子箐、香树坡两铜厂（均在南安州境内）。楚雄府物产丰饶，为外来客民的重要聚集地，有众多会馆分布。

1. 楚雄县（今楚雄市）

楚雄县为楚雄府附郭，不过至嘉庆时期该地商业较为冷清，"商贾间有江右来者，杂货酒饭；湖南来者，抄纸纸火，寻常交易，各得其所。较其他市口，殊为冷落"，③仅江西、湖广客商多交易其中。

（1）顺治元年至咸丰五年（1644—1855）。

楚雄县有江西会馆"萧公祠"、湖广会馆"寿佛寺"和四川会馆"川主宫"，3 所会馆均建于清初。

康熙年间，江西人在该县建立了江西会馆"萧公祠"。据康熙《楚

---

① 光绪《续顺宁府志》卷 19《俗祀》，光绪三十年（1904）刊本。

② 道光《云南志钞》卷 1《地理志·楚雄府》，道光九年（1829）刻本。

③ 嘉庆《楚雄县志》卷 1《天文地理志》，南京：凤凰出版社 2009 年影印本。

雄府志》载：江西会馆"萧公祠，在城外，客民胡国栋建"①。文献虽然没有明确客民胡国栋的籍贯、身份，但萧公祠为江西客民供奉水府神灵萧公之地，胡氏当为江西人，有能力兴建一所祠庙者，应为资产殷实之富民。

嘉庆年间湖广移民修建了湖广会馆，"寿佛寺，在小西门外。嘉庆十八年（1813），知县彭永思率湖广客民建"②。

（2）咸丰六年至宣统三年（1856—1911）。

楚雄县是回民起义军自大理进入昆明的必经之地，宣统《楚雄县志》中没有"萧公祠""寿佛寺"的记载，笔者推测2所会馆当毁于战火。

战后，楚雄县新建会馆1所，始建时间不详。据宣统《楚雄县志述辑》记载，该县有四川会馆"川主宫"③，详细分布地亦不详。

（3）楚雄县会馆分布特点。

由于楚雄县商业发展较其他州县冷清，故这里会馆分布较少。清初建立了2所，均在城外；清末建立了1所。

2. 姚州（今姚安县、永仁县）

姚州境内分布着著名的白盐井，是盐商、煮盐工人聚集之地，"白盐井……寄住户或贸易营生、或佣工度日，亦既林林总总，生聚渐见繁昌矣"④，也是楚雄府会馆分布较为密集之地。

（1）顺治元年至咸丰五年（1644—1855）。

姚州城及白盐井均有会馆分布。

白盐井有江西会馆"萧公祠"、湖广会馆"寿佛寺"2所会馆。据文献记载，雍正年间江西商人在白盐井建立了会馆"萧公祠"，"万寿宫，旧名萧公祠"。⑤江西商人在白盐井主要是开设店铺，经营杂货，"惟江右杂货铺暨大理、永昌布不离旧井上下及萧公祠左右，余则席地可卖，大抵五井以柴街为拥挤"⑥，萧公祠左右就是江西商人贸易之地。

① 康熙《楚雄府志》卷2《建设志》，康熙五十五年（1716）刻本。
② 嘉庆《楚雄县志》卷2《建设志》，嘉庆二十三年（1818）刻本。
③ 宣统《楚雄县志述辑》卷5《祠祀述辑》，宣统二年（1910）稿本传抄本。
④ 雍正《白盐井志》卷5《赋役志》，雍正八年（1730）抄本。
⑤ 雍正《白盐井志》卷3《寺庙》，雍正八年（1730）抄本。
⑥ 雍正《白盐井志》卷5《赋役志》，雍正八年（1730）抄本。

湖广商人在旧井建立了会馆，"寿福寺（寿佛寺），在旧井"，①该会馆当为在白盐井贸易、煮盐的湖广客商所建。

姚州城有江西会馆"萧公庙"、湖南会馆"禹王宫"和医士会馆"药王庙"3所会馆。据民国《姚安县志》记载："（采访）萧公庙原在城西，康熙丙申（康熙五十五年，1716）移入南街，系江西会馆。"另据光绪《姚州志》，"药王庙，……在东门内。乾隆间，医士倪宗唐、任世荣、饶融合承买改建"②，是为医药业行业会馆。

（2）咸丰六年至宣统三年（1856—1911）。

白盐井、姚州城会馆是否毁于战火不详。光绪间，医药业行业会馆得以重修，"药王庙，（采访）光绪间，医士周爱莲、许椿年、来柏龄、龚联斗等重建"。

此外，姚州新增会馆3所，1所湖广会馆和2所四川会馆。湖广会馆"禹王宫""在北街，亦名寿佛寺，系湖广会馆"③，始建时间不详。四川会馆"川主庙""（采访）旧在东街；又一在城东南五里南屯"，④光绪《姚州志》中未出现川主庙的记载，说明这两所会馆建于光绪十一年（1885）后。

（3）姚州会馆分布特点。

姚州共有7所会馆，其中4所建于清初，3所建于清末，集中分布在白盐井旧井和姚州城。除了医士行会馆外，其他6所会馆均为到姚州贩运食盐以及贸易的商民所建。

3. 其他州县

康熙年间，江西客民在镇南州（今南华县）建有一所江西会馆，"萧公祠，州治东，康熙八年（1669）江西客民余起等新建"。⑤

乾隆年间，江西商人在南安州（今双柏县）石羊铜厂建立了江西

① 雍正《白盐井志》卷3《寺庙》，雍正八年（1730）抄本。
② 光绪《姚州志》卷4《祠祀志》，光绪十一年（1885）刻本。
③ 光绪《姚州志》卷4《祠祀志》，光绪十一年（1885）刻本。
④ 民国《姚安县志》卷51《祠祀志》，民国三十六年（1947）铅印本。
⑤ 光绪《镇南州志·祠祀略》，光绪十八年（1892）刻本。

会馆"萧公祠","石羊不过一厂地耳，亦置有萧祠"①。清末四川客民在南安州城内建有四川会馆，"川主宫，在北城内"，始建时间不详。②

乾隆年间，江西商人还在碌嘉（今双柏县）建立了江西会馆"萧公祠"，"逮哀牢道路开通，镇、普、元、威客货多就此经由。迩年以来，行商坐贾，渐次凑集，要之江右客居多，因无萧祠，俱为歉然。特是购料倩（请）工，不资其费，非集众力难以图成"③。由此可知，碌嘉县城有江西会馆 1 所。

从以上楚雄府各州县的会馆分布资料显示，楚雄府共有 14 所会馆，其中至少有 10 所建于道光以前，其余大约建于清末。该府会馆主要分布在盐井、矿厂和商业城镇。

（五）永北直隶厅

永北直隶厅，在省治西北，辖今永胜县、华坪县、宁蒗县，境内有金沙江厂 1 座金矿厂以及宝坪厂和东厂 2 座铜矿厂；旧衙坪为滇省门户，该地与盐边、盐源接壤，距四川会理仅"四百余里"，为商贾、矿工聚集之地，会馆分布集中。

（1）顺治元年至咸丰五年（1644—1855）。

永北厅有 3 所江西会馆"萧公祠"。乾隆据《永北府志》载："萧公祠，在府城南门外，一在三宫殿后，一在清水驿。"④2 所在府城，1 所在清水驿，修建时间当早于乾隆《顺宁府志》的成书时间即乾隆三十年（1765）。城内还有 1 所大理会馆，据民国《大理县志稿》记载，"钟鼓楼东街，满清乾隆间邑人周兴祖、李垣等矿厂生易在永建"⑤，乾隆年间大理籍商民到永北厅投资矿业，厂民在厅城内修建了大理会馆。

永北厅旧坪（应为旧衙坪，原土司高氏衙门所在地，今华坪县）

① 乾隆《碌嘉志书草本·募建萧公祠引》，云南省图书馆藏乾隆十一年（1746）稿本。
②《新纂云南通志》卷 112《祠祀考四》，民国三十七年（1948）年铅印本。
③ 乾隆《碌嘉志书草本·募建萧公祠引》，云南省图书馆藏乾隆十一年（1746）稿本。
④ 乾隆《永北府志》卷 15《祠祀》，乾隆三十年（1765）刻本。
⑤ 民国《大理县志稿》卷 3《建设志》，民国六年（1917）铅印本。

城内外有湖广会馆等 6 所会馆。湖广会馆"禹王宫",在旧坪(旧衙坪)城内西北,嘉庆二十年(1815)建;贵州会馆"忠烈宫",道光二十八年(1848)建,地址不详。两粤会馆"南华宫",在旧坪水井湾,道光初年建;四川会馆,在旧坪南门内,道光二十二年(1842)建。①

旧坪兴街有 2 所。四川会馆,道光二十七年(1847)建;贵州会馆"忠烈宫",道光元年(1821)建。②

(2)咸丰六年至宣统年(1856—1911)。

永北厅矿业兴旺,也是咸同战乱期间争夺最为激烈的地区,永北厅城发生了激烈的官兵与起义军的对抗,城内外会馆均被毁。

光绪年间,城内外各会馆中,除了江西会馆之外,其他会馆均未能重修。江西会馆"萧公祠","在南城外,光绪十年(1884)重修"。光绪二十年(1894),两粤商民在永北新建两粤会馆"南华宫"。③

(3)永北直隶厅会馆分布特点。

永北直隶厅共有 11 所会馆,3 所建于乾隆年间,1 所建于嘉庆年间,5 所建于道光年间,1 所建于光绪年间。地理位置主要集中在厅城和旧坪两地。

永北厅城为该府矿以及其他商品的转输地,商人聚集,贸易繁荣。旧坪(旧衙坪)与四川毗邻,为川滇交通要冲,湖广、广东、广西、四川、贵州等省商人汇聚,清初商业极盛,故会馆集中分布在这两地。

(六)丽江府

丽江府与西藏、四川接壤,自维西厅向西可达西藏,有外省商贾来此贸易,并修建会馆。

(1)顺治元年至咸丰五年(1644—1855)。

丽江县城西南大研里有江西会馆"萧公祠",建于雍正十二年(1734)。④

维西厅有江西会馆"万寿宫"。据民国《维西县志》载:"万寿宫,

① 光绪《永北直隶厅志》卷 4《义学》,光绪三十年(1904)刻本。
② 光绪《永北直隶厅志》卷 4《义学》,光绪三十年(1904)刻本。
③ 光绪《永北直隶厅志》卷 4《义学》,光绪三十年(1904)刻本。
④ 乾隆《丽江府志略》卷上《祠祀略》,乾隆八年(1743)刻本。

在城外东北印星坡，建于乾隆年间（有修建万寿宫碑刻，证实为江右客民所建）。"[1]

剑川州（今大理白族自治州辖）有江西会馆"萧公祠"，"旧在城东门街，即今罗庆源大药房地面，后改建于城西门外，兵燹毁"[2]，说明该馆建于咸同战乱以前。

（2）咸丰六年至宣统三年（1856—1911）。

剑川为咸同战乱时期的重要战场，江西会馆被毁，其他几所会馆没有被毁的记载。清末江西众姓重修。[3]

光绪年间，维西县新增会馆2所。贵州会馆"忠烈宫，在城内城隍庙北"；四川会馆"川主宫，在城内西北隅"[4]。

（3）丽江府会馆分布特点。

丽江府共有5所会馆，其中3所建于清初，2所建于清末，集中分布在维西厅，大研里、剑川各有一所。维西厅为自滇入藏必经之地，大研里则为丽江府区域贸易中心，这些会馆当为贸易商人所建。

（七）其他州县

景东直隶厅在省治西南，是滇省重要产盐区之一，境内有大井、小井、磨腊井、磨外井、圈铁井五个盐井。清代，景东各大盐井的开采吸引了各省商贾前来贩卖，该地有3所同乡会馆，江西会馆"萧公祠，在城北门内"；湖广会馆，在玉屏山，嘉庆十七年（1812）改建；四川会馆"川主祠"，在城隍庙右。[5]

蒙化直隶州，南涧有湖广会馆"寿佛寺"。据民国十六年（1927）《重修寿佛附设节孝祠以为修行佛堂并实行慈善事业碑记》载："如寿佛一寺，乃清雍正初年建立，石碑可纪。后因变乱，住持无人。至咸丰间，杜氏据大理，波及南涧，此寺久湮。光绪初年，地方肃清，借作

---

① 民国《维西县志》第4《舆地》，民国二十一年（1932）稿本传抄本。

② 光绪《剑川志稿·祠祀》，大理白族自治州图书馆藏稿本。

③ 光绪《剑川志稿·祠祀》，见大理白族自治州白族文化研究所编《大理丛书·方志篇》卷9，北京：民族出版社2007年版。

④ 民国《维西县志》第4《舆地》，民国二十一年（1932）稿本传抄本。

⑤ 光绪《云南通志》卷92《祠祀志二之二》，光绪二十年（1894）刻本。

巡检衙门。经十余年，旧县衙修起，官民皆不居，此寺久觉圮毁，忽有马凤者，认作寺主之子孙，毁大殿，拔椽起瓦，欲改作栈房，开始客店，以纲利益。暨因寺旁邻舍，以为开店之处，有坏风水，控经府署乃止。此寺尤朽坏，漏风雨。至宣统三年有绅民商士范、陈灿邦、唐介甫……重修住坐，以为节孝祠实行慈善事业之所。"①可知，湖广会馆"寿佛寺"始建于清雍正初年，咸同战乱期间该寺荒废，位置当在城内。

迤西地区共有 81 所会馆，至少有 56 所建于咸丰六年以前，但大多毁于战火。战后各地新建会馆共 25 所，不及清初的一半。迤西各府州中，永昌府会馆的分布最集中，且集中在保山、腾冲、龙陵城，这与该地繁荣发展的商业有关。大理府、楚雄府以及其他州会馆分布不及永昌府集中，城市、矿厂、集市均有会馆分布，这既与商业发展有关，又与矿资源开采有关。

三、迤东地区

迤东地区东北与贵州接壤，东南与广西接壤，是云南通往内地的主要通道。区域内的东川府、昭通府境内矿产资源，尤其是铜矿资源最为丰富，是清初矿业移民聚集的重要区域。同时，东川府、昭通府、广南府也是垦荒移民聚集之地，该地区移民会馆分布最为密集。

咸同战乱期间，这一区域受到战争波及，有些地区的会馆被损毁，有些则保存了下来。为了行文方便，本书仍将第二阶段与第三阶段合并论述。

（一）东川府

东川府境内有汤丹、大碌碌、者海等银、铜、锡、铅厂"共计二十余处"②，铜矿产量、转运京师量均占全省一半以上，是全国的铜矿工业中心。

---

① 南涧县湖广会馆"寿佛寺"民国十六年《重修寿佛附设节孝祠以为修行佛堂并实行慈善事业碑记》，见大理白族自治州白族文化研究所编《大理丛书·金石篇》，昆明：云南民族出版社 2010 年版，第 1740-1741 页。

② 乾隆《东川府志》卷 13《鼓铸》，乾隆二十六年（1761）刻本。

1. 会泽县

会泽县为东川府附郭，为东川矿区的物资集散及中转中心，城内设有铜店，新、旧宝云钱局，商贾、工匠云集，商业繁荣，会馆分布较为密集。

（1）顺治元年至咸丰五年（1644—1855）。

这一时期会泽县城有江西会馆"真君殿"、湖广会馆"禹王宫"、江南会馆"吕祖阁"、陕山会馆"关帝庙"、四川会馆"川主庙"、贵州会馆"忠烈祠"、福建会馆"天后宫"7省9所会馆。①

江西会馆"真君殿"位于城北门内。据该馆《万寿宫碑》载："康熙五十年（1711）辛卯岁，吾乡前辈具呈文武各宪，请建斯庙。"可知江西会馆始建于康熙年间。此外，会泽城内还有江西临江会馆"药王庙"，建于乾隆四十七年（1782年）；②另一江西会馆"豫章会馆建"修建时间不详。

四川会馆"川圣宫"或称"川主庙"，陕西会馆"关圣宫"或称"陕西庙"，均在城内西北隅。据雍正《东川府志》载"川主庙，在城西北，四川会馆"③，可知四川会馆创建时间当在雍正十三年（1735）以前。陕西会馆"关圣宫"，又名西秦会馆，在四川会馆东侧，据该馆碑刻载，乾隆十九年（1754）陕山籍众官商协商集资兴建④。

湖广会馆、贵州会馆、江南会馆在城东。湖广会馆又名"东岳庙"，乾隆《东川府志》载："东岳庙，在东门外……湖广会馆也。"⑤据该馆碑记、文献资料记录表明，该管始建时间当在康熙年间。⑥贵州会馆"忠烈宫祠"，在城东关外，于清乾隆三十七年（1772）修建。江南会馆"白衣阁"或称"吕祖阁"在城东南隅，是会泽县占地面积最广的会馆建

---

① 会泽县今尚存7所会馆遗址，蒙姑3所会馆均有遗址。

② 会泽县临江会馆"药王庙"乾隆四十七年《东川府会泽县药王庙碑文》，现今在会泽县药王庙（会泽县中医院）内。

③ 雍正《东川府志·祠祀》，雍正十三年（1735）刻本。

④ 会泽县陕西会馆"关圣宫"乾隆十九年（1754）《万古不没碑》，现立于该馆内。

⑤ 乾隆《东川府志》卷7《祠祀》，乾隆二十六年（1761）刻本。

⑥ 据《东川湖广会馆川传书》卷2记载，早在康熙四十九年，该馆就有庙产，据此可知东岳庙应建立在此之前。

筑，前殿"关帝殿"遗存大梁上有"天运辛末年仲春月吉旦，江南会馆众姓弟子等创建"，宝云新局的设立时间为乾隆十八年（1753），乾隆《东川府志》的成书时间为乾隆二十六年（1761），故辛末年当为乾隆十六年（1751）。乾隆《东川府志》载"白衣阁，在城东南隅，旧祠华佗，后添建后殿，祀白衣大士，两局炉头捐建"[①]，由此可知江南会馆始建于乾隆十六年，由宝云旧局炉头倡建，修建过程中朝廷于乾隆十八年设立了宝云新局，宝云新局中应有不少江南籍炉头，他们加入了江南会馆组织并继续支持江南会馆的修建，江南会馆的竣工时间应在乾隆十八年以后。

福建会馆"天后宫"在城南门外，距离宝云新局不远，始建时间不详。

会泽县城西北那姑村（今娜姑镇白雾街）有江西会馆"万寿宫"、湖广会馆"寿佛寺"、贵州会馆"忠烈宫"，那姑为铜运大道沿途一站，距离县城较近，这3所会馆应为清初在会泽采办铜矿的客民所建。

（2）咸丰六年至宣统三年（1856—1911）。

会泽县境内在此期间未有新建会馆。

（3）会泽县会馆分布特点。

会泽县12所会馆主要建于康熙、乾隆年间，集中分布在县城和娜姑村（今白雾村）。会泽县会馆密集，这与会泽县城作为东川铜矿区的铜矿中转中心以及铸钱局的设立有关。东川府在乾隆年间每年转运京师铜达300余万斤以上，这些铜从不同矿厂运到东川府铜店交贮，各大矿商必定在此云集，关注交铜、投资等事宜。政府设新、旧钱局炼炉75座，所需大量工匠；加之，矿厂兴旺为厂民提供物资服务的商人亦在府城转运物资；府城确实是百货骈聚，商贾云集，"俨然一大都会"。娜姑村虽然为一村，但是该地距离会泽县城、金沙江、巧家均较近，是铜矿转运期间商贾、马匹歇脚之地，故此地商民集聚，会馆分布。

2. 巧家厅（今昭通市巧家县、昆明市东川区部分地区）

巧家厅是东川府大水沟、大风岭、聚源等铜厂所在地，聚集了众多商人、工匠，会馆分布集中。

---

① 乾隆《东川府志》卷7《祠祀》，乾隆二十六年（1761）刻本。

（1）顺治元年至咸丰五年（1644—1855）。

巧家厅城内以及辖区内所属矿厂共有 11 所会馆分布，均建于乾隆年间。其中城内有湖广会馆、三楚会馆、江西会馆、贵州会馆、两粤会馆 5 所会馆，各大矿厂有会馆 5 所，阿白塔有会馆 1 所。

厅城内 5 所会馆均建于乾隆年间。湖广会馆"禹王宫"在城内县政府右，乾隆年间建；贵州会馆"黑神庙"在东正街，原建于清乾隆年间；三楚会馆"三楚宫"在新盛街后，建于乾隆九年（1744）；江西会馆"真君庙"在新菜街，建于乾隆四年（1739）；两粤会馆"南华宫"，在米市街后，建于乾隆十一年（1746）。①

巧家西北金沙江外棉花地厂有江西会馆"真君庙"，七里厂有三楚会馆"三楚庙"，双龙厂有湖广会馆"寿佛寺"。②境内著名铜厂汤丹厂有湖广会馆"寿佛寺"和江西会馆"真君庙"，现今江西会馆馆址依然存在。

蒙姑（金沙江北岸小江入口处）有江西会馆"真君庙"，道光年间建；湖广会馆"禹王宫"，道光年间建。③

（2）咸丰六年至宣统三年（1856—1911）。

巧家厅境内会馆在咸同战乱期间虽未受到巨大毁坏，但战乱期间，矿厂被封，厂区会馆大多荒废。

（3）巧家厅会馆分布特点。

巧家厅会馆集中建于乾隆年间，集中分布在各厂和厅城内，这与乾隆年间巧家厅各铜厂的兴旺有关。

以上东川府两县厅的会馆分布资料显示，东川府共有 23 所会馆，均始建于康熙、乾隆、道光年间。雍正五年（1727）以前，东川府属四川省管辖，会泽县江西会馆、湖广会馆建于康熙年间，笔者推测这应当与四川的移民垦荒政策有关，而乾隆年间兴建的会馆则主要与铜矿开采有关。

---

① 光绪《东川府续志》卷 1《寺观》，光绪二十三年（1897）刻本。
② 民国《巧家县志稿》卷 2《天文舆地》，民国三十一年（1942）铅印本。
③ 民国《巧家县志稿》卷 2《天文舆地》，民国三十一年（1942）铅印本。

（二）昭通府

昭通府在省治东北，其地东、西、北界分别与四川省叙永厅、宁远府西昌县、叙州府宜宾县交界，南与贵州省大定府威宁州交界，西南与东川府交界，有通往四川的数条陆路和金沙水道。昭通府盛产铜矿，是清代云南重要的铜矿产地，由于该府毗邻四川泸州和贵州威宁，出省交通便捷，成为东川府铜矿运京的必经之地，来此贩运油、米、布、盐的商贾较多。此外，昭通府还是清代云南招民屯垦的主要地区，有众多湘、黔、赣等地移民到此垦荒，移民会馆分布居全省之首。

1. 恩安县（今昭通市）

恩安县，昭通府附郭，是通往四川、贵州威宁的交通总枢纽，商贾辐辏，"街市繁盛，商场在西门外，为迤西第一商埠"①。

（1）顺治元年至咸丰五年（1644—1855）

恩安县有江西会馆、陕西会馆、贵州会馆、四川会馆、福建会馆、广东会馆、三楚会馆等7所会馆。

恩安县城内有江西会馆"万寿宫"等6省会馆，均建于乾隆年间。江西会馆"万寿宫"，在城内怀远街（中大街），清乾隆二十四年（1759）江西客民建；贵州会馆"忠烈宫"，在城内东南隅，乾隆二十四年（1759）贵州客民建；四川会馆"川主庙"，在城内北隅，乾隆三十六年（1771）四川客民建；福建会馆"天后宫"，在城内宁尔街，乾隆二十五年（1760）福建客民建；广东会馆"南华宫"，在城西门内崇义街，乾隆三十一年（1766）广东客民建；陕西会馆"陕西庙"，在南城永顺街，乾隆二十四年（1759）陕西人建。②

城外有湖广会馆"寿佛寺"，在城南门外，雍正十三年（1735）总兵徐成贞倡导修建。③

（2）咸丰六年至宣统三年（1856—1911）。

恩安县境内在此期间没有新建会馆。

（3）恩安县会馆分布特点。

---

① 民国《昭通等八县图说·城镇》，民国八年（1919）云南学会铅印本。
② 民国《恩安县志稿·官祀》，民国十四年（1924）铅印本。
③ 光绪《云南通志》卷92《俗祀下》，光绪二十年（1894）刻本。

恩安县共有 7 所会馆，时间上集中建于乾隆年间，地点上集中分布在城内及南城外。据民国二十五年（1936）《昭通县志稿》载："昭之市集，以西大街、陡街（丰乐街，原有乐丰街为西正街）、云兴街、怀远街为大，其次为四城门内外，商号、商店大都集中于其间。"①虽然该志所载为清末民初昭通城商业布局情形，但是昭通城城市布局在清代没有明显变化，怀远街、城门内外当为商业繁盛地，会馆建设在这些地区，当与乾隆年间运铜、办铜及贸易商人的商业活动有关。

2. 大关厅（今大关县、盐津县）

大关厅有八老山、箭竹塘等铜厂，是滇铜京运的必经之地，盐津渡、豆沙关等地不仅是滇川交通要道，也是移民垦荒之地，会馆分布集中。

（1）顺治元年至咸丰五年（1644—1855）。

盐井渡又名老鸦滩，"……凡四川货物自叙州来者，必先集此地，而后分输各处，故商务之盛，不亚昭通，实为滇边第一口岸，政府设厘金总局及京铜转运局于此"，②该地客商会馆林立。

据文献记载，"盐津寺庙，清代乾嘉建者为多"。③旧治上滩街中有4 所会馆：福建会馆"天后宫"、两粤会馆"南华宫"、四川会馆"川圣宫"（乾隆四十四年建，1779）、江西会馆"萧公庙"。④

盐井渡盐泉镇下滩、牛皮寨场、落雁场等地均有众多会馆。如三楚会馆"禹王宫"有 9 所，其中 1 所在盐泉镇下滩，馆宇宏大，1 所在落雁场，于乾隆五十一年（1786）建，"庙宇宏大"；四川会馆"川圣宫"有 8 所；江西会馆"万寿宫"有 4 所；两粤会馆"南华宫"有 5所，其中 1 所在落雁场，乾隆三十一年（1766）建；贵州会馆"忠烈宫"有 4 所，其中箭坝场场首 1 所，乾隆初，黔人来此开垦时建。⑤

---

① 民国《昭通县志稿》第 13《商务》，民国三十一年（1942）铅印本。
② 民国《昭通等八县图说·城镇》，民国八年（1919）云南学会铅印本。
③ 民国《盐津县志》卷 3《舆地》"寺庙"，云南省图书馆据 1949 年稿本传抄本。
④ 民国《盐津县志》卷 3《舆地》"寺庙"，云南省图书馆据 1949 年稿本传抄本。
⑤ 民国《盐津县志》卷 3《舆地》"寺庙"，云南省图书馆据 1949 年稿本传抄本。

（2）咸丰六年至宣统三年（1856—1911）。

清末，云南铜矿衰落，川滇贸易兴盛，大关厅城、豆沙关、天星厂等地聚集了众多商贾，并兴建了会馆。

大关城有 5 所会馆。四川会馆"川主庙"，在南区街后方，两粤会馆"南华宫"在北门内；三楚会馆"三楚宫"在北城大街；江西会馆"万寿宫"在城北街中；贵州会馆"忠烈宫"在北城外街中。[1]会馆主要分布在城北或城南街，南北向穿城街道乃大关城的商业区。

豆沙关、天星场也有许多会馆分布。豆沙关有三楚会馆"三楚宫"、江西会馆"万寿宫"、贵州会馆"忠烈宫"，天星场有四川会馆"川主庙"、两粤会馆"南华宫"、贵州会馆"忠烈宫"。[2]

虽然这些会馆出现于民国方志的记载中，但没有记载具体的修建时间，故本书将其放在这一时段论述。

（3）大关厅会馆分布特点。

大关厅共有 44 所会馆，大多于清乾嘉年间修建，集中分布在厅城、盐井渡、滩上、豆沙关、天星场。其中，豆沙关、盐井渡两地是清代滇铜京运的水路沿途重要驿站，盐井渡城以及豆沙关的会馆分布与铜矿的转运有关。

其他地区的会馆则主要为垦荒移民所建，亦有贸易商民所建，"盐津寺庙……良由改土后，河运畅行，商务日盛，移民垦殖，靡不来自楚、蜀、赣、粤、黔、闽等省，辟业散居，假借乡帮神会以作岁时团结之所"[3]。

3. 永善县

永善县滨金沙江南岸，与四川省叙州府毗邻，东川府铜矿分运昭通之铜途经永善县黄草坪，铜矿的兴旺使金沙江畔偏僻的永善成为客商贸易之地。同时，永善县也是移民落籍垦荒之地。

（1）顺治元年至咸丰五年（1644—1855）。

---

① 民国《大关县志·天文志》，民国三十四年（1945）稿本。
② 民国《大关县志·天文志》，民国三十四年（1945）稿本。
③ 民国《盐津县志》卷 3《舆地》"寺庙"，云南省图书馆据 1949 年稿本传抄本。

永善县城有 4 所会馆，3 所在城北，1 所在城东。四川会馆"川主庙"在城东半里许，两粤会馆"南华宫"在城内东北隅，湖广会馆"禹帝宫"在城内北部，江西会馆"万寿宫"在城北。[①]

永善县境内共有移民垦荒会馆 23 所。其中，四川会馆"川主庙"13 所，湖广会馆"禹帝宫"4 所，江西会馆"万寿宫""真君庙"6 所。[②]

由于昭通府铜矿开采、铜运、移民垦荒时间为乾嘉时期，故这些会馆当建于此时。

（2）咸丰六年至宣统三年（1856—1911）。

永善县境内未有新会馆建立。

（3）永善县会馆分布特点。

永善县共有 27 所会馆，均建于乾嘉时期，其中移民垦荒会馆 23 所，散布于该县各村寨。

4. 镇雄州（今镇雄县）

镇雄州为东川府铜京运路线上一中转地，乾隆六年（1741）以前，东川铜由东川、鲁甸运至镇雄，然后转运至四川永宁，该地当聚集了众多商贩，并兴建了会馆。

（1）顺治元年至咸丰五年（1644—1855）。

镇雄州城有江西会馆"万寿宫"、四川会馆"西源寺"、三楚会馆"楚圣宫"、贵州会馆"忠烈庙"4 所会馆，均建于乾隆及乾隆以前。

除贵州会馆在城东门外，其余三所会馆均在北门外。据乾隆《镇雄州志》载："万寿宫，在城北门外，豫省人合建；西源寺（四川会馆），在豫章会馆西隅，川省人合建；楚圣宫，在西源寺右，楚人合建，乾隆二十二年（1737），监生何可赞捐建东厢房三间，众人合建西厢楼房三间。"[③]

（2）咸丰六年至宣统三年（1874—1911）。

镇雄州境内未有新会馆建立。

（3）镇雄州会馆分布特点。

---

① 民国《绥江县志》卷 2《舆地》，民国三十六（1947）年铅印本。
② 民国《绥江县志》卷 2《舆地》，民国三十六（1947）年铅印本。
③ 乾隆《镇雄州志》卷 3《群祀》，乾隆四十九年（1784）刻本。

镇雄州共有 4 所会馆，均建于乾隆及乾隆以前，皆分布在州城，主要为办铜、运铜及贸易的商人所建。

5. 鲁甸厅（今鲁甸县）

鲁甸县境内有乐马铜厂，当地聚集了不少商人、工匠在此并兴建会馆。

（1）顺治元年至咸丰五年（1644—1855）。

鲁甸厅城有 3 所会馆，均建于乾隆、嘉庆年间。江西会馆"万寿宫"，在城东门内，乾隆间建；三楚会馆"三楚宫"，在城西门外，乾隆间建；川黔会馆"川黔宫"，在城东郊外，嘉庆间黔蜀客民建。①

（2）咸丰六年至宣统三年（1856—1911）。

鲁甸厅境内未有新会馆建立。

（3）鲁甸厅会馆分布特点。

鲁甸厅共有 4 所会馆，均建于乾隆或乾隆以前，皆分布在州城，主要为办铜、运铜及贸易的商人所建。

以上昭通府各州县的会馆分布资料显示，昭通府共有 62 所会馆，其中至少有 40 余所会馆为移民垦荒会馆，其建设时间集中在乾隆至道光年间。雍正五年（1727）以前，昭通府（乌蒙府）属四川省管辖，大关厅所辖豆沙关、盐井渡地、永善县地与四川毗邻，境内众多会馆应为乾隆垦荒的移民所建。此外，昭通府盛产铜矿，恩安县、永善县、大关厅亦为铜运必经之地，其中也有不少会馆为采办铜矿以及贸易的商民所建。

（三）广南府

广南府与广西省百色毗邻，位于滇桂交通要冲上，清代各省采买滇铜主要经广南贯通广西及内地的西江路运输至内地各省，沿途宝宁、剥隘等地是该商道上的重要中转地，商贾辐辏，百物流通，当然亦有"川、楚、黔、粤贫民往，赁山种植"②。

① 光绪《云南通志》卷 92《俗祀下》，光绪二十年（1894）刻本。

② 道光《云南志钞》卷 1《地理志·广南府》，道光九年（1829）刻本。

1. 顺治元年至咸丰五年（1644—1855）

宝宁县城共有 8 所会馆，5 所在城西，1 所在城北，1 所在城东，1 所在城南，这些会馆为办铜、售盐以及其他贸易的商民在乾嘉时期所建。德顺会馆俗名小会馆，在县城西街；三楚会馆在县城西街；福建会馆"天后宫"在县城西街；江西会馆在县城西街；两湖会馆在县城南街；岭南会馆在县城西街；川黔会馆在县城东街；三迤会馆在县城北卖水街。①这些会馆集中分布在城西街，城东、东南一带则为府署衙门所在地，城西当为商业区。

剥隘镇亦有粤西、粤东、江西会馆遗址，应为清代来此运铜、销售粤盐、贩运云土和大锡等商品的客商所建。

2. 咸丰五年至宣统三年（1856—1911）

咸同战乱期间，广南府为友战双方对抗的战场，故广南府会馆当有在战争中受损或被毁的。

清末宝宁县南乡里、东乡里大街有 4 所会馆。两湖会馆在南乡里大街；广东会馆，一在东乡八播街，一在南乡里大街；广西会馆在南乡里大街。②

3. 广南府会馆分布特点

广南府共有 15 所会馆，府城以及剥隘街有 11 所，其余 4 所分布于宝宁县两乡里街道上，均建于乾隆或嘉庆年间。广南府会馆的分布与宝宁县、剥隘商业发展有关。宝宁县、剥隘均位于滇桂驿道沿途，清代两粤、江西、湖广、福建、江苏、浙江、陕西 8 省采买滇铜，均由县城、剥隘入百色经苍梧转运至各省，剥隘市场较为繁荣。

宝宁县东乡八播街、南乡里大街为乡镇集市，为湖广、两粤客商聚集之地。

---

① 民国《广南县志》卷 3《奥地志》，云南省图书馆藏民国二十三年（1934）稿本。

② 民国《广南县志》卷 3《奥地志》，云南省图书馆藏民国二十三年（1934）稿本。

（四）开化府

开化府的东、东南、西南、南均与越南交界，西、西北则与临安府交界，北与广西直隶州交界。境内有锡板等金厂、黄龙银厂、马腊底银厂、者囊银厂，在康熙四十六年（1707）已开始抽课。银矿的开采自然吸引了内地移民前来开采和经商贸易，亦有商民将永平布以及其他地区的靛油、棉花等货物运至开化地区销售①，也有大量贫民前往开化府深山密箐中砍林耕种，逐渐成为当地居民，并修建会馆祠庙。

1. 顺治元年至咸丰五年（1644—1855）

（1）文山县（今文山市）。

文山县有 5 所会馆，均建于乾隆、道光年间。

江西会馆"萧公祠""萧公祠，在城北门外，乾隆二年（1737）江右客民建。"②湖广会馆"寿佛寺，在城北门外"③。城外西边马腊底、城外南边枯木寨各有楚省客民所建会馆"寿佛寺"④；城外西边乐农里、新现有江西会馆"万寿宫"⑤。这些会馆未出现在乾隆《开化府志》的记载中，故它们应建于两部方志刊刻时间之间，即乾隆二十三年至道光九年（1785—1829）间。

（2）开化镇（今麻栗坡）。

开化镇（今麻栗坡县）是嘉庆年间"江湖川黔人来此经商"⑥以及办厂后开辟的，他们以麻栗坡街命名此地，并侨居该地经商兴建会馆。

麻栗坡街中有川黔会馆、江西会馆和湖广会馆 3 所会馆。"川黔会馆，清道光时建于街中"；"江西会馆亦建于街中，咸丰时毁"，可知江西会馆应建于咸丰六年（1856）前；"湖南会馆于嘉庆初始建于街头水

---

① 道光《开化府志》卷 4《田赋》，道光九年（1829）刻本。
② 道光《开化府志》卷 2《建置》，道光九年（1829）刻本。
③ 道光《开化府志》卷 2《建置》，道光九年（1829）刻本。
④ 道光《开化府志》卷 2《建置》，道光九年（1829）刻本。
⑤ 道光《开化府志》卷 2《建置》，道光九年（1829）刻本。
⑥ 民国《新编麻栗坡地志资料》下卷《麻栗坡第一区》，云南省图书馆藏民国三十六年（1947）稿本。

井左，道光初移建街外去街半里许"。[①]

开化镇太坪街有湖广会馆"寿佛寺"，"寿佛寺，嘉庆初湘楚人士建于大坪开街，开办三宝、白牛两处银厂，发达就大坪街修建湖南会馆"。[②]

2. 咸丰六年至宣统三年（1856—1911）

开化镇战乱的时间大约始于咸丰四年（1854），"江西会馆……，咸丰时毁""川黔会馆，清咸丰五年（1855）兵燹毁。同治元年川黔省商人募捐重修"。至于其他会馆是否被毁，无资料可证明。

战后开化镇新建 3 所会馆，分别位于新街、都竜街。新街四川会馆"川主庙"为同治年间川人建；都竜街有五省会馆，因咸同时代都竜厂发达，五省人士云集合办矿业，故五省人合力募建会馆于都竜街尾。[③]此外，咸丰年间毁于战火的江西会馆，于光绪年间重修。

仁和、古木、全上、本腊街均有四川会馆（川主庙），阿口有福建会馆"天后宫"，仁和、别格则有"万寿宫"[④]，疑为江西客民所建会馆。

3. 开化府会馆分布特点

以上开化府各州县的会馆分布资料显示，开化府共有 22 所会馆，大多建于清代初期及中期。与广南府相似，开化府除了城镇以外，许多乡里村寨亦有移民会馆分布，当为垦荒以及贸易商人合建。

（五）曲靖府

曲靖府在省城东北，辖南宁县、沾益州、宣威州、平彝县，该府位于滇黔驿道沿途，为进出滇黔客商、货物必经之地；罗平、平彝二州境内有铅厂，寻甸州境内有双龙铜厂，该府境内亦有会馆分布。

---

① 民国《新编麻栗坡地志资料》中卷《坛庙寺观》，云南省图书馆藏民国三十六年（1947）稿本。

② 民国《新编麻栗坡地志资料》中卷《坛庙寺观》，云南省图书馆藏民国三十六年（1947）稿本。

③ 民国《新编麻栗坡地志资料》中卷《坛庙寺观》，云南省图书馆藏民国三十六年（1947）稿本。

④ 民国《马关县志》卷 2《祠祀志》，民国二十一年（1932）石印本。

1. 顺治元年至咸丰五年（1644—1856）

曲靖府宣威、南宁、罗平共有 7 所会馆。宣威州（今宣威市）有湖广会馆"寿佛寺"，在福缘寺北（在上堡），清初两湖人公建。①

南宁县城内有 2 所会馆，江西会馆"许真君庙"在城内东门街；四川会馆"川主宫"在城南门内，雍正二年（1724）建。②

罗平州有 4 所会馆，城内 2 所，富罗厂 2 所。城内，江西会馆"萧公庙"，在城东大街，康熙四十八年（1709）建；三楚会馆"寿佛寺"，在城东关外，康熙五十年（1710）建。③罗平城北一百六十里富罗厂有三楚会馆"寿佛寺"和江西会馆"万寿宫"，创建时间均为康熙四十五年（1780）。④

2. 咸丰五年至宣统三年（1856—1911）

咸同战乱期间，曲靖府虽然不是主战场，但是也受到波及，战前已建的会馆受到损毁。

光绪年间，曲靖府沾益等地新建会馆 4 所。沾益州城南门内有江西会馆"真君殿"。⑤宣威州有江西会馆和四川会馆："万寿宫，在水月殿（御史桥侧），亦曰江右会馆；财神庙……光绪中蜀人卜地爨街建，以奉川主，号曰四川会馆。"⑥罗平成有四川会馆"川主宫"，在城内，光绪年间川人买民房改造而成。⑦

3. 曲靖府会馆分布特点

以上对曲靖府会馆分布的梳理显示，曲靖府共有 11 所会馆，其中 8 所建于康熙、乾隆年间，4 所建于光绪年间。宣威州、沾益州与川、黔交界，交通便捷，商货进出滇黔均以此为中转站，清时商贾云集并在此建立会馆。罗平州境内有卑淅铅厂，据雍正五年（1727）奏折奏

① 民国《宣威县志稿》卷 3《舆地》，民国二十三年（1934）铅印本。
② 咸丰《南宁县志》卷 3《祠祀》，咸丰二年（1852）刻本。
③ 民国《罗平县志》卷 3《典礼志》，民国二十二年（1933）石印本。
④ 民国《罗平县志》卷 3《典礼志》，民国二十二年（1933）石印本。
⑤ 光绪《沾益州志》卷 3《祠祀》，光绪十一年（1885）刻本。
⑥ 民国《宣威县志稿》卷 3《舆地》，民国二十三年（1934）铅印本。
⑦ 民国《罗平县志》卷 3《典礼志》，民国二十二年（1933）石印本。

称，雍正元年（1723）"罗平州属卑浙、块泽二厂出铅颇旺，运局搭铸局"①，则卑浙厂开采时间应始于康熙年间，故笔者推测富罗厂湖广、江西会馆应为来此开采铅矿的客商所建。

（六）其他地区

广西直隶州城西门有江西会馆"萧晏二公祠"②；弥勒县城南门外有江西会馆"万寿宫"和湖广会馆"寿佛寺"③，建于乾隆及以前。

迤东地区共有 122 所会馆，大多建于康熙、乾隆、嘉庆、道光年间，其中昭通府会馆分布最多，有 63 所，其中至少有 39 所为垦荒移民所建。迤东地区会馆的兴建与矿产资源的开采、铜矿的转运关系最为密切，亦与商业的发展有关，故会馆分布在矿厂、矿区城镇和交通枢纽地。

四、迤 南 地 区

迤南地区涵括滇南、滇东南的普洱府、临安府、镇沅直隶厅、元江直隶州，区域内有丰富的矿产资源和茶叶等经济作物，还有便捷的交通条件。其中蒙自县个旧盛产锡矿，个旧大锡远销香港、欧洲，蒙自成为湖广、江西、陕西等内地商民聚集场所；普洱府车里地区生产茶叶，远销京城、内地及川藏地区，内地商民曾赴该地运销茶叶；清末，蒙自、思茅相继开关，这两个城镇再次成为云南商业繁荣的焦点。

咸同战乱期间，这一区域所受影响较小，会馆被毁者较少，本书为了行文方便，将第二阶段与第三阶段合并论述。

（一）临安府

临安府在省城东南，东至开化府，西至元江州，南与越南接壤，北至澄江府，领州三、县五、长官司五。境内盛产锡矿，有江河水道，滇越铁路之便利交通，乃商贾负贩聚集之地。

---

① 《雍正朱批谕旨》卷 125 "雍正八年四月二十日，鄂尔泰奏折"，台北：文源出版社 1965 年影印本。
② 乾隆《广西府志》卷 12《祠祀》，乾隆四年（1739）刻本。
③ 乾隆《弥勒州志》卷 15《祠祀》，乾隆四年（1739）刻本。

1. 蒙自县（今蒙自市）

（1）顺治元年至咸丰五年（1644—1855）。

蒙自县是临安府会馆分布最为密集之地，在蒙自城、个旧、鸡街、弥勒均有会馆分布。蒙自县城有云南、江西、湖广、福建、陕西 5 省 9 所会馆，其中江西籍同乡会馆有 5 所。

蒙自县城南门内有 3 所会馆。江西抚州、瑞州会馆"萧公祠"，建于顺治元年（1644）①；江西吉安会馆"万寿宫"，建于乾隆五十年（1785）②；福建会馆"天后宫"，在蒙自县城分司街（今早街），修建时间为乾隆三十五年（1770），馆址位于在今蒙自市早街。③

蒙自城西门外有 5 所会馆。江西南昌会馆"万寿宫"在西门外；陕西会馆"关圣庙"在西关外；湖广会馆"寿佛寺"在西门外；临江会馆"仁寿宫"，于乾隆三十三年（1768）由临人邓南岁、邓源才、邓源桂等建在西门外，这 4 所会馆应建于乾隆《蒙县志》刊刻时间乾隆五十六年（1791）前。④西门外还有 1 所建阳会馆，始建时间不详，光绪间建水绅商重修。⑤

蒙自竹园有 1 所广东会馆"广东寺""粤东会馆"，建于清康熙年间，馆址位于今弥勒市竹园镇老街镇农机厂内。⑥

蒙自县个旧乡（今个旧市）锡厂、鸡街共有 8 所会馆。个旧厂 5 所，其中关圣宫有 3 所，一系云南会馆（即"关云长庙"或称"云庙"，乾隆四十七年（1782）建⑦），一系湖广会馆，一系江西会馆；万寿宫

① 乾隆《蒙自县志》卷 3《祠祀》，乾隆五十六年（1791）刻本。
② 乾隆《蒙自县志》卷 3《祠祀》，蒙自县江西吉安会馆光绪四年《重修万寿宫碑》，现立于蒙自市建设会馆前"碑廊"。
③ 乾隆《蒙自县志》卷 3《祠祀》，蒙自县福建会馆道光八年《福建天上宫捐银碑记》，现立于世发街福建会馆。该馆于民国初年火灾中被毁，后迁建于世发街。
④ 乾隆《蒙自县志》卷 3《祠祀》，乾隆五十六年（1791）刻本；福建会馆康熙四十四年《萧公祠碑记》，现立于蒙自市建设会馆前"碑廊"。
⑤ 宣统《续蒙自县志》卷 3《社会志》，上海：上海古籍书店 1961 年版。
⑥ 弥勒竹园广东会馆咸丰四年：《关东会馆碑》，碑刻立于该馆内。
⑦ 个旧临安会馆乾隆四十七年《关圣宫碑记》，现存个旧市博物馆内。

1 所，系江西会馆①；寿佛寺 1 所，康熙四十三年（1704）楚衡众姓建②。鸡街有江西吉安会馆"万寿宫"、陕西会馆"关圣宫"③和湖广会馆"关圣宫"④。可以肯定，这些会馆是康熙、乾隆、嘉庆时期到个旧采矿的商人和工匠所建。

（2）咸丰六年至宣统三年（1856—1911）。

个旧石屏会馆，位于今个旧市宝华山西麓，该馆前部分仿造法式建筑，由此可知石屏会馆当建于清光绪十五年（1889）蒙自开关以后。

（3）蒙自县会馆分布特点。

蒙自县共有会馆 18 所，清初建 17 所，清末新建 1 所，这些会馆集中分布于蒙自县城，个旧厂、鸡街和弥勒竹园。清初，个旧厂旺，楚、江西、陕西及省内各地商贾和工匠云集该地，蒙自城是个旧的商业中心，也是矿厂投资商和贸易商聚集之地，会馆分布较密集。个旧厂本为蒙自一个乡，自矿旺之后逐渐发展为人口聚集的城镇，这里的会馆均为厂民所建。鸡街、弥勒分别位于个旧至蒙自、蒙自至省城的交通线上，为交通要道，故有会馆分布其中。

2. 建水州（今建水县）等地

建水州城内有四川会馆"川主宫"⑤，宁州（今华宁县）县城内有江西会馆"萧公祠"⑥。建水州十八土司地之金河（今金平县岔河地区）金厂有湖广会馆，据该馆碑刻记载："楚人于清初到猛捺开办金、银、铜厂，至乾隆三十六年……始移至金河。"⑦由此推断，该馆当建于乾隆三十六年（1771）之后。

---

① [乾隆]《蒙自县志》卷 3《祠祀》。
② 宣统《续蒙自县志》卷 3《社会志》上海：上海古籍书店 1961 年版。
③ 宣统《续蒙自县志》卷 3《社会志》上海：上海古籍书店 1961 年版。
④ [乾隆]《蒙自县志》卷 3《祠祀》。
⑤ 雍正《续修建水州志》卷 10《寺观》，民国二十二年（1933）汉口道新印书馆印。
⑥ 宣统《宁州志·坛庙》，民国五年（1916）铅印本。
⑦ 陶鸿焘：《云南屏边西区岔河金厂调查报告》，见方国瑜主编《云南史料丛刊》卷 12，昆明：云南大学出版社 2008 年版，第 188 页。

阿迷州城内有江西会馆"萧公祠",康熙年间建①;河西县城北门外有江西会馆"萧晏二公祠",建于康熙年间②。

3. 临安府会馆分布特点

以上对临安府会馆分布的梳理显示,临安府共有 23 所会馆,其中 22 所建于康熙、乾隆年间,1 所建于光绪年间。蒙自县是该府会馆分布最为密集之地,这与清初个旧厂的兴旺息息相关。建水、宁州、阿迷州、河西等州县也有会馆分布,不过数量较少。临安府,尤其是建水州十八土司地区的铜、银、金等五金矿厂较多,滇省矿厂,大多都建有会馆,但方志对这些地区的祠庙、会馆建筑记载较少,因此对该区域会馆的梳理难免有疏漏。

（二）普洱府

普洱府与缅甸、老挝毗邻,清代改土归流以后,西南缴外极边之地如普洱府思茅、威宁、宁洱等地的盐矿、茶叶相继得到开发,成为该地民众及客商的生存及获利之源。"威宁、宁洱产盐,思茅产茶,民之衣食资焉",湖广、江西、四川以及本省石屏、新兴等地商人纷纷来此贸易或垦荒种茶,"客籍之商民于各属地或开垦田土,或通商贸易,而流寓焉"③,有会馆分布其中。

1. 顺治元年至咸丰五年（1644—1855）

他郎厅（今墨江县）城内有江西会馆、新兴会馆和石屏会馆 3 所会馆。江西会馆"萧公祠"在城东门外,新兴会馆、石屏会馆位于城东,④3 所会馆始建时间不详,当建于《他郎厅志》成书时间即道光七年（1827）以前。

思茅厅（今普洱市思茅区）有江西会馆"萧公祠"、四川会馆"川主庙"、两粤会馆、贵州会馆"黑神庙"、石屏会馆和两湖会馆"土主庙"。

① 康熙《阿迷州志》卷 9《坛壝》,康熙十二年（1673）刻本。
② 康熙《河西县志·祠祀》,康熙五十一年（1712）刻本。
③ 道光《普洱府志·梁星源序》,咸丰元年（1851）刻本。
④ 道光《他郎厅志·祠祀》,道光七年（1837）刻本。

2. 咸丰六年至宣统三年（1856—1911）

宁洱县城有 3 所客商修建的会馆。湖广会馆"寿佛寺"在城内后街，原在府治；江西会馆"萧公祠"在城内；贵州会馆"忠烈宫"在城内西北隅。[①]这 3 所会馆应修建于光绪《云南通志》刊刻时间即光绪三十年（1894）以前。

思茅厅湖广会馆，"寿佛寺，在东门外"[②]，该馆应建于光绪十一年（1885）即《思茅厅志》成书以前。

3. 普洱府会馆分布特点

普洱府共有 13 所会馆，9 所建于康熙、道光年间，4 所建于光绪及以前，主要分布在宁洱县城和思茅厅城内，为普洱府贩运茶叶或从事其他商业活动的商人所建。

（三）其他州或厅

元江直隶州（今玉溪市元江县）属新平县有 2 所会馆。江西会馆"万寿宫"，在城外东关厢，乾隆年间建；四川会馆"川主宫"在城小南门外，光绪十年（1884）建。[③]

路南州（今昆明市石林县）有 1 所四川会馆"川主宫"，在城东关外新店。[④]

威远厅（今景谷县）抱母井有 2 所会馆。湖广会馆"寿佛寺"在抱母井，江西会馆"萧公祠"在抱母尾井。[⑤]

迤南地区共有 35 所会馆，29 所建于康熙至道光年间。临安府蒙自县是该区域会馆分布最为集中之地，普洱府会馆分布集中程度仅次于临安府。矿业兴旺和商业贸易繁荣是该区域会馆分布密集的重要因素。

---

① 光绪《云南通志》卷 92《祠祀志二之二》，光绪二十年（1894）刻本。
② 光绪《思茅厅志·祠祀》，光绪十一年（1885）抄本。
③ 民国《新平县志》第 4《舆地》，民国二十三年（1934）石印本。
④ 民国《路南县志》卷 5《祠祀》，民国六年（1917）铅印本。
⑤ 光绪《云南通志》卷 92《俗祀下》，光绪二十年（1894）刻本。

五、云南的会馆分布特点

清代云南各地区的会馆发展呈现出自己的时空特征，但会馆是社会经济发展变迁的产物，受云南社会经济变迁的影响，全省会馆发展又呈现出以下五个总体特征。

（一）时间分布上，云南会馆的分布呈现出明显的阶段性兴衰交替的特征

康、雍、乾、嘉、道时期云南会馆发展迅速，是第一个兴盛期，清代云南的 266 所会馆中有 211 所建于这一时期。其中，康、雍、乾三朝是云南会馆兴起的高潮期。自康熙年间就陆续有外省移民开始在云南建立会馆，迨至康熙二十年（1682）以后，由于矿业开发、移民屯垦、恢复商业等政策的实施，大批内地移民进入云南，会馆发展速度加快。雍正时期对各土司地区实施了改土归流以后，又有大量内地移民进入，各区域的矿业、农业、商业经济加速发展，乾隆以后云南经济呈现高速发展趋势，会馆也在乾隆、嘉庆年间迎来其发展的高峰时期。迤东、迤西、迤南地区各城镇、矿厂、村寨的会馆均在乾嘉间建立。道光以后，中国社会发生变迁，云南发展受到影响，各区域会馆发展速度减缓，不过仍有会馆新建。

从咸丰五年云南兴兵至同治十三年全省战争结束期间，是云南会馆发展的衰落期。其间，除昆明县战争结束时间稍早，城内于同治末年新修 2 所会馆外，其余地区均没有新建会馆。迤西、昆明是此次战争的主战场，大理、楚雄、永昌、顺宁、永北等府州以及省城昆明所建 70 所会馆全被战火损毁；迤东、迤南地区也受战争波及，广南、开化、昭通、曲靖等地区城镇的会馆遭到破坏，未被损坏者也因年久失修以及人口逃亡而荒废，全省的会馆发展均陷入停滞或衰亡状态。

光绪年间，云南会馆的发展迎来了第二个高峰期。这一期间，云南各地新建会馆 54 所，新建会馆总数仅次于乾隆时期。战后，云南的社会经济陆续恢复发展，随着昆明、蒙自、腾冲、思茅四口开埠，省城昆明、弥渡、腾冲、蒙自、保山等地商业繁荣，客商云集，会馆再

次新建在这些城镇中。

图 3-1　清代云南各时段会馆兴建图

（二）空间分布上，云南会馆的地理分布与商业城镇的兴衰转移以及乡村村落的形成相吻合

云南会馆集中分布在矿业区以及交通枢纽、货物中转地等商业城镇、码头、集镇，会馆的地理分布与商业城镇的兴衰转移相吻合。昭通府、开化府、广南府的乡村地区，是移民会馆分布密集，会馆分布与乡村村落的形成相吻合。

清初，昆明、腾越、蒙自、会泽等城镇是会馆分布最为密集之地，这些地区或为商业城镇，或为矿区货物聚散中心，或为交通枢纽中心，是云南商业、矿业发达之地。如昆明是云南省政治、经济、交通中心，也是繁华的商业城镇，自清初就有外省商民到此贸易，商贾云集，会馆密集。腾越位于滇缅大道上，乃滇西门户，乾嘉时期滇缅贸易繁荣，腾越汇聚了楚、闽、赣等省的商民，百货淋漓，商贾云集，繁华不亚于大都市，人称"小南京"，会馆密集。蒙自位于红河水道沿岸，是重要的交通枢纽，加之该地生产五金矿产，为各矿物资聚散地，商业非常发达，也是会馆密集之地。会泽城是东川铜矿工业中心城镇，各厂铜矿、物资均需到此转输，外省商贾云集，是当时云南最为繁华的商业都市，会泽的会馆亦非常密集。

咸同战乱后及清末，云南社会经济发生了变迁，矿业衰落，交通改变，昔日的商业重镇衰落，新的商业城镇兴起，会馆又在新的城镇中兴起。昆明城、蒙自、腾越、思茅是清末云南商业发达的城镇，这些地区商业的发展与通商口岸的开放有关，昆明、蒙自更是在滇越铁路开放以后成为商业最为发达之地，也是清末移民、同业会馆集中之地。腾越、思茅城镇商业虽然因开埠获得发展，但是滇越铁路、红河水道的优势是这两地无法比拟的，其会馆分布没有昆明、蒙自密集。而昔日的"商业大都市"会泽城，则因铜矿的衰落而失去了商业中心城镇的地位，只留下了昔日的 7 省会馆。个旧厂原为丛林密集的山场，自清初银、锡矿开发之后，逐渐变为商业发达的市镇，清末滇越铁路开通以及锡矿的兴旺，让这里的商业越来越繁荣，渐成城镇。

在滇东北的昭通府大关厅、永善县，滇东南的开化府、广南府，许多村寨分布有移民会馆，这些会馆是清初到云南开荒种地的外省人所建。昭通府在雍正改土归流政策实施以后，人口损失大半，许多地区荒无人烟，政府招徕移民开垦，许多同乡移民结伴而来，在昭通乡村垦荒，逐渐形成了一个个移民村落，并在村落修建会馆。在开化、广南一带，楚、黔、粤省大量流民进入山区和半山区毁林开荒，在崇山峻岭中，一个个新的村落、会馆形成。

（三）地理分布上，由于各区域采矿业、商业、垦荒发展不
　　　　平衡，使得各府州县的会馆地理分布呈现不均衡特征

迤东、迤西地区是清初商业、矿业最为发达，垦荒区域最为广泛、移民人口最密集的地区，这两个区域的会馆数量最多，地理分布最为密集。云南府虽然商业发达，但是境内矿厂较少，会馆地理分布较其他地区稀疏。迤南地区虽然矿业、商业有所发展，但会馆的地理分布上仍没有迤东、迤西地区密集。图 3-2 反映了清代云南各区域会馆的分布情况。

云南府、迤西、迤东、迤南四个区域的 14 个府、4 个直隶厅、2 个直隶州会馆分布呈现不均衡性特征。由于各府、州、县经济发展不平衡，会馆集中分布在一些经济较发达的地区，如云南府、顺宁府、临安府、永昌府、昭通府、东川府的会馆数量相对高于其他府、州，而云南府的昆明县、临安府的蒙自县、东川府的会泽县、永昌府的保山县和腾越州会馆分布较同府其他州县以及较为集中。其他府州县的

会馆分布较为稀疏，甚至有的府州没有会馆分布。各府、州会馆分布数量，详见表3-2。

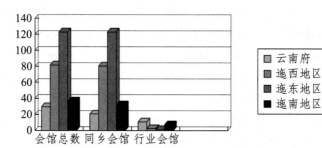

图 3-2 清代云南各区域会馆数量图

表 3-2 清代云南府、直隶州（厅）城镇会馆数量统计表

会馆类型	云南府	大理府	临安府	楚雄府	澄江府	顺宁府	丽江府	曲靖府	普洱府	永昌府	昭通府	东川府	开化府	广南府	其他
省外	16	12	19	13	1	15	5	11	7	14	63	23	22	15	23
省内	2	3	2	0	0	4	0	0	3	7	0	0	0	0	0
行业	10	1	0	1	0	0	0	0	0	2	3	0	0	0	0
合计	28	16	21	14	1	19	5	11	10	23	66	23	22	15	23

注：以往学者对云南省境内会馆的统计图表，或对各府、州会馆总数做了统计，但并未将省内、省外同乡会馆以及同乡会馆与行业会馆分别进行统计；或仅对省外同乡会馆做了统计；或仅将某一府或县会馆做了统计。表 3-2 则将全省各府、直隶厅或州境内的省外、省内同乡会馆和行业会馆做了详细统计。

（四）云南会馆以外省人所建同乡会馆分布最多，云南人所建同乡会馆分布较少，省外、省内人所建会馆分布不均衡

云南共有同乡会馆 275 所，其中内地同乡会馆为 253 所，省内同乡会馆仅为 22 所。内地各省会馆中分布数量如下：江西会馆 76 所，湖广、四川会馆各为 34 所，贵州会馆 13 所，两粤、福建、山陕会馆

分别为 8 所、7 所、6 所，江南、浙江会馆分别为 2 所、1 所。其中，江西会馆数量最多，湖广、四川会馆次之，贵州再次之，之后为两粤、福建、山陕会馆，最末为江南、浙江会馆。内地各省同乡会馆在云南的分布地域范围如下：51 个城镇有江西会馆，29 个城镇有湖广会馆，26 个城镇有四川会馆，11 个城镇有贵州会馆，8 个城镇有福建会馆，6 个城镇有广东及广西会馆，两个城镇有江南会馆。无论是同乡会馆的分布数量还是分布地域范围，均不平衡，以江西、湖广、四川 3 省同乡会馆数量最多，分布较广。这种分布特点或不均衡特性，直接反映了内地商人在云南的分布和实力差距。

（五）云南的同业会馆出现时间较晚，分布地主要集中在昆明、腾冲

清末，同业商人会馆从同乡会馆中分离出来。同业会馆具有商业性较强的特点，要求分布地的商业较为发达，故行业会馆在昆明的分布最为集中，其他地区零星有行业会馆的分布。

第二节　云南人所建会馆在国内及缅甸的分布

上一节对云南省境内的外省人、云南人所建会馆分布情况做了详细阐述，本节重点介绍云南人在国内以及国外所建会馆的分布情况。

一、云南人所建会馆在国内的分布

与内地著名商帮相比，云南商人在内地的活动范围和整体实力较弱，笔者查阅文献资料发现，云南商人只在国内少数城镇建立过会馆，且多为云贵商人共建。

（一）云南人所建会馆在京城的分布

京城是全国会馆云集之地，众多省份均有大量官、商、试子会馆，云南在京城的会馆数量较少，至于具体的数量，学者们的说法不一。《新置云南会馆记》载："本朝奠鼎燕都。宣武门内，旧有云南会馆二，已围入凤城。余偕虞山所捐俸修葺者，乃正阳门外一馆，其详载在重修碑记。庚午三月初，同乡计偕……'旧馆三，今仅存其一，馆舍十五楹。'……诸君复请曰：'公所持者经，某等所议者权。今馆近丽谯，商贾所辐辏，其价必昂。或另卜旷地，以旧更新'，……乃购宣武门外通衢一区，大小计四十楹。"①如此可知，云南人至"庚午"前后共在京城建立了 4 所会馆，宣武门内 2 所，正阳门外 1 所，宣武门外 1 所。

另据《中国会馆志》载，云南在京城有 7 所会馆：云南会馆"赵公祠"在宣武区白帽衚路北，云南北馆在校场头条路东，云南南馆"景忠会馆"在宣武区阎王庙街，云南新馆在宣武区珠巢街（今珠朝街），理化会馆在宣武区崇兴寺路北，云南老馆在东城区朝阳门内，云征试馆在东城区江擦衚衕门鲜鱼巷。②

（二）云南人所建会馆在国内其他地区的分布

京城以外的商业都会、城会及其他商业城镇中偶然可见到云南会馆。其中，与京城一并被号称为"天下四聚"的苏州、汉口等全国商业都会中也有云南商人的活动。在苏州，云南商人与贵州商人一道建立了云贵会馆，"云贵会馆，葑门内十全街"③。苏州是全国重要的工商业城市，是南北货物聚集和输送之地，"四方万里，海外异域珍奇怪伟，稀世难得之宝，罔不毕集，诚宇宙间一大都会也"④；这里还盛产丝绸、布匹、纸张等手工业商品，吸引了来自全国各地的工商业者，

---

① 北京云南会馆：《新置云南会馆记》，见李根源《永昌府文征》文录，腾冲：美利公铅印曲石丛书，民国三十年（1941）。
② 中国会馆志编纂委员汇编：《中国会馆志》，北京：方志出版社 2002 年版，第 70 页。
③ 江苏省博物馆编：《江苏省明清以来碑刻资料选集》，北京：三联书店 1959 年版，第 660 页。
④ 乾隆《吴县志》卷 23《风俗》，乾隆十年（1745）刻本。

其中就包括云南商人。

汉口是长江流域重要的商品转输港口，该地"不特为楚省咽喉，而云、贵、四川、湖南、广西、河南、江西之货，皆于此焉转输"[①]，也是云南商人的主要活动地。遗憾的是，笔者尚未收集到云南商人在汉口建立过会馆的资料，不过有学者研究指出清代在汉口一代活动的云南商人不少，他们与贵州商人一道结成云贵商帮，并在汉口商帮中占有一席之地，"汉口为内地商货的重要集散市场，吸引着各省商人，在汉口有名者为四川帮、云贵帮、陕西帮、山西帮、河南帮、湖北帮、江西帮等，……各有会馆公所"。[②]

四川省是云南人所建会馆最多的省份。成都有云南会馆[③]；会理有云贵宫"观音阁，州大北门外小西关太和会馆"[④]；宜宾有云南会馆"滇南馆"，位于今翠屏区"下走马街，由云南籍旅宜商人出资建造"[⑤]。

贵阳市云南会馆，位于今贵阳市和平路，建于清光绪二十四年（1898），该馆有房屋、地基数十幢。[⑥]

珠江三角洲著名贸易港口广州有云南会馆和云贵会馆[⑦]；河南开封有云南会馆[⑧]；湖南善化县（今长沙地区）云贵会馆"在东十三铺西牌楼，旧系药王殿基，同治四年创建会馆"[⑨]；天津有"云贵会馆"；在西北甘肃皋县兰有云贵会馆（光绪十八年置）[⑩]；广西桂林有云贵会馆

① 刘献廷：《广阳杂记》卷4，《丛书集成初编》，上海：商务印书馆1935年版。

② 徐焕斗：《汉口小志·商业志》，民国四年（1915）爱国图书公司出版。

③ 宣统《成都通览》卷1，宣统元年（1909）成都通俗出版社石印本。

④ 同治《会理州志》卷2《寺观》，同治十三年（1874）刻本。

⑤《宜宾旅游手册》，成都：四川科学技术出版社2011年版，第35页。

⑥ 贵阳市志编纂委员会：《贵阳市志·社会志》，贵阳：贵州人民出版社2002年版，第378页。

⑦ 喻守真等：《全国都会商埠旅行指南》，上海：中华书局1926年版，第224-225页。

⑧ 王兴亚：《明清河南集市庙会会馆》，郑州：中州古籍出版社1998年版，第206-207页。

⑨ 光绪《善化县志》卷30《祠庙》，光绪三年（1877）刻本。

⑩ 民国《皋兰县志》卷12《经政上》，民国六年（1917）石印本。

（位于义仓街）①，平乐县有云南会馆（位于县城湘大街）②，思恩府百色有云南会馆③；西藏拉萨有云南会馆"三多庙"（位于吉日街）④。

二、云南人所建会馆在缅甸的分布

自汉代"蜀身毒道"或称"贝币之路""南方丝绸之路"开辟之后，云南与东南亚、南亚的缅甸、泰国、印度等地区的联系逐渐增多起来。其中，云南与缅甸领土相接壤，经济联系也最为紧密。尽管中国历代文献中均有关于云南永昌（今保山地区）市场出售来自东南亚、南亚诸国货物，如来自缅甸的玉石、棉木等的记载。但是，相对于云南与缅甸互市的悠久历史，对滇商入缅经商的记载则晚至明代（大约为16世纪）才出现，当时数万来自云南"三宣六尉"的滇商已在缅甸大明街（今八莫）从事商业贸易活动。⑤然而，其人数和经济影响力有限，目前尚未发现18世纪以前缅甸存在滇商会馆的资料，说明在此之前缅甸可能没有滇商经济组织。

18世纪至19世纪中叶，中国海禁未开，滇缅陆路（博南古道）成为中缅印区域市场互联互动的主要通道。滇商凭借地缘优势，大量涌入缅甸经商，据中国官方的一份奏报记载，当时"腾越州和顺乡一带民人"在缅甸贸易者较多⑥，实际上除了腾越州（今腾冲）商人以外，滇省大理、鹤庆等地的商人也有不少在缅甸经商的。由于滇缅商道实

---

① 《桂林市房地产志》，桂林：漓江出版社1996年版，第68页。

② 东亚同文书院：《支那别省全志》卷2《广西省》，见薄井由《清末以来会馆的地理分布——以东亚同文书院调查资料为依据》，《中国历史地理论丛》，2003年第3期。

③ 百色市志编纂委员会：《百色市志》，百色市志编纂委员会办公室发行，1989年版，34页。

④ 戈阿干：《在拉萨祭三多的旧俗》，《丽江文史资料》第9辑，丽江县政协文史资料委员会发行，1990年版。

⑤ 〔明〕朱孟震：《西南夷风土记》，北京：中华书局1985年版，第6页。

⑥ 《清高宗实录》卷818，"乾隆三十三年九月，谕军机大臣等、阿里衮等奏"，北京：中华书局1987年版。

际上是山道，交通运输几乎靠畜力完成，故入缅贸易的滇商大多是一队马帮，有一位或几位大商人（货主），数十上百匹骡马以及赶马人，还有其他跟随马帮入缅的小商贩。他们只在适合的季节驮运商品入缅，然后选择适合季节返回中国。随着滇商贸易在缅甸的顺利推进，他们中的一些商人选择在缅甸滇商聚集地定居下来，或就地售卖货物，或开客栈、货栈为滇商提供服务。这样，缅甸的滇商既有季节性行商的人，也有定居坐商的人，为便于行商和坐贾之间相互联系、互相帮助，滇商联合起来结成利益联盟，在伊洛瓦底流域的首都瓦城以及新街（八莫）、金多堰建立了滇商经济组织——云南会馆。

缅甸首都瓦城是滇商聚集的重要商业城市。侨居的滇人所称的瓦城实际上包括古都阿瓦、阿摩罗布罗（今洞缪）和曼德勒①，滇商在后两地均建有商人会馆，其中阿摩罗布罗（今洞缪）滇商会馆始建时间最早，规模最大。

阿摩罗布罗（今洞缪）滇商会馆建于 1773 年（乾隆三十八年），位于汉人街，以寺为馆，以馆为滇商组织。《重修观音寺功德小引》载："瓦城观音寺者，溯自乾隆三十八年汉并秦凯后，继以两国修睦，商人渐进……斯时地广人稀，建立斯寺。"②1773 年中缅战争结束后，两国商业贸易逐渐恢复，滇商陆续到此贸易，修建了云南会馆"观音寺"。此时的滇商会馆规模并不大，"只供石胎佛像菩萨一尊""已觉室小殿窄"。数年后，阿摩罗布罗（今洞缪）的滇商会馆组织人数越聚越多，滇商贸易商品数量剧增，规模亦逐渐扩大。

1815 年（嘉庆十五年），洞缪滇商会馆被大火焚毁，"一经祝融，殿宇菩萨概行被毁"，会员随即重修；1829 年（道光九年），会馆"经装焊山门"，不料山门被焚毁，"速修补建"；1837 年（道光十七年）云南战乱波及缅甸，滇商会馆被焚，次年重修，并于 1846 年（道光二十六）竣工。1815 年至 1846 年，短短 31 年间洞缪滇商会馆三度遭受火

---

① 阿瓦曾是缅甸首都，1783 年（乾隆四十八年）缅王迁都阿瓦北郊的阿摩罗补罗，然仍属于阿瓦辖区；1859 年（咸丰九年），缅敏同王再次北迁都城至曼德勒，华侨则延称此两地为瓦城。

② 缅甸洞缪云南会馆"观音寺"道光二十六年《重修观音寺功德小引》，见尹文和《云南和顺侨乡史概述》，昆明：云南美术出版社 2003 年版。

灾，三度重修，尽管前两次重修规模并未扩大，但其维修速度非常快。1837 年滇商会馆彻底被焚，会员协商后决定重修并扩大会馆规模，"翕同垫告缅王讨要后地，幸蒙赐给得地十有余丈……而暗备地价向各地主善买，已费银千余金矣"。新落成的会馆规模宏伟，庄严华丽，由照壁、山门、正殿、配殿、客厅、两厢、客厢、天井、僧房、厨房等建筑组成，历时八载，耗银数千。滇商组织的经济实力由此可见一斑。

1859 年（咸丰九年），缅敏同王将都城从阿摩罗布罗（今洞缪）北迁至曼德勒，滇商又在新都曼德勒修建了会馆，是为新馆。《重修瓦城云南会馆序》（碑刻）载："继后缅王迁都瓦城（曼德勒），吾滇客缅先达为增新建会馆乃向缅王申请，获赐汉人街中心地基，平敞宽阔，即现有之馆址也。"[①]曼德勒滇商会馆坐落于汉人街中心地段，市肆栉比，万商云集，乃商业繁华区，会馆由山门牌坊、戏台、两厢、正殿、两天井、大厅、客堂、厨房、仓库等建筑组成，装饰华丽、规模雄伟、美轮美奂。值得一提的是，该馆是由滇侨商人尹蓉倡修的，他时任缅王经济事务顾问，在缅商以及滇商中威望较高，出面向缅王讨要了汉人街中心地基并牵头出资修建曼德勒云南会馆。据说当时云南会馆奠基所需木材由缅王钦赐随山砍伐，石匠、木工从国内剑川、鹤庆、丽江聘请[②]，会馆建立之初称为"腾冲会馆"，后更名为"迤西会馆"。

除了商业大都市瓦城以外，滇商还在伊洛瓦底江重要商业港口新街（今八莫）修建了滇商会馆。新街是滇商入缅到达的第一站，距蛮暮数十里，位于伊洛瓦底江上游东岸，乃大盈江入金沙江之口，伊洛瓦底江自此以下可以通航，地当水陆要冲。新街滇商会馆，俗称"关汉寿行台"或"关圣庙"，建于 1806 年（嘉庆十一年）。新街滇商会馆规模虽然不及首都瓦城云南会馆那般宏伟，但在当地建筑中堪称宏大，1871 年（同治十年），中国使缅大臣王芝曾称新街滇商"以关汉寿行台为会馆，楼台廊阁壮丽"[③]；1879 年（光绪五年）黄楙材路过新街亦

①　缅甸曼德勒云南会馆"观音寺"1955 年《重修瓦城云南会馆序》，见尹文和《云南和顺侨乡史概述》，昆明：云南美术出版社 2003 年版。
②　缅甸云南同乡会：《缅甸云南会馆史略》，内部印刷资料，2007 年版。
③　王芝：《海客日潭》卷 1，台北：文海出版社 1969 年版。

称滇商"建关圣庙为会馆，回廊戏台，规模宏敞"①。王、黄二人所述"关汉寿行台""关圣庙"为同一建筑，就是滇商所建会馆。

此外，在阿摩罗布罗（今洞缪）通向曼德勒之间的金多堰修有一所滇人于明代所建的"土地祠"，初为滇人供奉土地神之祠，19世纪滇商势力扩大之后，在此成立会馆组织，借土地祠为会馆。《洞缪观音寺修葺始末》碑刻记载："迨至缅王们董（敏同）时代迁都瓦城，侨商旋随迁移，复经吾滇先辈筹建瓦城云南会馆……斯时由瓦城云南同乡推举管事，兼管瓦城云南会馆、洞缪观音寺、金多堰土地祠三处事务……每年于佛诞节日按例输值分别于该三址，举行庆祝，沿袭至今将百年。"②由此可知，金多堰"土地祠"实际上起着云南会馆的作用。

20世纪早期，滇缅陆路贸易逐渐受中国海上贸易、红河水陆贸易、滇越铁路贸易的排挤，其繁荣程度不及18、19世纪，滇商在缅甸各地的会馆依然维持运转，但未扩建或新增。后来，随着国内商会的成立以及各类会馆的演变，缅甸滇商会馆逐渐演变为"云南同乡会"。

由于云南商人与外地商贸联系主要集中在东南亚的缅甸，故他们在缅甸建立了4所会馆，建立时间较早；云南人在国内其他地方建立的会馆不多，而且大多建立在咸同以后。原因在于道光以前云南省的外省商人较多，实力较强，故滇省商人的贸易范围主要集中在省内和缅甸，部分延伸至康藏，而且他们较少参与矿业开采、销售；咸同以后，随着鸦片贸易、大锡贸易的兴起，迤西商人、临安商人迅速成长起来，同时其他民族商帮也开始活跃在内地以及滇缅、滇印贸易中，国内部分地区始有云南人所建会馆分布。

① 黄楙材：《西辀日记》，光绪十二年（1886）刻本。

② 缅甸洞缪云南会馆"观音寺"1967年《洞缪观音寺修葺始末》，见尹文和《云南和顺侨乡史概述》，昆明：云南美术出版社2003年版。

第四章
云南会馆的内部运行机制

通过上一章的梳理发现，会馆遍布清代云南各工商城镇、丛山深处的矿厂、滇东北和滇东南的广大乡村，成为都市与乡土社会中的地标性建筑。会馆之所以能成为地标性建筑，是由于它与一般的祠庙建筑不同，它不仅是一座颇似宫殿的建筑群，还代表着一个团体组织。正如英国学者罗威廉指出的："会馆既指一座建置，也指占有它的组织。会馆是一个永久性地缘组织的驻地。"①因此，本书所要论证的会馆不单单是那一座座具有鲜明特色的会馆建筑，更重要的是占有它的组织，我们且称其为会馆组织。会馆占有者自发建立了会馆祠庙，还设计和规划了会馆组织的内部体系，使会馆从外到内都显得有条不紊。本章将结合云南会馆与外地会馆的资料对云南会馆的内部运行机制进行阐述和分析。

第一节　云南会馆的组织体系

一个组织必然需要一套独立的组织体系来维持运转。会馆组织的组织体系即会馆的内部结构，它是组建会馆的特定团体围绕着会馆的组建、管理而形成的一套制度化、体系化的人事结构和管理结构。

---

① [美]罗威廉著，江溶、鲁西奇译：《汉口：一个中国城市的商业和社会(1796—1889)》，北京：中国人民大学出版社2005年版，第312页。

一、会馆组织的成员构成

成员构成，即会馆组织是由哪些人组成的。由于同乡会馆是以地缘为纽带来吸纳会员，而同业会馆则是以业缘为纽带来吸纳成员的，故同乡会馆与行业会馆的成员构成是不同的。

（一）同乡会馆的成员构成

同乡会馆，是以地缘为纽带来吸纳成员的，其成员为来自同一故乡的"同乡人"。以"同乡"关系作为组织在一起的纽带，或者说"同乡"关系是同乡会馆成员构成的原则，即成员必须是"同乡"。"同乡"即人们彼此拥有一个共同的"故乡"或称"家乡"。狭义上的"同乡"是指人们生活的同一乡里，朝夕相见，出入乡友，彼此非常熟悉，这种"邻里乡党"意义上的"同乡"关系非常亲密，散居在各地的人数非常有限，如果"同乡"们的经济实力不够强大，是难以组建会馆的，故以此种"同乡"关系来组织建立会馆的很少。广义上的"同乡"是超越"邻里乡党"关系的，是一种文化认同上的"同乡"，他们虽然不如邻里关系那样亲密，但是与来自其他省份的人相比，同一省、同一府县是最接近他们的"乡里"的地方，故漂泊异乡的人们就认为来自同一省的都是"同乡"，同乡的地域范围被放大，涉及人员也随之扩大，更加具有建立会馆的条件。

那么，到底该如何确定同乡范围呢？人们选择了"按行政区划来确定其同乡范围"，即广义的"同乡"，如江西省同乡、临安府同乡、清江县同乡。由于行政区划分为省、府（州）、县三级，故"同乡"的范围可大至一省、小至一县，有的同乡会馆是某一省的"同乡"建立的，有的会馆则是某一府或县的"同乡"建立的。选择是来自同一省的"同乡"建立一所会馆，还是选择来自同一府、县的"同乡"建立一所会馆，全凭客居地"同乡"的经济实力而定。不过，这种选择并不限定为一次，即同一省的"同乡"组建了省级会馆后，同一府县的"同乡"还可以再组建一所或几所同省不同府县的会馆。在云南，移民多以来自同一省的"同乡"组建会馆，如浙江会馆、广东会馆、江西会馆、福建会馆等以省的名称来命名的会馆，多是该省内两个或两个以上府州商人共同组建的。

当某省一府或一县同乡在云南聚集者较多，竞争力和经济能力较强时，他们便将会员的行政区划范围缩小至某一府或州县，除了联合其他府县客民共同组建省级会馆外，还集一府或一县客民之力单独组建府、县同乡会馆。府县同乡会馆虽然缩小了吸纳会员的地域范围，但是为会馆提供的服务以及会员之间的联系和互助就更为集中。

府、县客民单独组建会馆的现象，以江西籍各府县和云南本土府县会馆的组建最为典型。如会泽县有江西全省客民组建的江西会馆"真君殿"，还有临江府客民组建的江西临江会馆"药王庙"。蒙自县则有江西全省客民组建的江西会馆"万寿宫"，还有吉安府客民组建的吉安会馆"万寿宫"、抚瑞二州客民组建的会馆"水府庙"、临江府客民组建的会馆"仁寿宫"、南昌府客民组建的会馆"万寿宫"。个旧有临安府客民组建的临安会馆，昆明有建水县客民组建的建阳会馆，保山有腾冲客民组建的腾阳会馆，等等。

笔者发现，外省客民虽然选择以"同乡"关系来确定结社群体，但在具体操作时又不局限于行政区划所确定的省、府、县同乡地域范围。这个"同乡"往往发展为"同一区域"，这一区域可能是行政、地理或经济上有着特殊联系的区域。如云南的湖广会馆是湖南、湖北两省客民组建，这两省不仅地理上相互毗连，在经济或贸易上也联系紧密；山陕西会馆则是由地理上相邻，而且共同崇祀关帝的山西、陕西籍客民联合组建的，我们也可以将其视为关中经济区或西北经济区的"同乡"；江南会馆为南直隶江苏、安徽等省移民组建的，江南不仅为一个行政区划范畴，更是一个经济区域范畴。由此可知，"同乡"标准体现出很强的灵活性。

会馆组织"同乡"的地域范围无论是大，还是小，同乡人都会有着不一样的职业、省份和地位。其中，有身份地位显赫的朝廷官员，有经济实力雄厚的大商贾，有饱读诗书的士子，也有普通的农民、小商贩、工匠，还有众多无业流民。清代云南的会馆成员结构，按其职业身份可划分三大类。

第一类是官员。各级文、武官员是会馆组织成员中社会地位和身份最高的群体，他们在会馆组织中具有较高的感召力，许多会馆就是在同乡官员的倡导下建立的。如腾越州（今腾冲）福建会馆"天上宫"于嘉庆年间由闽籍客滇州牧许亨超"倡文武官绅及五保绅首……捐资兴建"①，许亨超为福建侯官人，嘉庆十五年（1810）任腾越同知②。该馆成员中亦有其他文武官员。再如昆明浙江会馆"安阜园享堂厅事"是由云南巡抚孙士毅倡导同籍官商捐建③，昭通府恩安县湖广会馆系由昭通镇总兵徐成贞倡建④。由于流寓官员通过科举考取功名后，按照朝廷规定需回避到本籍贯区域任职，故他们的籍贯观念更为强烈，他们与中国会馆的创建有着十分密切的关系。实际上，随着社会经济的发展以及会馆功能的多样化，许多官员倡导建立会馆的原因已经超越了籍贯、乡情的范畴，有时他们会以一位地方事务管理者的身份倡导非同籍移民建立会馆。

第二类是商人。商人是清代云南城镇、集市、矿厂地区会馆的重要成员，许多地区会馆就是由这些商人出资新建。他们既是会馆建立的组织者，也是领导者，在会馆中具有较高声誉和地位。如会泽县陕西会馆"关圣宫"，由会泽县百余家江西籍商铺捐，该馆的领导者即为这些商铺中的大商贾。⑤个旧临安会馆"关圣宫"是由周恩民、严际宽、李廷楷、段文、李人文、晏春发等十余位在厂建水籍炉头、锅头捐建，这些商人即为会馆领袖。⑥蒙自福建会馆"天上宫"是来滇南蒙自贸易的闽籍商人捐建。⑦

---

① 腾冲福建会馆"天后宫"嘉庆十一年（1806）《重建腾越天后宫修观音阁记》，见李根源《永昌府文征》文录，腾冲：美利公铅印曲石丛书，民国三十年（1941）。

②《新纂云南通志》卷184《名宦传七》，1948年铅印本。

③ 陈鹄：《云南浙江会馆志》《浙江会馆记》，光绪二十二年（1896）集萃轩刊本。

④ 民国《恩安县志》卷4《官祀》，民国十四年（1925）铅印本。

⑤ 会泽县陕西会馆"陕西庙"嘉庆十年《关中众姓捐资修建三皇阁碑》，现立于该馆内。

⑥ 个旧云南会馆"云庙"乾隆五十九年《永远碑记》，见中国人民大学清史研究会所等编《清代的矿业》，北京：中华书局1983年版，第603—604页。

⑦ 蒙自县福建会馆"天上宫"道光八年（1828）《福建天上宫》，现立于该馆内。

除了捐建会馆外，商人在会馆的发展过程中，也是重要的成员。许多会馆创建之初，或许是由官员倡导建立，但在日后的发展过程中却以商人为主要成员。如清末昆明湖广会馆"寿佛寺"会员中"有大商号麟祥仁、忠信昌、同晋丰、禹仁寿、同春号、祥昌瑞、李义昌、刘同义等"；昆明江南会馆"兴福寺" 300 余名会员均为商人，"该会馆由江苏、安徽等商人一起筹建，其中有上海商人 70 名、苏州 30 名、安徽人 200 名，共有 300 个左右的会员"。①再如，清末昆明两粤会馆的商人有彭逊卿、郭奎光，商号有广茂生、隆记号、德原隆、怡和泰、怡兴泰、德昌泰、慎和号、广同丰、粤安隆、广永隆、安吉号、忠益长、广福安等。②

第三类是工人、农民及其他人群。会馆的成员中，还有许多经济能力弱，社会地位低的工人、农民、无业游民等，尤其在矿区的会馆，矿厂工人就是他们的重要成员。如会泽县湖广会馆乾隆三十一年（1766）《禹王宫碑》的捐款记录以及乾隆三十六年至四十八年（1771—1783）年的捐款记录中，有汤丹厂、乐马厂等厂的捐款记录，这些厂民的捐款金额仅为几钱，由此推测他们是到该地矿厂佣工的湖广籍砂丁。再如，会泽县湖广会馆乾隆三十二年（1767）捐修禹王宫时，碧谷坝（今汤丹区境内）230 位村民参与捐款，虽然他们捐资金额不高，但是说明碧谷坝村民也是湖广会馆的成员。③再如，会泽县江西会馆"真君殿"道光七年（1827）《抚州府功德碑》记载显示，吴恒昇、萧恒盛、姚义顺、戴永顺、郑清云等 70 余人捐款二钱至九钱不等，他们应是在会泽城或附近矿厂的佣工，为抚州籍工人劳、苦力等。④

同乡会馆在人员结构上突破了古代社会等级限制，其成员不限身份、不限地位，亦无经济能力的限制，唯一的限制就是"同乡"。"同

---

① 东亚同文书院：《支那省别全志》卷 3《云南省》，见薄井由《清末民初云南商业地理初探——以东亚同文书院大旅行调查报告为中心的研究》，复旦大学 2003 年博士学位论文，第 219 页。

② 昆明市档案馆藏：《云南商务总会一切杂卷宗》，见《昆明市志长编》卷 7，昆明市志编纂委员会内部发行，1984 年版，第 187 页。

③ 会泽县湖广会馆"寿佛寺"乾隆三十二年《禹王宫碑》，现立于该馆内。

④ 会泽县江西会馆"真君殿"道光七年（1827）《抚州府功德碑》，现立于该馆内。

乡"关系使会馆将同籍官员、幕僚、士子、工商业者、劳工等各阶层吸纳入组织，具有灵活多样的特征。

在云南各厂区，还有回族同胞建立的会馆"清真寺"，其成员主要为回族同胞，若以身份来划分，则主要为各地回族商人、技工或劳动力。

（二）同业会馆的成员构成

同业会馆的人员结构较同乡会馆单一，主要为从事同一种或两种行业的工商业者。

昆明县城芙蓉会馆为滇省贩销鸦片的商人组建的，其成员为烟土商，"本会馆当中大商号有曹天宝祥、朱德裕祥、王天泰昌、王荣品祥、王天成允、丁美顺利、吴永华祥、罗宝义正、高福兴祥、程广和祥、丁德生厚、华盛记等"。①

昆明布行会馆曾为布行、牙行两行共同组建，"有牙行唐姓……两行同出功德……为两行之会馆焉"，其成员为布行商人、牙行商人；清末，该馆的成员均为布铺商人，光绪八年（1882）该馆修建"孚佑宫"，捐款的布铺商号有 177 家。②

帽业会馆，帽铺共有一百余家，"其中以富有号、象乾斋、马源美最著名，历史悠久的有张姓无极斋、王德甫的极品斋，还有恒泰号、嵘丰号"。③

芦茶行会馆，是烟、茶两行商人共同组建的，其成员为烟、茶两行商人。据云南商务总会卷宗记载，其成员有"董致和祥、陈鸿钧祥、同兴和号、裕正茂、协义公、郭德庆祥、王宝兴号、谢万宝号、杨永茂号、鸿昌公、范沅聚号、吕鸿钧号、卜裕顺庆、杨富有庆、沅泰号、

① 东亚同文书院编：《支那省别全志》卷 3《云南省》，见薄井由《清末民初云南商业地理初探——以东亚同文书院大旅行调查报告为中心的研究》，复旦大学 2003 年博士学位论文，第 220 页。
② 昆明布行会馆光绪八年《布铺阇行重新增广鼎建孚佑宫碑记》，见《昆明市志长编》卷 6，昆明市志编纂委员会内部发行，1984 年版，第 377 页。
③《昆明文史资料选辑》第 38 辑，中国人民政治协商会议昆明市委员会文史资料研究会，1987 年版，第 205 页。

李运昌号、鸿发祥号、全长春号"。①

除了商人同业会馆外，还有手工业者组建的同业会馆，如昆明的铜活会馆为加工铜器的工匠组建。不过在 19 世纪末 20 世纪初，中国的手工作坊很可能也是加工商品的销售店铺，一些简单而狭小的手工作坊不具备分工条件，加工工匠同时也是销售商人。当然他们肯定是从事某一种行业的工商业者。

二、会馆组织的机构设置

一般组织的内部机构设置包括权力机构、决策机构、执行机构、监察机构，会馆是一个相对有制度、有体系的组织，它也形成了自己的组织机构体系。

（一）议事大会——权力、决策机构

议事大会是会馆的权力机构和决策机构，会馆的重大事务均需要通过会员大会讨论，形成决策或意见，授权相关机构或人员处理。如会泽县江西会馆《万寿宫碑》云："后五府公议，众等随将田租积金，付僧度势，修理诸事。"②可知该馆事务是由同乡大会"公议"后决定的。再如，昆明四川会馆《北川碑》曰："今我蜀北官商协议，各捐底金□□产茔地。"③即是说，该馆置产、捐资等大事均由官商集体议事决定。昆明两月会馆"每年二月、五月、六月，选吉日聚会。必要时另外举行临时聚会"④，协议事务。

---

① 昆明市档案馆藏：《云南商务总会茶海味行一切杂卷宗》，见《昆明市志长编》卷 7，昆明市志编纂委员会内部发行，1984 年版，第 188 页。
② 会泽县江西会馆"真君殿"乾隆二十年（1755）《万寿宫碑》，现立于该馆内。
③ 昆明市四川会馆"川主官"光绪二十八年（1902）《北川碑》，见《昆明市志长编》卷 6，昆明：昆明市志编纂委员会内部印行，1984 年版，第 387。
④ 东亚同文书院：《支那省别全志》卷 3《云南省》，见薄井由《清末民初云南商业地理初探——以东亚同文书院大旅行调查报告为中心的研究》，复旦大学 2003 年博士学位论文，第 219 页。

由于议事大会需要多数成员参与，会馆不可能随时邀集众会员开会议事，因此一般都是定期召开议事大会。如昆明县浙江会馆每年召开一次议事大会；布行会馆每年春秋二季弹洞经二次……三月间作财神会，聚餐一次；帽业每年在缨帽会馆弹洞经二次，丝线业每年聚餐一次。①行业商人举办类似聚会活动，最重要的目的就是通过聚会议事，处理行业内部的事务，诸如议定行业内部规章、更换行业管理人员、制定行业发展规章等。

（二）理事会或董事会——执行机构

会馆在议事会下设立了理事会或首事会，负责执行议事大会的决策，处理会馆日常事务。

理事会或董事会下设一名或多名首事、总理或会董和主持僧，他们负责执行、处理会馆具体事务，也是会馆的"领导"。会馆首事、总理或会董一般由议事大会民主推举产生，他们需德才兼备、公正廉毅，他们的任期没有限制。

如果理事会设立有多名理事或首事，那么每一位首事均需按年轮流负责处理会馆事务，负责会馆事务期间被称为值年理事或首事。如清末昆明四川会馆设有总理两人，董事七人，"每三个月或四个月轮换一人主管馆内事务"②；江南会馆设有 1 名总办，3 名董事，于"每一年正月十四日、五月十三日、七月八日三次聚会，互相交流，进行种种协议"③。

一般会馆的首事、总理等均属义务服务，会馆不向他们支付薪水。他们每年需向会馆议事大会报告当年会馆事务的管理和运行情况。

会馆未设立专门的监察机构。

---

① 特约撰稿员陈子量供稿，见《昆明市志长编》卷 6，昆明：昆明市志编纂委员会内部印行，1984 年版，第 397 页。

② 东亚同文书院：《支那省别全志》卷 3《云南省》，见薄井由《清末民初云南商业地理初探——以东亚同文书院大旅行调查报告为中心的研究》，复旦大学 2003 年博士学位论文，第 220 页。

③ 东亚同文书院：《支那省别全志》卷 3《云南省》，见薄井由《清末民初云南商业地理初探——以东亚同文书院大旅行调查报告为中心的研究》，复旦大学 2003 年博士学位论文，第 220 页。

三、会馆组织的管理模式

云南会馆的内部管理形成了领导管理与规章制度、乡里或行业文化约束管理相结合的管理模式。

（一）首事、理事、主持僧——领导管理

会馆首事、总理或会董和住持僧是会馆日常事务的具体管理者，他们之间的具体职责是有区别的。如东川府会泽县湖广会馆的事务管理人员有客长、首事、主持僧。客长为移民事务管理者，负责协调管理会馆及移民各事务；首事则专管理会馆的财产、用度以及其他事物；主持僧则负责会馆香火，管理僧侣的日常用度。再如，会泽县江西会馆设总理、首事管理会馆事务，总理掌管会馆财产，兼负责召开集体议事大会、筹办聚会、祭祀等集体活动；首事则协助总理处理日常事务。住持僧则负责会馆日常祀奉神灵，住馆看守，管理僧人日常开销事务。

行业会馆亦有行业议事会议，下设会董一人或若干人。据清末日本东亚同文书院学员调查，昆明盐行会馆"会员大约有八十名，总办周宝宏，办事员熊同敬、徐仲益、赵裕宝、滨松盛"[①]，总办即为盐行会馆日常事务的管理者，办事员则为各种事务的具体执行者。云南芙蓉会馆有"值年首事王美齐、刘长源"[②]，首事即为芙蓉会馆的事务管理人员。

（二）组织规章管理

任何一个社团组织，成文或不成文的规章制度的确立，是该组织内部管理得以顺利进行的基础。会馆组织亦有内部管理规章制度，这

①　东亚同文书院：《支那省别全志》卷3《云南省》，见薄井由《清末民初云南商业地理初探——以东亚同文书院大旅行调查报告为中心的研究》，复旦大学2003年博士学位论文，第220页。

②　东亚同文书院：《支那省别全志》卷3《云南省》，见薄井由《清末民初云南商业地理初探——以东亚同文书院大旅行调查报告为中心的研究》，复旦大学2003年博士学位论文，第220页。

些规章或勒石竖立于会馆内，或刊刻于会馆志，内容各有不同，主要有专项事务管理规章、成员行为规范规章、综合事务管理规章、行业交易规章和行业限制规章 5 种。

1. 组织专项事务管理规章

笔者收集到的云南的同乡会馆资料中，以浙江会馆的规章制度资料保存较为完备，涉及会馆各方面事务。当然，由于该馆主要由官员所建，其规章大多是关于官员捐助、扶贫项目的专项规章，兹举《公议乡约》[①]一则为例：

一（是）议同乡督抚司道奉命来滇，请公捐岁修银两。

一（是）议同乡候补道来滇以及委署、委差者，自行酌捐银两。

一（是）议同乡实缺府厅、州县佐贰杂职，初到滇省自行酌捐一次。如到本任，在任时每年按照养廉例数，每百两捐银一两，按年捐助以作岁修。

一（是）议同乡候补人员初到省时，自行酌捐一次，以后委署即照所支养廉例数，每百两捐银一两；或委厘金差，即照应支薪水数，每百两捐银一两，均按年捐助，以作岁修。

一（是）议同乡幕友就馆受聘，按修金多寡，每百两捐银一两。

一（是）议同乡南货客来滇贸易者，酌量捐助。

一（是）议同乡学院主考来滇诸公请捐助银两，如能捐恤贫之款置业收租，而不必捐助岁修。

一（是）议同乡病逝无力敛埋、无壮丁者，给银十五两。

一（是）议同乡孤身作客，欲回籍而无旅费者，给银十两。

光绪十三年六月　　　　公订

该规章要求任职云南的浙江籍官员向会馆捐助银两，帮助同籍孤寡贫困者；同时对如何帮扶孤寡贫弱者做了详细规定，避免项目经费滥用的问题。

---

① 陈鹄：《云南浙江会馆志》，光绪二十二年（1896）集翠轩刊本。

2. 组织成员行为规范规章

笔者还收集到一则昆明四川会馆的规章，内容如下：

　　一（是）议福星会内所余功德银两，议以公正者总管，在会者勿得挪借侵吞，违者公议罚。

　　一（是）议凡办得官商生易，其人先已议论成就，倘有闻风即去刁夺，以多写少者，议重罚。

　　一（是）凡承认官商生易者，总要斟酌量力，倘有沿途拐带私逃者，除重罚外，仍请治罪。

　　一（是）在店住宿者，勿得私行窃取主客银钱什物等事，一经查获，公共禀请枷号游街，以戒将来者效尤。

　　一（是）议各店栈住宿者，向定以上更为度，倘夜深流连在外，酗酒滋事等弊，一经委员拿去，主家再不认保。

　　一（是）议凡搞得生易，余有银钱者，必要供顾父母妻室，倘有糊行乱费不顾者，嗣后不许再远走生易。[①]

昆明四川会馆的这一规章，对会馆"福星会"财务管理者以及其他会员日常行为范围做了规定，属于会员行为规范规章。

3. 综合事务管理规章

资料表明，部分会馆规章属于综合事务管理规章。如昆明盐行会馆的规章既对行业经营业务做了规定，又对会馆事务做了规定：

　　一（是）新开盐店者，需要向本会捐款一百两。另外，第一次挂牌时需要捐款十六两，更改招牌文字时每个字要缴纳三两。

　　一（是）要买卖白井、黑井、石膏井所产之盐者，每百斤须向本会纳银一分。

　　一（是）随便高价贩卖盐者，征收一百两的罚款。

　　一（是）本会馆每年三月份举行理财会，六月举行盐龙会，七月举行财神会，八九月份盐龙会。每会演戏，每人参加费六钱，

[①] 昆明县四川会馆"川主官"光绪二十八年（1902）《北川碑》，见《昆明市志长编》卷 6，昆明：昆明市志编纂委员会内部印行，1984 年版，第387 页。

缺席者照常付费。

一、各盐店每月需要交纳烧香费一百文。

以上五项规则由光绪三十三年二月二十八召开的会议制定。①

昆明行业会馆的这则规章属于综合事务管理规章，既有对入行的限制、对会员行为的约束，又有对会馆活动的管理。

4. 行业交易规章

同乡会馆规章有专门针对某一商业或行业交易的，如乾隆四十七年（1782）昆明江西会馆《棉花行条规碑》即为江西抚州棉花商倡导订立的规章，内容如下：

> 钦命云南等处承宣布政使、随戴加三级军功议叙、随加二级纪录二十五次江，为恳恩赏平勒石以垂久远事。照得滇省棉花一行，向例每银一两抽用一分。讵意日久弊生，各行□□代贴铺欠之名，加用补苴之术，每两抽用二分，业经本司查实饬禁，只许照旧抽收行用银一分，并追浮收银两充公在案。兹据江西等省客民熊积山、梅占先、罗鼎、饶振荣、邹文彰、李高职等□□，从前原定行中条规，事远年湮，居所更易，秤制、银色各项，均不画一，难免狡混，将原定条规开呈，□示勒石，以垂永久等情。当经饬行昆明县查议去后，兹据昆明县吴大雅核议详报前来，合行给□，为此示仰棉花行并客民人等知悉，即便遵照后开条规，画一办理。倘敢阳奉阴违，查出□定□从重治罪不贷。计开：一（是）棉花到行，间有在途被雨淋湿者，先为晒晾，砝码对客较准秤花，如有重砝舞弊，应听客商禀官治究。至棉皮照旧除皮五斤，笋叶、绳席即在内。如果有包扎太重者，将原包称过，卸出花斤，再除绳席等项，以杜□□之弊。一（是）银花照旧九七五扣色九九纹银，如有元宝足碗，升水一色；如若潮色多者，估补，以免竞争。一（是）棉花每价银一两，准抽用一分，其行中工人服劳

① 东亚同文书院：《支那别省全志》卷9《云南省》，见薄井由《清末民初云南商业地理初探——以东亚同文书院大旅行调查报告为中心的研究》，复旦大学 2003 年博士学位论文，第 220-221 页。

奔走，应听客商酌酬，毋的额外另添杂费名色，致滋弊端。一（是）花价令买主看明棉花高低，照时议价值，行户不得串通商人暗中抽换夹杂，设计诓骗。如有此等情弊，禀报查究。一（是）货账多寡不一，期约亦迟速难齐，总听商铺两相定议，限日清还。行铺唯当选择殷实铺户与商交易，不得□任本经纪任情赊与，以致拖延客帐，坐困商旅，有干追赔。一（是）大小砝秤宜校准画一，照旧用十六两秤，各行缴官较准发给领用，不得私制大小舞弊。一（是）棉花到省，自必投行，有行户觅客转售。如无业游棍，觅客包揽客货至家私售者，查出照例治罪，该牙行亦不得约会遏低时价，苦累商民。

以上各条，务宜遵照奉行，如有违犯，查出定行拿究，各宜比凛遵毋违。特示。乾隆四十七年八月，抚郡棉花会众同立。①

江西会馆《棉花例规》对云南省棉花交易的砝码、价格、货币成色和兑换价格、称量工具等做了明确的规定，属于商业交易规章，是专门针对某一行业交易而制定的。

5. 行业管理规章

行业会馆制定了众多行业入行规章，如昆明丝线行会馆的规章则主要规定了开店入会、经营加工相关事宜。

一（是）内行新开字号上功德银二十两。

一（是）内行同外行合伙者上功德银四十两正；外行新开字号者上功德银六十两。

一（是）凡进行受丝，其扣头日期，银色平码，均照旧章，勿得紊乱。

一（是）织纱帕以及做生线入行买丝者，上功德银二十两；凡有做生线入行买丝者，上功德银二十五两。

一（是）不得同齐入行售货，亦不得在外向客号私买。若有

---

① 昆明江西会馆乾隆四十七年（1782）《棉花行条规碑刻》，见方国瑜主编《云南史料丛刊》卷 13《有关清代云南文物该说》，昆明：云南大学出版社 2001 年版。

自寻向客号买者，查出照章上功德银二十两外，罚戏一台，席十桌。①

昆明丝线行会馆对入会、新开店铺做了规定，即向新入会的会员收取会费，限制客商自由买卖。此条规内容透露出行业限制。

（三）乡里、行业文化约束

在内部管理中，会馆充分发挥其同乡、同业文化的特性，以乡里、业内文化来辅助会馆管理，从而使其成为会馆管理结构中的有机组成部分。

会馆议事大会只在每年定期举行几次，会馆首事等管理者只是负责处理会馆日常事务。事实上，会馆组织的管理以及这种管理的运作非常复杂，而且议事会议的举办频率有限，首事等人管理权限和范围也受限，如何对会馆全体成员以及首事等管理者进行全面管理，如何让会馆规章制度发挥最大作用，是会馆存在、发展必须克服和解决的问题。

1. 自我约束机制

上文提到，会馆建筑最初是崇祀乡贤神灵的祠庙，同乡人因有着对乡贤神灵共同的虔诚信仰而被凝聚到会馆组织内。会馆的神灵崇拜不仅具备凝集同乡人士的作用，还对同乡人士有着约束作用。在中国古代，人们对神灵的信仰一方面表现为得到神灵的保佑和庇护，可避免各种风险，另一方面表现为为了获得神灵的庇护而放弃某些邪念，进而约束自己的日常行为。会馆是崇祀神灵的地方，会员们相信神灵是无所不能的，神灵是惩恶扬善的，如果自己做出违背神意之举，就会受到神灵的惩罚，由此对神灵心生畏惧，约束自己的不良行为。如关圣公以忠义著称，山陕商人等崇祀关圣帝，则应行忠义之事，不忠不义之事则不能为之。此外，故乡的乡规、乡约以及传统道德观亦对同乡会馆成员的行为起着约束作用，这种约束也是靠个人自我约束来

---

① 原昆明市工商联存：《云南商务总会棉丝线新旧衣铺帮卷宗》，见《昆明市志长编》卷7，昆明市志编纂委员会内部发行，1984年版，第52页。

完成的。如徽州商人多举族外出经商，家族内部的家规、习惯法则成为徽商会馆内部的自我约束法则。这样一来，同乡会馆便形成了神权与乡约相结合的自我约束机制。

行业会馆中亦存在自我约束机制。对行业先哲的信仰，便是对行业商人或工匠起着约束作用。

2. 外在约束机制

集体监督，即会馆组织内部成员都可对其他成员的行为进行监督，防止成员做出不利于组织或其他成员的行为。同乡成员之间，由于有着共同的语言、生活习俗，他们之间的合作或共处机会多于外乡成员，在合作过程中可相互进行监督，如防止乡人在商业活动中卷款而逃，同乡伙计不维护店主利益，等等。

集体惩罚，即当会馆组织内部有人违反会馆规定或损害会馆以及乡人利益时，会馆将通过集体会议对其进行惩罚。昆明四川会馆《福星会碑》载："议福星会内所余功德银两，议以公正者总管，在会者勿得挪借侵吞，违者公议罚。"①会馆对挪用侵吞公款的管理人员的惩罚方式为集体惩罚，至于具体的惩罚措施则由集体大会会议讨论决定。这种集体惩罚的有效性在于，集体惩罚是由会馆全体成员讨论决定，惩罚措施当众宣布，可以起到"杀一儆百"的效果。我们可以想象，在会馆同乡大会上，曾经以公正廉洁、善于理财而为乡人所敬佩的首事、总理，却因侵吞公共财产被惩罚，他们所受到的惩罚除了赔偿侵吞款项外，更为严重的惩罚是他可能由此在同乡或同行中失去信誉。若是一般成员犯错，他们不仅要接受关于某一错误行为的惩罚，也可能由此失去在同乡中的声誉。

会馆是同乡、同业组织，有着非常有效、快捷的口碑传播效应，一旦会馆经济管理人员被惩罚，那么不仅是当地的同乡、外乡商人、工匠等群体，甚至是外地的同乡商人、工匠等群体都会通过各地的同乡、同业会馆知道这个人因不守信用、不忠诚被惩罚，同乡、同业商

---

① 昆明四川会馆"川主官"光绪八年（1882）《福星会碑》，见《昆明市志长编》卷 6，昆明：昆明市志编纂委员会内部印行，1984 年版，第 387 页。

人肯定不愿意选择和他进行合作经商。因此，大多数会馆会员会选择遵守相关规定或同乡、同行业工商业之间达成的职业道德，集体惩罚机制在会馆管理中亦起着非常重要的作用。

总之，在组织管理方面，清代云南会馆创建了民主管理与专人管理相结合的人事管理模式，建立了组织内部的规章制度，并借用"天人合一"理念和乡里文化习俗进行辅助管理，管理机制既有章可循，又灵活多变。

第二节　云南会馆的经济运作

云南的会馆是同乡或同业群体组织，会馆祠庙的建设、祭祀、唱戏活动以及祠庙僧侣的生活，均需组织成员共同承担，更需要会馆组织建立起自己独立的经济运作方式。

一般情况下，会馆会通过多种途径获得大量资金、房屋、土地财产，这些财产的收支、运作构成了会馆经济的最主要内容。

一、会馆的经济来源

会馆经济包括会馆通过各种渠道所形成的动产（资金、粮食等）和不动产（房屋、土地）。

（一）资金的来源

由于会馆是民间自发组建的团体，故一般而言，会馆的建设资金以及其他经费均靠组织自行筹集，政府不会给予经费资助。会馆资金的形成途径主要有以下几种：认捐、抽厘、罚款或缴纳会费、租息收入。

1. 认捐

认捐是会馆资金形成的重要途径，多数会馆的建立、修建资金都是通过这一渠道筹集的。

如会泽县湖广会馆"禹王宫"于乾隆三十一年（1766）修建，资金由东川府（治今会泽县）同籍乡人认捐筹集，共银 4250.7 两，钱 708 600 文[①]；乾隆三十六年至四十七年（1771—1782）重建会馆，该籍乡人又以认捐方式筹集到银 11 765 两，钱 3873 串[②]，这些款项几乎成为乾隆三十六至四十七年间（1771—1782）湖广会馆的主要维持经费。昆明浙江会馆的建设、置产资金亦是通过认捐方式筹集的，乾隆四十四年（1779），该馆置办享堂（坟冢），浙江籍官商捐银 1908 两[③]。再如，雍正年间，昆明布行会馆修建资金亦是由合行捐金筹集的[④]。云南的同乡或同业会馆基本上都是通过以同乡或同业人士共同认捐方式来筹集建设资金的。

2. 抽厘

抽厘，即从会馆会员商人营业额中抽收一定比例的金额作为会馆建设资金或维持资金。如会泽县陕西会馆以抽收厘金的方式筹集资金作为会馆维持经费，"迨后面行等捐资置田，租石给僧，亦不甚敷，是以布行人等亦欲倡捐共全善事，因公同酌，议每□大布一丈抽收□头银二分"[⑤]，虽然该碑刻没有记录确切的抽厘比例，但是该条资料证明云南会馆曾以抽厘方式筹集资金。昆明布行会馆的建设资金也是通过向各布铺抽收厘金筹集的，每铺营业额"每两缴银三厘"。[⑥]不过，会馆采用抽厘方式筹集资金，首先要求会馆会员多数为商人，其次抽厘金额的多少还与会员商人的经营状况相关。

① 笔者据会泽县湖广会馆"寿佛寺"乾隆三十二年（1767）《禹王宫碑》镌刻捐款金额统计。

② 会泽县湖广会馆《东川湖广会馆传书》卷 6，乾隆年间刊刻本。

③ 陈鹄：《云南浙江会馆志》《浙江会馆记》，光绪二十二年（1896）集萃轩刊本。

④ 昆明布行会馆光绪八年《布铺阖行重新增广鼎建孚佑宫碑记》，见《昆明市志长编》卷 6，昆明市志编纂委员会内部发行，1984 年，第 377 页。

⑤ 会泽县陕西会馆"关圣宫"嘉庆十年（1805）《关中布行义捐常住碑记》，现立于该馆内。

⑥ 昆明布行会馆"孚佑宫"光绪二十年（1894）《布铺行议定功德银条规碑记》，见方国瑜主编《云南史料丛刊》卷 13《有关清代云南文物该说》，昆明：云南大学出版社 2001 年版，第 7769 页。

再如，个旧市云南会馆"云庙"建立之初，组织经费是以抽厘方式筹集的。"首谋议于商人，买（卖）锡一张，抽钱两百，稍觉用有余资。"会馆为了保证运行经费的长效性，"因集锅、樏头、炉户、弟兄等公议，每票锡矿抽银一钱二分，每票铅矿抽银六分，计算以作。"①

3. 缴纳会费和罚款

缴纳会费、罚款是会馆维持日常开销的经费来源之一。不过，就笔者收集到的资料显示，通过缴纳会费、会员违规罚款形成会馆经费的方式，主要见于工商行业会馆。如昆明盐行会馆规定"新开盐店者，需要向本会捐款一百两，另外第一次挂牌时需要捐款十六两，更改招牌文字时每个字要缴纳三两"；昆明芦茶会馆规定"公议外行新开牌号，须上功德银二十两；内行与外行合伙开铺者，上功德银十五两；内行开铺者，上功德银十两……"②。

罚款，是指会馆对违规会员的资金罚款。如昆明芦茶行会馆规定："一（是）茶到行中须清点刷边水……行主不得改扎蒙混充销，违者罚银一百两正（整），充入本行会馆公用；一（是）川烟叶到行，勿论铺户水客，定以买五捆为率……若有零售等弊，一经查出罚银一百两正充入本行会馆公用，并罚酒席十桌。"③缴纳会费、罚款均为强迫性捐赠资金的方式，特别是抽厘要求会员必须为商人或商号，不过这些方式不失为会馆日常资金的重要来源。

（二）不动产来源

1. 购置

购置是会馆不动产形成的主要途径，购置方式包括置买和典买。

---

① 个旧云南会馆"云庙"乾隆五十九年（1794）《永远碑记》，见中国人民大学清史研究所、档案系中国政治制度史教研室编《清代的矿业》(下)，北京：中华书局1983年版，第603、604页。
② 原昆明市工商联存：《云南商务总会呈报集议事件卷宗》，见《昆明市志长编》卷7，昆明市志编纂委员会内部发行，1984年版，第56页。
③ 昆明市档案馆藏：《云南商务总会关于芦茶铺、土纸行、靴帽成衣帮卷宗》，卷宗号：9-1-64。

由于置买可长期获得房屋、土地的相关权益，故在资金允许的条件下会馆多采取这种途径获得不动产。如陕西会馆嘉庆十年（1805）置买亮水塘田①，道光四年（1824）接买段姓陆田②；豫章会馆，嘉庆十四年（1809）接买高发琦水田和随田陆地；道光十二年（1832）又买"孙湖陆地一形，改为秧田"，咸丰十一年（1861）接买雷万春水田，③可见会泽县众多会馆的田地都是以购置途径获得的。在昆明，置买田地和房屋的方式亦较为常见。如浙江会馆接买大量陆地、水田（另外有多处田、地以丘、块为单位，未列入）。④

2. 典买

典买房屋、土地的方式是会馆购置不动产的另一种方式，据《云南浙江会馆志》记载，该馆购置的恤贫产业中，绝大多数是典买的：典钱局巷谢姓住房二所，计二十间；典东院街夏姓铺面一间；典威远街李姓住房一间，计六间；典西华街夏姓铺面二间；（已赎回）典红栅子周姓小公馆一所，计十间；典书院街李姓铺面二间；典官庄华姓田五亩，计十五工；典官庄褚姓田二亩，计六工；典官庄张明田一亩七分，计五工；典官庄张润田一亩七分，计五工；典官庄张钟秀田二亩，计六工；典官庄曹安田一亩七分，计五工；典文庙街陈姓楼房铺面前后三间一厦。较其他途径而言，典买方式更加灵活，缺点是卖方可在约定时间内赎回典卖的房屋、土地。

3. 认捐

会馆的房产、地产也有通过会员认捐途径来获得的。如东川府会泽县湖广会馆至乾隆四十八年（1783）先后接纳捐赠的田产共计

① 会泽县陕西会馆"关圣官"嘉庆十年（1805）《关中布行义捐常住碑记》，现立于该馆内。

② 会泽县陕西会馆"关圣官"道光四年（1824）《□□□□碑》，现立于该馆内。

③ 会泽县豫章会馆光绪十年（1884）《南昌府永垂不朽碑》《瑞州府永垂不朽碑》，现在会泽县江西会馆碑林内。

④ 陈鹏：《云南浙江会馆志·浙江享堂祭产登记》，光绪二十二年（1896）集翠轩刊本。

197.125 亩，坐落会泽县水城等地；①陕西会馆嘉庆十年（1805）前，有城西邱姓所施田 10 余亩，②即该馆的田产中有部分是认捐获得的。

4. 其他渠道

政府拨给、接收同籍已故乡人遗产、接收礼金，也是会馆产业形成的渠道。

笔者发现，少数会馆的土地和经费是由政府官员拨给的。如会泽县江西会馆建设土地是东川府知府、经历和会泽县知县拨给的，"府主萧游（萧星拱）、府李经厅辈，拨给北隅"；而该馆的常住田是由知县拨给的"县主祖（廷佑）拨给龙潭常住"。又如嘉庆年间腾越福建籍官员议定，"按月自厅署发给（福建会馆）香灯银二两、住持米五斗，以为永远之计"。③政府拨给会馆田地产、资金，多因部分政府官员系该会馆同籍乡人，不过这种方式并不常见。礼金是会馆为神像开光、或为神殿上梁、或举办祭祀时宴请宾客赠送的，如会泽县湖广会馆乾隆四十八年（1782）佛像开光，邀请了城内外同乡、各厂、各会馆等个人、团体前来参加，共收取厘金"九百三十九千四百八十文"。

还有资料显示，部分会馆产业是因接收同籍乡人遗产而形成的。如乾隆二十五年（1760），会泽县湖广会馆接受的水坪子田，即是湖广宝庆府柳国山所遗田土。④又如，会泽县陕西会馆所有的一家酒铺，就是同籍商人身后遗产。此商人为陕西人王氏，原开设黄酒房，因年老病笃，无法经营下去，邀约同乡订立遗嘱"我身之后，店房□□□数十金送入庙中"⑤。

---

① 会泽县湖广会馆《东川湖广会馆传书》卷 2，乾隆年间刊本。
② 会泽县陕西会馆"关圣宫"嘉庆十年（1805）《关中布行义捐常住碑记》，现立于该馆内。
③ 腾越福建会馆"天后宫"道光十七年（1837）《修建天后宫三圣殿碑记》，见李根源辑《永昌府文征》文录，腾冲：美利公铅印曲石丛书，民国三十年（1941）。
④ 会泽县湖广会馆《东川湖广会馆传书》卷 6，乾隆年间刊本。
⑤ 会泽县陕西会馆"关圣宫"道光四年（1824）《□□□□碑》，现立于该馆内。

二、会馆经济的运作

会馆经济诸如资金、房屋、土地形成以后，并不是将它当作一种财富储存或闲置起来，而是要将它们投向市场，以市场化的方式运作起来，从而保证会馆具有一定数量的稳定的收入来源。

（一）会馆动产（资金）的运作

会馆动产（资金）的运作可分为两大类：一类是消费资金，一类是投资资金。消费资金是会馆在建设以及日常活动中购买相关原料、仪品、陈设品，以及用于酬客、送礼的资金等应酬方面的资金。投资资金是会馆用于购置房屋、地产及其他投资的资金。

笔者收集的会泽县湖广会馆《东川湖广会馆传书》（以下简称《传书》）详细记录了乾隆三十六年至三十七年间（1771—1782）该馆的经费开支情况，详见表4-1。

表4-1　1771—1782年会泽县湖广会馆资金开支清单①　　单位：两②

时间	消费								投资
	会馆建设	食戏文钱	礼金	酬客钱	节礼钱	雇工钱	祭祀	其他	房、田
1771年	6725.00	12.50	533.33	30		60.83	139.83	31.30	
1772年	87.83	2.92		65.42	23.33	337.50	131.67	28.13	
1773年	30.00	2.33		46.33	15.58	421.67	122.67	192.50	
1774年	173.67			52.5	17.92	279.17		32.08	
1775年	70.00	116.67		29.17	14.33	132.50	260.83	259.8	
1776年	28.00			37.33	6.67	153.08		12.58	
1777年	49.00		25.5	20.83	6.67	238.33		2.67	

① 会泽县湖广会馆《东川湖广会馆传书》卷6，乾隆年间刊本。
② 《东川湖广会馆传书》卷6中的开支清单单位既有"两"，又有"钱"。本文将单位统一为两，以每银1两兑换钱1200文计算，保留两位小数点，两位小数点后面数据四舍五入。据《大清会典事例》："乾隆三十五年，户部议……云南钱价，每银一两易钱一千一二百文。"故本文取1200文作为兑换标准。

续表

| 时间 | 消费 | | | | | | | | 投资 |
	会馆建设	食戏文钱	礼金	酬客钱	节礼钱	雇工钱	祭祀	其他	房、田
1778年	1572.42		20.83	32.67	15.67	366.67	113.33	25.00	
1779年	50.33		29.17	35.83	9.58	207.17		14.92	
1780年	260.00	8.33	18.33	30.33	7.67	139.08		109.8	25.83
1781年	1372.00		84.67	26.08	4.33	25.73	140.83	64.83	550.00
1782年				19.08		61.85		142.20	
小计	10 570.92	213.17	711.83	425.58	121.75	2423.60	777.50	915.70	575.80

1. 消费资金高于投资资金

表 4-1 显示，湖广会馆用于消费的资金明显高于投资资金。

如乾隆三十六年（1771）会馆重建工程启动，各项工作恢复常态，该年会馆共开支银 7171.3 两、钱 433.8 千文，占 11 年会馆总开支银钱的比例分别为 57.85%和 8.3%。其中，用于会馆建设的经费为银 6700 两、钱 30 千文，用于礼金消费的资金为银 450 两、钱 100 千文，用于投资不动产的经费为零，其余消费资金则用于祭祀、诉讼、雇工、酬客等项目。

又如乾隆四十五年（1780）湖广会馆的消费资金亦占非常高的比例，该年会馆全年的总开支费用为银 322 两、钱 322.8 千文，其中用于会馆建设维修的费用最高，为银 245 两、钱 18 千文，次为雇工和其他杂项开支，而用于投资购置田产的费用仅为 31 千文，所占比例较小。也就是说，该年会馆用于投资的经费仅占会馆用钱项的 9.6%。若以银一两兑换钱 1200 文计算，则全年共开支银 591 两，那么用于投资购置田产的费用仅占全年总开支的 4.37%左右，其余全为消费资金。

湖广会馆 11 年的开支状况均表现出消费资金大于投资资金的情况。从乾隆三十六年至四十七年（1771—1782）11 年间，湖广会馆共开支银 12 392.2 两、钱 5207.77 千文[①]，其中用于会馆建设的费用高达

---

① 笔者据会泽县湖广会馆《东川湖广会馆传书》卷 6 所载各年开销明细单统计，统计总金额与该书所记总金额略有出入。

银 10 288 两、钱 339.5 千文，用于投资购置田产的费用仅为银 550 两钱 31 千文，其余的则为酬客、厘金、祭祀等项目的消费。当然，会泽县湖广会馆由于之前毁于火灾，乾隆三十六年（1771）募集资金重建会馆，仅乾隆三十六年（1771）、四十三年（1778）、四十六年（1781）三年中用于会馆建筑等基础设施的建设资金就达银 9619 两，这无可厚非。实际上，会馆每次筹集资金，尤其是巨额资金，大多是由于会馆需要新建、增建祀神殿宇而向会员认捐或抽厘筹集，这就使会馆资金运作中，会馆建设的消费资金比例较大。

会馆开支项目中的酬客钱、节礼钱、赏钱等名目在会馆经费开支中占比较低，但也反映出会馆作为同乡或同业组织与社会中的其他组织或个人有较多的联系，会馆不只是同乡或同业人士祀神、联谊的地方，它还承载着更丰富的社会功能。

此外，湖广会馆的开支清单中还有扶贫救困这项开支，乾隆三十八年（1773）"木匠王友章故，盘骸归黔，增路资银三十两"，乾隆四十五年（1780）"拖落佃户魏正儒告助银五两"。[①]从《传书》记录来看，湖广会馆并没有设立专项扶贫救困资金，而且三十六年（1771）、四十五年（1780）两年间该馆的救助对象均非同籍乡人，木匠王友章为黔省人，应为该馆重建项目中招募的工匠；魏正儒则应为租种湖广会馆托落田庄的佃户，亦非湖广人士。虽然这两项捐助资金仅银 35 两，在会馆 11 年总开支金额中只占很小的比例，但是它仍然属于消费资金的一部分。

其他会馆资料表明，救助资金是会馆消费资金的重要组成部分，一些会馆专门募集资金作为扶贫救困专项资金。如昆明浙江会馆专门设有恤贫基金，规定不同级别的同籍官员、商人、幕僚等旅滇人士必须向会馆捐助一定银两，作为恤贫基金。该馆还置有新旧两个享堂，为已故贫困同乡人提供栖息之地。[②]昆明四川会馆设有福星会，利用会馆剩余资金"以善款延医治棺木，购置义冢……肆口有巨款，再商酌

① 会泽县湖广会馆《东川湖广会馆传书》卷 6，乾隆年间刊本。

② 陈鹍：《云南浙江会馆志·浙江享堂祭产登记》，光绪二十二年（1896）集翠轩刊本。

添办有益善事"①，即四川会馆设有慈善基金，为川省贫困工商业者提供帮助。

2. 专项投资资金的市场化运作

《传书》开支清单中消费资金与投资资金的比例明显失调。这些消费资金或直接从会馆流向商品、劳动力、房产、地产市场，或通过宾客转而流向市场或其他地方，这就意味着会馆几乎没有太多剩余资金用于投资。然而，投资才是会馆资金保值、升值的有效方式。

为此，会馆多专门筹集资金用于投资房屋、土地，确保会馆有稳定的经济来源。如嘉道年间，浙江会馆同籍官商陈孝昇、萧山等共捐银 1300 两，用于置买房屋土地；光绪二年（1876）官商再捐资置产，以作该馆永久恤贫产业。②会泽县陕西会馆布行捐银 682 两，用于投资、购买土地作为会馆产业③；昆明四川会馆于光绪二十八年（1902），"各捐底金，□□置产茔地"④，专门筹集资金购置土地房产，这也属于会馆的投资资金。

除土地外，会馆资金的投资项目还包括房产。会馆的房屋产业，并非一般意义上的居住地，而是商人经营活动所需的铺面。随着城市商业的日益繁荣，坐店经商者日渐增多，市场上对房屋、铺面的需求量也随之上升。投资房产如同投资土地一样，具有收益稳定、风险较小的特点，故许多会馆均在城市商业区及当街地段购置大量房产。如昆明县浙江会馆有沙腊巷、卖线街、小西门、钱局街、书院街等街道民房 7 所 1 厦，铺面 12 间⑤，保山县大理会馆有珠市、同丰等街道铺房 20 余间，顺宁县大理会馆有旧城铺房 5 间，等等⑥。

① 昆明四川会馆"川主宫"光绪八年（1882）《福星会碑》，见《昆明市志长编》卷 6，昆明：昆明市志编纂委员会内部印行，1984 年版，第 387 页。
② 陈鹏：《云南浙江会馆志》，光绪二十二年（1896）集翠轩刊本。
③ 会泽县陕西会馆"关圣宫"嘉庆十年（1805）《关中布行义捐常住碑记》，现立于该馆内。
④ 昆明四川会馆"川主宫"光绪二十八年（1902）《北川碑》，见《昆明市志长编》卷 6，昆明：昆明市志编纂委员会内部印行，1984 年版，第 387 页。
⑤ 陈鹏：《云南浙江会馆志》，光绪二十二年（1896）集翠轩刊本。
⑥ 民国《大理县志稿》卷 3《建设部》，民国六年（1917）铅印本。

据昆明四川会馆《福星会碑》载，福星会"各善举之费外，下有盈余，议以公正廉毅者，总管经放生息"。[①]虽然该碑中并没有明确记载资金"经放生息"的详细内容，但资金生息方式无非有两种：一是借贷，收取贷息；一是投资相关实业，获取经营利润。故笔者推测，清代云南会馆资金中，应有部分资金以借贷、投资办实业的方式转化为商业资本。会馆的资金运作，无论是传统的投资土地和房屋的方式，还是新兴的借贷生息方式，均表现出明显的市场化运作趋势。

（二）会馆不动产的运作

会馆不动产（房屋、土地）的运作方式也有两种：一种是用于消费，一种是用于经营。

1. 会馆不动产的经营

会馆不动产（房屋、土地）的消费是指会馆将所属土地用作会馆建设用地，或购置房屋作为会馆祀神、办公之地。资料显示，云南会馆在筹建时期，需通过购置或认捐等方式获得会馆的建设用地，这些土地多靠近城市或商业区，会馆建筑以及所占地基都属于会馆的不动产。

如会泽县江西会馆"真君殿"于康熙五十年（1711）计划建立时，东川军民府知府萧（萧星拱）与府游击、经历等人协商向会馆划拨土地，"蒙府主萧（萧星拱，江西南城人）、游击、府李经厅辈拨给北隅，故得地势宽宏"。[②]

据会泽县陕西会馆乾隆十九年（1754）碑刻记载，"癸酉岁，关西人出谋建祠，以奉关圣大帝，乃卜地于城之西北隅……"[③]，陕西同乡购置的会泽县城西北隅的土地即为该馆的建设用地。实际上，云南会馆中的许多会馆建设用地，或由会员认捐、或由会员捐款购置，少数为政府官员划拨，但文献资料中均没有对这些土地做详细记载。

---

① 昆明四川会馆"川主官"光绪二十八年（1902）《福星会碑》，见《昆明市志长编》卷6，昆明市志编纂委员会内部发行，1984年版，第387页。
② 会泽县江西会馆"真君殿"乾隆二十年（1755）《万寿官碑》，现立于该馆内。
③ 会泽县陕西会馆"关圣官"乾隆十九年（1754）《万古不没碑》，现立于该馆内。

2. 不动产的市场化运作

会馆不动产的市场化运作就是指会馆将其所有的建设外土地、房屋用于经营，实现资金的增值。

（1）土地的市场化运作。

就土地而言，会馆所采取的运作方式为租赁田地，收取实物地租和货币租息。如会泽县湖广会馆托落田"历系颇第等佃种，按年租谷，系本庙住持收用"。①租赁田地，获利非常丰厚，陕西会馆亮水塘田、菜地十余亩"年收额租谷二十四石六斗"②；湖广会馆乾隆三十八年（1773）所典当的谷利银高达银 1300 两③。会馆占有和经营大量土地的主要目的，就是从佃农身上获取租息收入，这也是会馆经济以及会馆组织能够在当时制度下得以长期发展的重要原因，正所谓"凡为悠久之社，必先捐资置产"。④

从目前仅有的两例资料来看，会馆自身经营田地的收入是非常可观的，这些租谷、利息收入不仅能够维持会馆的僧侣消费，还有盈余。据会泽县陕西会馆碑刻记录，该馆亮水塘田地 10.54 亩"年收额租谷一十四石六斗，大田租谷一十二石系住持僧常住，秋田租谷一石六斗系本行抑。菜地租息每年收钱一十八千文"。⑤会泽县湖广会馆田产较多，所收租谷自然较多，乾隆四十八年（1773）该馆典当常住谷利银就达 1300 两，这是一笔不小的收入。

由于资料缺乏，我们难以对清代云南省所有会馆的地产以及经营、交易情况进行统计，但会馆广置田地、收取租息，的确是该组织内部经济活动中最常见的方式。会馆成为云南各地最重要的土地所有者，使这个扎根都市社会的组织与乡土社会产生了密切联系。

---

① 会泽县湖广会馆《东川湖广会馆传书》卷 2，乾隆年间刊本。

② 会泽县陕西会馆"关圣宫"嘉庆十年（1805）《关中布行义捐常住碑记》，现立于该馆内。

③ 会泽县湖广会馆《东川湖广会馆传书》卷 6，乾隆年间刊本。

④ 昆明四川会馆"川主宫"光绪二十八年（1902）《川北碑》，昆明四川会馆"川主宫"光绪八年（1882）《福星会碑》，见《昆明市志长编》卷 6，昆明：昆明市志编纂委员会内部印行，1984 年版，第 387 页。

⑤ 会泽县陕西会馆"关圣宫"嘉庆十年（1805）《关中布行义捐常住碑记》，现立于该馆内。

（2）房屋的市场化运作。

会馆的房屋的运作也多采取租赁的方式，"抽收租息，以供长久香火之需"。①如会泽县湖广会馆在乾隆四十年至四十七年间（1775—1782），共"收入铺税钱五百七十八千文"，说明该馆所拥有的铺面以出租方式运作。②昆明四川会馆置莝地，"每年租息，足敷……办会、春秋祭需"③，该馆产业应包括房屋、土地，房屋仍以租赁的方式运作。会馆采取租赁方式来运作其不动产，一方面是由于这种运作方式相对稳定，风险较小，无论经营者经营状况如何，都需按期缴纳租息，这样可以保证会馆有稳定的收入来源；另一方面是由于会馆管理者一般为兼职，出租这种方式易于管理。

值得注意的是，会馆所拥有的商铺以及铺内经营项目也采取合伙经营的方式运作。道光年间，会泽县陕西会馆王姓立遗嘱表示他生后愿将其经营的黄酒房捐入该会馆，那么陕西会馆不仅拥有王姓捐入的酒房铺面一间，还拥有王姓所经营的黄酒产业。会馆将该黄酒房交给原来合伙经营者经营，会馆从营业额中抽分利息，"仍给原伙鱼正谊经手，受开抽分利息，越四五年……所应分余息共成银二百两"④，会馆和黄酒店经营者鱼正谊之间是一种合伙经营的方式，会馆为出资方，"正谊"为出力方，双方承担经营责任。当然，会泽县陕西会馆经营黄酒业有一个优势，即该酒房并非会馆投资置办的，而且经营状态良好。会馆没有将该店歇业或转向，而是继续经营，经济运作表现出强烈的市场化趋向。

当然，会馆的房产亦可参与杜卖或典当，不过这种运作方式仅出现在会馆资金非常紧张的情况下，用以缓解资金拮据的困境。如光绪三十二年（1906），昆明贵州会馆因急需偿还借款，将该馆名下大东门

---

① 民国《维西县志》第4《舆地》"江右会馆修建碑"，据1932年稿本传抄本。

② 会泽县湖广会馆《东川湖广会馆传书》卷6，乾隆年间刊本。

③ 昆明四川会馆"川主官"光绪二十八年（1902）《川北碑》，昆明四川会馆"川主官"光绪八年（1882）《福星会碑》，见《昆明市志长编》卷6，昆明：昆明市志编纂委员会内部印行，1984年版，第387页。

④ 会泽县陕西会馆"关圣官"道光四年（1824）《□□□□碑》，现立于该馆内。

外铺房以纹银二百五十两典于唐姓名下。①

会馆投资资金以及土地、房屋产业的运作，实现了资金的保值、增值，拓宽了会馆的经济来源渠道。会馆房屋用于出租、杜卖或典当，是会馆经济市场化运作方式扩大化的表现。目前尚未发现更多的关于会馆购置房屋、铺面用于经营产业或从事更专业的商业活动的资料，但会馆经济的形成、运作越来越趋于市场化是毋庸置疑的。

三、会馆经济的管理

会馆经济是会馆得以存在、发展的基础，对这些资金、房屋和土地产业的有效管理则是会馆经济得以有序运作的前提。

（一）会馆经济的管理者

1. 首事、总理（总办）

在本章第二节我们已经阐述过，会馆设立民主议事大会负责会馆重大事项的决策，设立总理、首事等专人负责处理具体事务。

资料显示，会馆一般都会设有1~2名专人来管理会馆资金的收支、房屋土地租息的收取，这些管理人员被称为首事、总理、董事，部分会馆的主持僧亦为会馆资产的管理者。如昆明浙江会馆管理享堂者为董事②，会泽县四川会馆财务管理者为首事③，昆明盐行会馆则设有总办和办事员处理财务及其他事物④。

部分会馆产业较多，涉及经费、不动产管理等琐事，于是部分会

---

① 昆明市档案馆藏档案藏光绪三十二年（1906）《贵州会馆典契存照》，卷宗号：9-1-27。
② 陈鹏：《云南浙江会馆志》，光绪二十二年（1896）集翠轩刊本。
③ 会泽县四川会馆"川主官"光绪十八年（1892）《万古不朽碑》，现立于该馆内。
④ 东亚同文书院：《支那别省全志》第3卷《云南省》，见薄井由《清末民初云南商业地理初探——以东亚同文书院大旅行调查报告为中心的研究》，复旦大学2003年博士论文，第220页。

馆除总管产业的人员外,还设有 1 ~ 2 名助理,协助总管管理会馆经济。据会泽县江西会馆《永期遵守碑》载:"吾府原设总理一人,管理银钱账项及保存契约、收租、办会事等;设首事二人,襄助一切。数百年来本无异议。"①可见,该管设有三人管理会馆资金、土地房屋产业的运作。

会馆经济的管理者首事、总理等,必为廉洁公正、善于理财之人。据昆明四川会馆《福星会碑》载,该馆"福星会"的剩余资金,即交由公正廉毅者管理,"各善举之费外,下有盈余,议以公正廉毅者,总管经放生息"②。会馆公推同乡廉洁、善于理财之人管理会馆经济的方式,主要是基于管理者个人的道德修养和在公众中的声望,而且管理者也没有薪水。

2. 住持僧

会馆将会馆土地、房屋的契单、租息交给会馆住持僧管理。如会泽县湖广会馆便采用此方式,《东川湖广会馆传书》载:"寿佛寺(湖广会馆的俗称)历年由单、契券合省验过,存庙交僧,此乃家祠定规",又"如性(住持)年老,其寺内钱谷等项俱系性常(如性之徒)经管"。③可见,湖广会馆的田地的由单、遵照、地契、钱谷等项,是由住持僧直接经管的,合省头人仅在住持僧交接时检查由单等项是否俱在。

由于会馆的常住人员为僧侣,僧侣的日常开支均属会馆开支项目,会馆钱谷交由主持僧管理较为便捷。然而,亦可能出现管理不善的现象,如田地被佃客侵占,由单等被主持僧偷卖等,因此这种方式并不常用。

(二)会馆经济管理者的职责

资料表明,会馆经济管理者的主要责任有三:一是运用、记录会馆银钱账项;二是保管和订立地契、房契等;三是招佃耕种土地,收取租谷、房息。

---

① 会泽县江西会馆"真君殿"民国十六年(1927)《永期遵守》,现立于该馆内。
② 昆明四川会馆"川主官"光绪八年(1882)《福星会碑》,见《昆明市志长编》卷 6,昆明:昆明市志编纂委员会内部印行,1984 年版,第 387 页。
③ 会泽县湖广会馆《东川湖广会馆传书》卷 2,乾隆年间刊本。

1. 负责记录会馆经费开支，是会馆经济管理者的重要职责

经费管理，较为烦琐，经管者需对会馆收入经费、支出经费了如指掌，才能将经费运作下去。管理者要对经费流动情况进行详细的记录，并且定时核验进出数是否吻合。湖广会馆协同首事就连续记录了该馆 11 年间会馆的收支情况，逐年雇工催收各地捐款的欠款。①昆明四川会馆"福星会"的经费管理者，还需对该管经费"经放生息"，使货币增值，增加会馆收入，这就要求管理者具备一定的投资眼光和经营能力。投资，是会馆经济管理者的重要责任，有效的投资能使会馆长期运作，会馆的经济实力亦会越来越强，故各会馆均将资金投向土地、房屋。

2. 负责办理地契、房契

地契、房契是证明会馆对土地、房屋所有权占有的有效凭证，也是土地、房屋所有权流转的证据，这些凭证的变动显示了会馆不动产的形成和运作情况。

会馆经济管理者除保管已有契件外，对新接收、接买或转当的土地、房产，还负有与对方签订契约，将契约送交官府备案并获得执照的责任。据光绪十八年（1892）会泽县四川会馆《万古不朽碑》（现在该馆内）记载，该年四川会馆杜买翟登云陆地二块，双方立有地契，首事将地契刻石立碑，足见管理者对地契的重视。该地契详细载明了所买陆地的主人姓名、住址、卖地缘由、陆地所载地、杜卖价格等，会馆与卖方订立地契后还需将此契呈交官核验、加盖官印，碑刻上有"寇县尊殊批粘连契后"以及"寇大老爷印"的字样。②

3. 负责招佃耕种土地或招租房屋

会泽县四川会馆光绪十八年《万古不朽碑》载：翟姓将其祖遗陆地"杜卖与川圣宫……杜卖后任凭川省首事经管，招佃另租"。可见，会馆首事应负责将新买土地运作起来，招佃耕种，抽取租谷。会泽县

---

① 会泽县湖广会馆《东川湖广会馆传书》卷 6，乾隆年间刊本。

② 会泽县四川会馆"川主官"光绪十八年（1892）《万古不朽碑》，现立于该馆内。

江西会馆总理，也需负责收租。①

第三节 云南会馆的性质及功能

关于中国会馆的性质和功能，学界已经有了许多论述。本书认为会馆是一个既有经济组织属性，又有社会组织属性的双重属性民间组织，这一性质决定了其功能的多样性。

一、会馆的性质

无论是同乡会馆，还是同业会馆，同乡组织或行业组织并不能完全诠释它的性质，同乡会馆组织往往发挥着商业经济组织的作用，行业组织又往往具有社会组织的功能。

1. 会馆的社会组织性质

笔者发现，众多同乡会馆在其碑刻或其他资料中均极力宣扬，会馆是由民间团体自发组建，其目的是为了祭祀神灵、联络乡谊，而非为了追求利润最大化，从这个意义上来说它确实是一个不折不扣的社会组织。

会泽县江西会馆建立之初，其组建成员将建立庙馆的目的定位为祀神，并将其勒石于会馆之中。会馆《万寿宫碑》曰："江西福主许仙真君，弱冠慕至道师……故凡立庙，祀真君必并祀三圣。此诸处省会，庙祀之所由起，盖以神显化无方，有感即应。"②许真君是江西福主，凡有江西人必立庙祀奉，有感即应，神灵会庇护在异乡之江西人。该馆《万寿宫重修碑记》曰："尝闻居朝者争名，居市者利。是名利两途，古今一辙。况吾人远托异乡，万水千山，匪籍神灵之呵护，同乡老成之箴规，曷

① 会泽县江西会馆"真君殿"民国十六年（1927）《永期遵守》，现立于该馆内。

② 会泽县江西会馆"真君殿"乾隆二十年（1755）《万寿宫碑》，现立于该馆内。

克获平安……圣容如在，聿显威严。于以继前人之志而答神庥，成聚处其中以交相劝勉，将见集太和于旅邸，福泽于无量矣。"①此碑记说明了江西会馆的建立是为了奉祀许真君和萧晏二公，以保官商平安，福泽无量。

会泽县湖广会馆"禹王宫"《禹王宫碑》也详细描述了大禹功绩，碑曰："……若帝主之德，于楚亦甚深矣，稽明纪货殖，巡游于楚地，爰身拯民于水火，三城显圣迹，留仙桥五脑，成真玄机，法妙，倪以司护国之权，挺以受盖天之勒。其建也，亦宣斯二圣者，楚之人必钦之、思之、崇祀之。"②由此可知，祀奉大禹，以联络乡情这也是湖广会馆的组织目的。

昆明四川会馆《北川碑》载："盖为兴帮建会，原为祈福禳愆，……藉以乐叙乡情"③，即是说叙乡情为会馆建盖的目的。会泽县陕西会馆碑刻载："爰是谋诸乡人，建立公所。每岁时休□，咸聚于其中，幽□明显，以尽人道"④，也表明会馆组建的目的为祀神和联谊。永昌（保山）腾阳会馆《重修腾阳会馆碑记》载："吾乡人以岁时享祀，会饮其中，可以昭诚悃而获荫庥，笃乡谊而联声气，诚盛举也"⑤，同样说明腾阳会馆的组建主要是为了祀神、聚会和联谊。

云南人在省外建立会馆时，也宣称其组建目的也是为了祀神、联谊。如京都云南会馆载："客于斯，憩于斯，燕享于斯，聚邦人于斯。使居者有苴蓿系驹之场，行者无芳草王孙之叹。"⑥

以上是同乡会馆组织的情况，现在再来看行业会馆组织的社会组

---

① 会泽县江西会馆"真君殿"乾隆二十七年（1762）《万寿宫重修碑记》，现立于该馆内。

② 会泽县湖广会馆"寿佛寺"乾隆三十二年（1767）《禹王宫碑》，现立于该馆内。

③ 昆明四川会馆"川主宫"《北川碑》，光绪二十八年（1902），见《昆明市志长编》卷6，昆明市志编纂委员会内部发行，1984年版，第387页。

④ 会泽县陕西会馆"关圣宫"乾隆四十六年（1781）《关西会馆碑记》，现立于该馆内。

⑤ 保山腾阳会馆光绪二十年（1894）《重修腾阳会馆碑记》，见李根源辑《永昌府文征》文录，腾冲：美利公铅印曲石丛书，民国三十年（1941）。

⑥ 北京云南会馆《新置云南会馆记》，见李根源辑《永昌府文征》文录，腾冲：美利公铅印曲石丛书，民国三十年（1941）。

织属性。行业会馆的组织方式与同乡会馆有异曲同工之处，虽然对成员的要求不一样，但它们都是在建立组织的同时修建庙宇，作为组织的常驻地。比如，昆明咸丰年间银钱业组织修建"九环宫"作为行业组织驻地，昆明棉花行修建"三元宫"作为组织的驻地。行业会馆之所以要修建祠庙，其目的之一是为了供奉行业先祖，祈求神灵保护，目的之二是为了同行业之间联络友谊。即是说，行业会馆也将祀神、聚会作为组建的目的，也有社会组织属性。

2. 会馆的经济组织属性

如果深入分析就会发现，许多城镇、交通枢纽中心、矿厂会馆的组建并非仅仅是为了祀神、联谊，而是为了服务于地域工商业者事业的拓展。正如罗威廉分析汉口的地缘会馆时所指出的："严格地说，会馆并不是贸易组织，但……实际上他们几乎不可能脱离贸易。"[1]从这个层面上来说它具有较强的经济组织属性。

据学者李中清估计，清代移民西南的人口大约上百万，18世纪初期以前他们在西南山区、半山区垦荒，初期以后新来移民便不愿再从事农垦，"很多人被城市所吸引，被商业的兴旺所诱惑，尤其是迅速发展的采矿工业"[2]。其中，被云南商业、矿业发展所吸引而来的移民，就是各地会馆组建的主要成员。他们组建会馆，不仅仅是为了祀神、联谊，还为了在云南拓展他们商业贸易。这是由于云南会馆是到云南商贸、投资办厂的商人倡导建立，因此它同时也是内地商人为适应业务扩大需要，在地域商帮基础上建立的有制度、有体系的经济组织。

清代，尽管商品生产还处在小规模或以家庭为单位的小农生产阶段，但中国国内市场进一步扩大，商品的流通量非常大。然而，由于流通距离非常远，交通运输条件有限，单个商人的力量已经无法满足贸易不断扩展的需求，只有将一个个商人的资本、人力、物力联合起来，结成利益联盟，才能组织大宗商品的长距离贩售。云南地处边疆，

---

① [美]罗威廉：《汉口：一个中国城市的商业和社会（1796—1889）》，江蓉、鲁西奇译，台北：台湾学生书局1966年版，第312页。

② [美]李中清：《一二五〇年——八五〇年西南移民史》，《社会科学战线》，1983年第1期。

距离内地较远，山高路陡，瘴气弥漫，商人入滇经商不仅面临着各种风险，甚至可能会丢失生命。为此，内地商人起初结成商帮，集体在滇开展贸易活动，然而商帮是同籍商人之间较为松散的联合体，制度性弱，系统性差，且没有固定的联络、互助平台。

随着地域工商业者在云南的不断客居和贸易规模的拓展，他们迫切需要建立一个固定的、有制度、有体系的组织，来配合他们完成在当地的贸易活动。不过，清代政府对民间组织有着严密的控制，如取缔天地会等秘密组织。商人若公然以管理业务、保护自身利益宗旨结社，势必为政府所不容，故商人只能选择一种比较隐忍的方式结社。于是，他们选择了"会馆"结社方式来建立经济组织，以"同乡"关系作为组织原则，以"祠庙"为固定的办公场所，并制定了相关规章制度，使该组织逐渐制度化、体系化。

会馆"借庙为馆"的建筑特色和"同乡"关系的结社纽带，并非简单的乡土文化怀念，更重要的是为了增强组织的凝聚力和服务于商人的商业活动。几乎所有的商人会馆都供奉着一尊或多尊乡贤偶像、神灵，这些神灵乃是流寓商人心中的保护神和心灵家园。如江西水神"萧公"本是江西民众普遍信仰的本土乡贤，江西商人则赋予了萧公拯救商人于水祸的传说，使其成为江西商的保护神，"伯轩……一日起坐，语家人曰：'某地某水，三舟将覆，吾力救之。'人以为异，问舟过临江者，三舟皆巨商也，言合，神之。……众商闻之，争施舍，以萧置庙中"[1]。再如，关公即三国时期著名将领关羽，以忠义闻名于世，关中商人将其视为保护神，并将忠、义视为该地域商帮的商业精神。这种乡土信仰消除了商人心中的不安，使他们能安心留在云南经商，以确保组织成员的稳定性和商业活动的持续性。

"同乡"关系"可以跨越阶级及其他纵向纽带"[2]，使商人以及商人组织获得来自不同阶层的互助，增进商业合作者之间的信任与忠诚。中国传统社会的一个重要特征"是具有高度的血缘性和地缘性"[3]，无

① 乾隆《腾越州志》卷 4《坛庙》，乾隆五十五年（1790）刻本。

② [美]施坚雅主编：《中华帝国晚期的城市》，叶光庭等译，北京：中华书局，2000 年版，第 644 页。

③ [美]何炳棣：《中国会馆史论》，台北：台湾学生书局 1967 年版，引言。

论是达官显贵，还是平民百姓都对血缘、地缘有着高度的认同，基于这种认同人们对"同乡"有着特殊的亲切感、信任感。地域工商业者选择"同乡"结盟，细微的乡音、共同的习俗，不仅使彼此之间的交流、合作较他乡人容易，还有助于监督和约束商人行为。同时，虽然清代商人社会地位得到明显改善，但是仍游离于国家权力体制之外，无论是对组建商人组织本身而言，还是对商人贸易活动而言，均需要来自社会权力阶层的支持和保护，也需要其他商人或工匠的信任和配合。"同乡"关系则能拉近官员、商人、工匠各阶层之间的距离，将他们同时吸纳入会馆组织，商人可以获得官员的庇护，亦可以与商人或工匠、劳工达成合作。因此"豪门巨富特别看中了同乡关系，他们能够运用貌似平等的原则，在组织内部实行劳动分工，把'脏活'留给下层阶级的老乡；这些人还能掉文弄墨，拟定会馆的宗旨，以效劳于自己企业的利益"。而且，"乡里的经济专业化（发展）并不受垄断的情况限制"。①

于是，会馆组织中出现了官员、士子、工商业者共同结社的现象，这同样可以解释为什么同乡会馆的章程里面会涉及一些商业事务方面的规定，隐藏在会馆祀神、联谊社会属性后面的是它服务于商业活动的经济属性。

或许有人会质疑，以昆明浙江会馆为例，它是一个典型的由众多浙籍官员组建的会馆，会馆的组建是为了向孤寡贫苦者提供救济。然而，我们发现浙江会馆成员是包括商人的"乡人之官者、幕者、商者往来不绝，省城之有会馆尚矣"，"议同乡南货客来滇贸易者，酌量捐助"②。尽管浙江会馆的社会组织属性较其经济组织的属性更为明显，但这也不能说它没有经济属性，而且它只是个案。

同业会馆是经营同一行业的工商业者组建的经济组织，它的组建是为了维护行业商人利益，规范行业经营秩序。这一点在行业会馆所订立的规则中有明显的反映，比如盐行会馆规定："要买卖白井、黑井、

---

① [美]施坚雅主编：《中华帝国晚期的城市》，叶光庭等译，北京：中华书局 2000 年版，第 644-645 页。

② 陈鹄：《云南浙江会馆志》，光绪二十二年（1896）集翠轩刊本。

石膏井所产之盐者，每百斤须向本会纳银一分；随便高价贩卖盐者，征收一百两的罚款。"①布行会馆规定："不得同齐入行售货，亦不得在外向客号私买，若有自寻向客号买者，查出照章上功德银二十两外，罚戏一台，席十桌。"②据一些老人回忆，昆明药材帮会馆或称公所"药王会"，地址在三皇宫（今鱼课司街），每年农历正月初三做"药王会"，聚会者百数人，一起研究药材的品种、产地，以及炮制方法、运销行情，顺便做些交易。③

二、会馆的功能

在分析会馆的社会组织属性时，我们已经阐明会馆的组织成员一再声称，建立祠庙的目的是为了祀神和联谊，会馆是祀奉民间地域神灵或行业先祖的和同乡之间聚会的固定场所，这就是它最显而易见的功能。不过，会馆又不仅限于祀神、联谊这样的功能，祀神的目的在于祈福保佑、畏神自律，联谊的目的在于加强沟通、交流，增进成员之间的互利互信关系。这样，会馆就成为组织成员的生活、工作中的一个特殊存在，它在会员的工作、生活中发挥着超出祀神、联谊范畴的功能。

（一）会馆成为组织成员之间信息共享、业务合作的固定平台

同乡会馆是以地缘为纽带组建的，但这个"地缘"范畴往往超出县、州、府、省的限制，从最初的籍贯、故乡认同中延伸出来，从而大大扩大了组织成员的招纳范围。一两个、三四个、十数个同乡之间可以通过见面、书信等方式进行联系，但这种联系只是小范围的，若

---

① 东亚同文书院：《支那别省全志》第 9 编《云南省》，见薄井由《清末民初云南商业地理初探——以东亚同文书院大旅行调查报告为中心的研究》，复旦大学 2003 年博士学位论文，第 220-221 页。

② 原昆明市工商联存：《云南商务总会棉丝线新旧衣铺帮卷宗》，见《昆明市志长编》卷 7，昆明市志编纂委员会内部发行，1984 年版，第 57 页。

③《昆明文史资料选辑》第 17 辑，政协昆明市文史资料委员会，1979 年。

要扩大联系，则需要更大的渠道和平台。换句话说，同乡想要认识、联系更多的同乡，需要有人牵线搭桥，需要有固定的联系平台。会馆以籍贯、故乡认同为基础，并将同乡的范围扩大，而且无论认不认识，只要是同乡就可以加入同乡会馆组织。加入组织之后，成员通过定期或不定期的聚会，在同乡之间搭建起认识和交通的平台，久而久之会馆就成为同乡之间联络的固定地点。无论是组织成员，还是外来的同乡，若需要与当地同乡联系，或需要获得同乡的帮助，直接到会馆表明意图即可，这种方式容易辨识且简单易行。同样，同行业会馆也具有这样的功能，要入行可先入会了解行情，了解当地该行业的具体运作和发展现状等。

会馆对其固定的成员来说，它的建立使同乡或同业人士之间的沟通、交流增多，并渐渐从一个个松散的个体，发展成为一个具有严密组织性的利益集团，彼此之间互利合作的关系就会更加稳固。这种联系和互动可以小到日常生活中的相互救助、相互帮扶、相互规劝，也可以大到事业上的信息共享和合作。商业信息对商业活动的顺利进行至关重要，但古代的信息流通环境较差，信息闭塞、流通较慢，而且语言不通、牙行垄断、其他商人排斥等因素都使得在异地经商的商人获取信息的难度较大，可谓"逸者常少，劳者常多，安舆出门，东听行情，西看市面，至日晡不得闲"。[①]

会馆的组建，尤其是同乡会馆的建立，使商人获取信息的渠道增多，而且这些渠道相对稳定。同乡会馆的祀神、聚会活动，增加了同乡之间的交流，并通过交流获得相关信息。如云南临安滇商在个旧厂建立了临安会馆，该籍商人可以通过该会馆了解个旧厂的投资采冶情况和获矿情况等，同籍工人则可以了解到招工信息和薪酬待遇等信息。同乡还可以通过其他地区的会馆获取信息，从而形成一条稳定的信息链。再如云南商人在缅甸沿江流域金多堰、洞缪、曼德勒建立了云南会馆，每逢曼德勒会馆举行聚会活动时，其他两地云南会馆的成员都会赴曼德勒参加，便于打探商业信息。1846 年（道光二十六年）在洞

①《劝人行乐》，见《申报》1872 年 12 月 7 日，台北：台湾学生书局 1965 年版。

缪云南会馆新建落成典礼上，来自八莫的马锅头、缅甸各地的丝商和各商号都聚集于此。①可以推测，在这样的聚会中，马锅头与丝商、玉石商等必定会互通信息，丝商、玉石商可向马锅头获取商品流向、流量等信息，马锅头亦可以向丝商等招揽生意。长此以往，会馆巩固了商人们在各地建立起来的信息互助关系，增强了各港口商人之间的互助和合作。

由于同乡会馆的成员中，有同籍官员和幕僚，所以商人获取的信息还可能来自这些人，而且更具权威性。同乡会馆经常举办祀神和聚会活动，活动期间除了有常规的议事、祭祀仪式及捐款项目外，还设立唱戏、酒席等娱乐项目，如会泽县湖广会馆乾隆三十六年（1771）的开支中就有"迎梁上梁酒食、戏文、杂费钱一百五十千文"②一项。会馆经常邀请同籍官员出席活动，在会馆举办的娱乐活动间隙，官商之间、商人之间、工匠之间能够进行简单的沟通、交流，商人可以通过交流获得商业信息，诸如商品生产、流通、销售行情，亦可以向工匠、劳工传递招工信息，还能够从政府官员方面了解相关商业政策。

当同乡会馆在地方的影响力提升后，会馆亦会邀请异籍地方官员、商人、会馆出席会馆活动，商人获得信息的范围远远超出"同乡"范畴。如乾隆十九年（1754）在会泽县陕西会馆"关圣宫"建设竣工典礼上，东川府知府义宁（满洲正白旗）、经历陈撤（河南永宁人）出席并捐款③；乾隆四十八年（1783）会泽县湖广会馆举办佛像开光仪式，陕西八当铺和该县酒商受邀出席④。商人可以从这些异籍官员、商人那里获取商业信息，甚至与他们洽谈业务。这种获取信息的方式是无偿的，能够降低商人的交易成本。同时，会馆邀请其他会馆、异籍官员和商人出席活动，不仅能提升该地域商人的社会声誉，使他们获取信息的渠道进一步拓宽，还能够增进该籍商人与官员及异籍商人之间的交流

---

① 缅甸洞缪云南会馆"观音寺"1846年《重修观音寺功德小引》，见尹文和《云南和顺侨乡史概述》，昆明：云南美术出版社2003年版。

② 会泽县湖广会馆《东川湖广会馆传书》卷3，乾隆年间刊本。

③ 会泽县陕西会馆"关圣宫"乾隆十九年（1754）《万古不没碑》，现立于该馆内。

④ 会泽县湖广会馆《东川湖广会馆传书》卷6，乾隆年间刊本。

和沟通，减少在商业竞争中的摩擦，降低商业交易活动的压力和风险。

会馆除了信息的共享、互助之外，还能促成不同地域的同籍商人之间的业务合作。如云南境内腾越等地的云南会馆与缅甸各港口的云南会馆之间是相互联系、互助合作的。滇商从中国贩运货物入缅，先到八莫，再通过八莫由云南会馆商人组织分销、运输至缅京，货物到缅京后又由京都云南会馆商人组织销售，形成出口或进口商品的购、运、销一体化运作。商人以会馆为平台建立起来的合作，避免了滇商到缅自行交易的风险，使滇商贩运的商品流通顺畅，缩小资金周转周期，提升了滇商的竞争力。

（二）会馆是同籍商人融资的平台

会馆成员中的工商业者，可以通过会馆寻找融资伙伴，或者直接向会馆借用资金。同乡或同业会馆的成员，随着相互之间沟通和交流的增多，便会尝试合作，从而建立起信任关系。当会员需要融资时，便会选择已经有过合作关系且相互信任的同籍商人进行融资。如云南矿厂的投资方式中，有独自开硐口者，有多人合资开一硐口者，有先投入劳动力后获取报酬的。商人合作投资办厂，寻找可信任的投资者的最好方式就是通过会馆来寻找同乡，因为同乡相对陌生人或刚认识的外地人而言，更加值得信任。

当然，除了会馆成员之间的融资外，成员还可以直接通过会馆组织融资。每一所会馆都有自己的运行资金，即便暂时没有资金，会馆也可以通过募捐的方式，在短期内融集大量的基金。如乾隆二十年（1755）会泽县江西省众商家募银一千余两①，修建"万寿宫"崇祀许真君；乾隆三十一年（1766）会泽县湖广籍工商业者募银 4 000 余两②，修建"禹王宫"供崇祀大禹。会馆融集的资金，除了留足修葺、建设、宴会等必要开支经费外，剩余的资金主要用于投资，或置产、或借贷。若会馆打算将剩余资金投入市场运作时，成员若有融资需要，便可向

---

① 会泽县江西会馆内"真君殿"乾隆二十年（1755）《万寿宫碑》，现立于该馆内。

② 笔者据会泽县湖广会馆"寿佛寺"乾隆三十二年（1767）《禹王宫碑》（现在馆内）镌刻捐款额统计。

会馆借贷这些剩余资金。据昆明四川会馆《福星会碑》载，福星会"各善举之费外，下有盈余，议以公正廉毅者，总管经放生息"。①即四川会馆的"福星会"慈善专项经费余款，可用于运作，收取租息作为会馆经费，借贷就是资本生息的方式之一。会馆组织有经放资金，组织成员有借贷意向，出于组织与成员个人之间的特殊信任关系，会馆肯定愿意把经费借贷给熟悉的商人，从而增加了商人融资的成功概率。

（三）会馆有助于商人议定贸易规则、规范交易秩序，保护商人利益

面对日益激烈的商业竞争，会馆能组织会员联合起来应对竞争，在必要时制定行业交易规则，维护商人利益。明清时期，客商或客货进入某地市场，必须投行方可入市交易，手握牙贴的牙行商人会从中盘剥、欺压。牙商利益由官府授权，他们肆意抬高行业税额，严重损害了地域商人的利益。如乾隆年间江西抚州等地棉花商就曾被牙商盘剥，"滇省棉花一行，向例每银一两抽用一分。讵意日久生弊，各行□□代贴铺欠之名，加用补苴之术，每两抽用二分"。②抚州棉花商不忍被牙人盘剥，于乾隆四十七年（1782）联合其他地域棉花商人倡导制定了云南省《棉花行条规碑》③，以此限制市场的不正当竞争，维护行商及客户双方利益。

同乡会馆的文化能够约束乡人行为，从而降低交易风险。乡里文化，不仅是一种认同文化，也是一种约束和监督文化，乡里习惯法是同一地域商人共同遵循的生活、经营准则，或者说是一种商业道德、商业精神。比如，山陕商人崇祀的关公就是忠义、诚信的象征，山陕

---

① 昆明县四川会馆"川主宫"光绪八年（1882）《福星会碑》，见《昆明市志长编》卷6，昆明市志编纂委员会内部发行，1984年版。

② 昆明县江西会馆乾隆四十七年（1782）《棉花行条规碑》，见方国瑜《云南史料丛刊》卷13《有关云南清代文物概说》，昆明：云南大学出版社2001年版。

③ 昆明县江西会馆乾隆四十七年（1782）《棉花行条规碑》，见方国瑜《云南史料丛刊》卷13《有关云南清代文物概说》，昆明：云南大学出版社2001年版。

以及其他商人供奉关公，宣扬忠义、诚信的职业道德或商业精神，不欺骗，不作假，这种道德规范能够增强商业交易双方之间的互信，降低交易风险，提高交易效率。一旦有同乡人在交易或经营中不遵守交易规则或出现欺诈等不法行为时，违规一方必然为乡人所唾弃，集体惩罚措施一旦实施，违规一方不仅要赔偿损失，还有可能失去乡人的信任，并因此失去更多的合作或交易机会。

　　同业会馆的主要功能是制定入会和交易规则，维护行业交易秩序等经济功能；同时具备祭祀、联络商人友谊的社会功能。本章第一节中，节录了行业会馆的会规，这些会规的内容主要是行业交易规则或入行规则，行业商人制定规则的目的在于维护传统交易秩序，这就是行业会馆最重要的功能。至于这些规则所起到的影响或作用我们在本章不做详细分析，不过行业会馆的成立大多是吸引了当地经营同一行业的商人入会，行业所订立的规则不仅要求现有商人遵循，日后新来商人也必须遵循，是事实上的商业秩序。

（四）会馆可为商人及其他群体提供住宿、囤货等服务

　　会馆建筑群除了有宫、祠、戏台之外，还常建有东西厢房以及其他房间，供往来同籍客商住宿和寄囤货物。如会泽县湖广会馆《重修山门》碑刻镌刻的认捐名单有"公施房价银六十两"的记录①，这当为会馆向往来客商提供住宿所收取的费用。碍嘉县（今双柏县）江西会馆为往来官商提供住宿服务"有公事则聚商其所，而过往官绅、士庶亦赖以居停"②。保山县大理会馆，"原置有珠市街大门北向栈房一所""会馆前后进两厅，皆五楹，前后两厢皆六间，转东有马房数运，能容马百余匹"③，该馆所属栈房、厢房、马房即为往来保山的大理乡人居住、囤货以及拴马之所。

---

① 会泽县湖广会馆《重修山门》（刊刻时间不详），现立于该馆内。
② 乾隆《碍嘉志书草本·募建萧公祠引》，云南省图书馆藏乾隆十一年（1746）稿本。
③ 民国《大理县志稿》卷3《建设部》，民国六年（1917）铅印本。

第五章
会馆与云南经济

　　会馆是以地缘或业缘为纽带组建的社会经济组织，它在发挥祀神和联谊功能的同时，也为组织成员的信息共享、互助合作及其他业务的发展提供服务。会馆功能的发挥是通过会馆与地方经济的互动来实现的，更准确地说是组织成员与地方经济之间的联系、互动使会馆在其中扮演着这样或那样的角色。清代云南的会馆，除了滇东北的昭通和滇东南的广南、开化的乡村社会中的会馆为农民所建之外，其余在各地城镇、矿厂、集市、码头的会馆均为工商业者所建。那么，这些分布范围较为广泛的工商业者建立的会馆，在商业活动中扮演着什么样的角色，它是如何参与到组织成员的事业中的，它的参与对云南地方经济的发展有着什么样的影响？本章将通过云南会馆参与组织成员工商业活动的案例，来揭示上述问题的答案。

第一节　会馆与云南冶金业

　　云南许多地区会馆的建立，都与云南矿业的发展息息相关。云南发展矿业的政策吸引了大量内地移民或本省人到矿厂从事采冶工作，这些外省移民或本省其他府县人在矿厂的聚集、采冶活动，掀起了云南会馆兴起的浪潮。工商业者在矿区建立会馆并进行祀神和聚会，都是为了服务他们所从事的采矿业。

一、云南矿区的会馆

本书第三章已经对云南各区域的府州县会馆分布做了梳理，并总结出矿厂及矿区城镇是会馆分布较为密集的地方。此处通过几个具体案例，对矿区的会馆做一个详细的介绍，以便下文分析的展开。云南矿区的会馆主要为地域移民会馆，但有回汉之别，回族的会馆是以族别为组建纽带，一般不分地域，回民会馆的常驻地为"清真寺"。汉民会馆只问籍贯地缘，不问族别，其常住地为移民组织所建的祀奉地域民间神灵的祠庙。不过，方志以及清代其他文献对矿厂的汉人移民会馆进行了详细记载，鲜有记载回民会馆的。若非有佚名者记录留存的《白羊厂汉回械斗案》资料，我们对矿厂或矿区的回族同胞会馆几乎无从知晓，该资料显示，不仅湖广、江西等省的汉人各自在白羊厂建立了会馆，回民也在白羊厂建立了会馆"清真寺"[1]，虽然各自的组建纽带有差别，但其功能作用相似。清代云南回族商人成长较本地汉人快，云南矿业勃兴后，许多矿厂回族同胞加入采冶行业，从事开采冶炼活动。如临安府回龙村 200 余户回族同胞在族人马如龙等的招募下，"一半走白羊厂，一半走石羊厂"。[2]礓嘉旱谷地回族同胞金鼎等为石羊厂矿商，新兴州马开林等"以收买矿纱（砂）照银为业"，河西县回族同胞马蛟为石羊厂技师。这些聚集在石羊厂、金厂等厂的回族同胞，当像白羊厂那样聚族而采冶，并在矿厂建立了"清真寺"作为回族同胞会馆。

当然，在各地矿厂及矿区城镇中，分布最为密集的还是外省移民及云南本省民众在其他州县所建的同乡会馆。会泽县城有江西、湖广、陕西、江南等 7 省 9 所会馆，蒙自县城有江西、湖广、四川等 5 省 9 所会馆。这些会馆均以地缘为纽带组建，成员均为同籍或同一地域的"同乡人"，他们都是因矿而来的商人、工匠、劳工。

各矿厂的移民会馆，东川府汤丹厂有江西会馆"万寿宫"，棉花地

---

① 佚名：《白羊厂汉回械斗案》，见荆德新编《云南回民起义史料》，昆明：云南民族出版社 1986 年版。

② 马生凤：《婆兮事略》见白寿彝编：《回民起义》，上海：神州国光社 1952年版，第二册。

厂建有湖广会馆"寿佛寺";楚雄府碍嘉(县今双柏)石羊厂建有江西会馆"萧公祠";大理府云龙州白羊厂建有湖广会馆"寿佛寺"、临安会馆、回族同胞会馆;临安府个旧厂建有湖广会馆"寿佛寺"、江西会馆"万寿宫"、临安会馆"关圣宫"、云南会馆"云庙",建水州金河金厂建有湖广会馆"寿佛寺";等等。如果说外省移民到云南后,由于气候条件、风俗习惯、思念故乡而邀集同乡人在矿厂区建立会馆,通过祀神、联谊给予移民心灵慰藉是合情合理的话,那么云南人可以说是在离故乡最近的地方,语言相近且习俗相同,若思念故乡几日路程便可回乡,完全没有兴建会馆的必要。但事实上,他们却在矿厂建立了会馆,如临安府本府人就在个旧厂建立了会馆,这也证明会馆的建立绝非祀神和聚会这般简单。

无论是回民会馆,还是汉人会馆;无论是建立在矿区城镇,还是建立在矿厂的会馆,它们与其他地方的会馆一样,不仅仅是会馆成员祀神、聚会和联谊之地,还是同籍厂民相互交流、相互帮助的稳定平台。而且,会馆还与矿厂的资本融集、自我管理密切相关,在下一部分我们将对此进行详细论述。

二、会馆与矿业资本筹集

云南"山多田少,民鲜恒产……唯地产五金"[①],矿资源储量非常丰富。虽然滇矿开发历史可远溯至汉代,但直到明代这项产业才逐渐发展起来。清代,国家继续推进滇矿开采工程,实行"听民开采""放本收铜"政策,矿业开发的生产环节向民间商人全面开放,商人借助会馆力量,在云南矿产区组织投资、生产和管理等业务,实现了对滇矿的全面、有效开采。

民间商人投资采矿业,首先需要解决的是资本问题,"办厂之人,携有资本"[②]。清代云南采矿业资本来源途径有两种:一是政府借贷资本,一是商人自筹资本。

①《张允随奏稿》,乾隆十一年(1764)五月初九日,云南省图书馆藏抄本。
② 孙士毅:《陈滇铜事宜疏》,见《皇清奏议》卷62,墨缘堂本。

所谓政府借贷资本，即"放本收铜"，是指政府向商人预发办厂工本，商人采获矿产品后，官府以官价优先收购商人所办铜矿，用于抵消政府预先借贷工本。

康熙四十四年（1705），云贵总督贝和诺提出"预发工本，收买余铜"策略，"复请于额例抽纳外，预发工本，收买余铜，各铜厂每斤价银三四分，以至五六分不等，发运省城设立官铜店，卖给官商……除归还铜本及由厂运省脚费等项外，所获余息数归充公用"①。但这一政策提出后，并未立即得到执行。

雍正五年（1727），云贵总督鄂尔泰再次上奏提出"预发工本"收铜政策，"铜多本少，收买不敷，厂客如有积铜，薪米即难接济，若不早为筹划，临时更费周章。相应恳祈圣恩，俯准于盐务赢余银内，酌借五六万两，发价收铜，卖价还项，一转移间，似于厂务大有裨益"②。也就是说，雍正五年（1727）政府才真正实现"放本收铜"政策，但政府所放之本并不固定，而且铜本主要源自地方政府财政收入。直到乾隆三年（1738），政府才将向云南矿产预拨的"铜本"列入中央政府的年度财政支出项目，"岁发铜本银百万两"③。自此以后，"放本收铜"政策广泛实施，政府借贷资本金额大幅提升。

由于政府借贷资本主要适用于铜矿开采中（放本收铜），而且普遍实施时间在乾隆三年（1738）以后，故商人自筹资本成为当时矿业资本来源的重要途径。

据文献记载，商人投资采矿，需巨额资金，"每开一厂，率费银十万、二十万两不等"④，而且云南地处西南，交通运输条件有限，造成采矿业生产和销售周期较长，短期内无法实现资金的回收和升值。面对这一难题，地域商人组建会馆，与同籍商人合作，将单个商业资本聚集起来转化为产业资本投资采矿。

---

① 雍正《云南通志》卷76《食货志八之一》，乾隆元年（1736）刻本。
②《清世宗宪皇帝雍正·朱批谕旨》"雍正五年五月初十日"，台北：台湾文源书局1965年版。
③《清史稿》卷124《食货五·矿法》，北京：中华书局1977年版。
④ 唐炯：《筹议矿务以招集商股延聘东洋矿师疏》，见葛士濬辑《皇朝经世文续编》卷26《户政三》，光绪二十四年（1898）上海书局石印本。

商人自筹资本途径分独资和合资两种形式，富商大贾办厂资本为独资形式，"从前厂利丰旺，皆由三江、两湖川广富商大贾，厚积资本，来滇开采"①。众多中小商人办厂的资本则为合资形式，据王崧《矿厂采炼篇》载："当其（矿硐）开采之时，需用饭食、油炭。或一二十家，或三四十家，攒集出资，始能开一碻硐"②，即办厂资本（饭食、油炭）为商人合资形式；另据林则徐奏：滇省"矿厂向系朋开，其股份多寡不一，有领头兼股者，亦有搭股分尖者"③，此处矿业资本亦为商人合资形式。至于商人合资形式是如何实现的，上述文献资料中没有详细记载。不过，矿厂资料以及会馆资料表明，商人可以通过会馆与同籍或同族商人结成利益联盟，两个或多个同籍商人共同出资采矿的，即同籍商人合资采办"硐尖"。

　　商人投资采矿，需先筹集购买油米、工具、修建伙房、支付薪水的资本，坑内采矿并非朝夕可成，需要开挖多日方能获矿，甚至不能获矿，但投资者需要一直承担油米、薪水费用。这笔资金费用巨大，一些资本厚实的大商人能够一人独自开办一硐或多硐，资本薄弱者只能几人合伙开办。移民初到矿厂，与其他外省及云南当地人不熟悉，甚至连沟通都存在困难，更不用说合作，这时候故乡人就成为他们合作的第一人选。故乡人之间存在一种乡里认同，语言相通、习俗相近，彼此间还有一种同是异乡人的亲切感，仿佛彼此就是在一起生活了多年的邻居，从而具有一种相互帮助、相互信任的关系。厂民之间有了这种认同后，合伙投资便顺理成章。

　　商人之所以选择同乡或同族人作为投资合作人，原因在于这种方式可以降低合作的风险。商人在合作时，肯定会签订合作契约，约定投资、分利、退出添入等事宜，但如果合作者不守信用，中途携资逃跑，或签订契约时未能预见合作中出现的问题而未对相关事宜进行约定，就会影响合作。商人通过会馆组织与同乡、同族人进行合作，组

① 光绪《续云南通志稿》卷 45《食货志·厂员》，光绪二十七年（1901）刻本。
② 吴其浚：《滇南矿厂工器图略》卷 1《附录》，清雍正十二年（1734）刻本。
③ 林则徐：《查勘矿厂情形试行开采折》，《林文忠政书》丙集，清光绪二十四年（1898）文德堂石印本。

织对成员有约束力，甚至会馆还会对同乡或同族人共同从事的采冶业制定相关行业规矩，这样就能在合约的基础上加上一层保障，降低合作的风险。如云龙州白羊厂，乾嘉间湖南、江西各省回民到该厂采矿，"湖南客民建立寿佛寺，临安人建立会馆，回民建立礼拜寺，各作公所"①，湖广籍、临安籍回民硐主各以自己的会馆或公所为纽带，与同籍或同族商人合资开办硐尖。湖广会馆客长向中心与会馆成员唐立纲合资开办了硐尖，"小的（唐立纲）在云龙州白羊厂与向中心伙办碃硐"②。回民会馆的成员马思训（寻甸人）、马良才合资在石羊厂采办一硐尖，"小的（马思训）在云龙州白羊厂与马良才伙办□发碃硐"③，即开办该硐的资本是马思训与马良才合资的。

三、会馆与矿厂管理

（一）矿厂的政府监管

铜矿业是清代云南经济发展的支柱，是政府纳税的重要单位，乾隆以后收运铜矿还是地方政府官员的重要政务，故政府逐渐建立起对矿厂的监管制度，至乾隆时期基本完善。

清代的"厂"乃古时五金采掘之处"场"的讹音，是采掘矿藏的山场，"为矿山之通称，无论产额衰旺，矿工多寡，苟现时从事掘矿，皆得以厂之名"。④厂有以山名命名者，有以地名命名者，也有像汤丹厂以矿之色等命名的。矿厂虽然称为"厂"，但不是现代意义上的"厂"，而是在同一山场开采矿藏的众多碃硐集合体。这种松散的组织方式与

---

① 佚名：《白羊厂汉回械斗案》，见荆德新《云南回民起义史料》，昆明：云南民族出版社 1986 年版，第 12 页。

② 佚名：《白羊厂汉回械斗案》，见荆德新《云南回民起义史料》，昆明：云南民族出版社 1986 年版，第 43 页。

③ 佚名：《白羊厂汉回械斗案》，见荆德新《云南回民起义史料》，昆明：云南民族出版社 1986 年版，第 35 页。

④ 丁文江遗著，尹赞勋整理：《云南个旧附近地质矿务报告》，实业部地质调查所，1937 年版，第 10 页。

清初政府的开采政策有关，当时政府未投资经办矿厂，而是"听民开采、官收其税"。商民到云南后先寻找采矿山场，"地方官查明无碍，即准开采，由布政司给与印牌"①。这些持有开采印牌者即为"厂官"或称"厂主"。②厂主拿到开采印牌便招集硐民和炉民试采，试采成功后，向外发布引资及招募公告，有意向投资者、佣工者纷沓前来。投资者到厂后，在厂地寻找可采地，报厂官核实，"委硐长勘明距某硐若干丈，并不干碍，给与木牌，方准择日破土"③。各硐开挖之后，若获矿确实丰厚，产量可观，厂官便禀明官府，或定额或按一定标准按年纳税，政府将在该"厂"区域内开采的众多硐口归入"某某厂"，以"厂"为单位纳税，是故同一矿厂，"厂惟一名，而附庸之碉不胜纪，盈则私为之名，虚则朝凿而夕委耳"。④

许多矿厂采掘数年后逐渐衰落，产量不敷原定定额，课税不足，为了补充定额，便在附近或其他地方广觅子厂，故又有母厂子厂之别。在现代社会里，总（母）公司因拓展业务需要而在各地开设分（子）公司，总、分公司之间是一种隶属关系，是一个组织严密的体系。清代的子厂与母厂之间的关系，仅仅在于子厂之产出和纳税划归母厂，除此之外并无隶属关系，亦无组织系统联系。确切地说，子厂就是一个由众多硐口组成的矿厂，它的规模、产量往往远超母厂，但官方为了纳税方便，依然沿用母厂之名。如宁台厂衰开芦塘、水泄等子厂，"子

---

① 倪蜕：《复当事论厂务疏》，见师范《滇系》卷二之一《职官》。

② 清初政府只对矿厂进行课税，不理厂事，厂官即厂主或"本地殷实之户"，或"富商大贾"，亦有所谓"嗜利之徒，游手之辈"；后来政府逐渐加强对矿厂的管理，尤其是铜厂，于是有专管官员委家丁、幕僚等人为厂官，负责管理工作。而在湖南等地，政府对厂官身份进行了限定，并对其进行严格监管，如规定煤厂厂主"饬令理事同知召募上著殷实商人充当，不许路人冒充，致滋事端，并取具该管地方官，约束严明，不致滋扰，以及实系土著民人印各甘结报部，发给部票，准其认充窑头，并移客兵部，给发出口照票，防范出入。（光绪《畿辅通志》卷107，第25-26页）"

③ 吴其濬、徐金生：《滇南矿厂图略·云南矿厂工器图略》"规第十一"，清道光云南刻本。

④ 吴其濬、徐金生：《滇南矿厂图略·滇南矿厂舆程图略》"铜厂第一"，清道光云南刻本。

实母虚，全归于芦塘，而宁台之名，卒不易"①。

　　矿厂不仅是政府指定的纳税单位，也是云南财政收入的重要来源。乾隆间云南矿业勃兴，铜矿一项课税高达 900 余万，银矿课税 7 万余两，金矿课税 74 余两。历来政府就特别重视对矿产课税的登记、征收，铜矿由于供运京师、各省采买，兼重视产、运，政府专门设立了相关管理部门，监管矿厂的课税、产量。乾隆三十三年（1768）以前，铜厂由粮署道专管，布政司无稽核之责；金银锡等厂则由布政司专管，本道稽查。②随着矿业的不断兴旺，全省新开各类厂较多，粮储道、布政司专管任务较重，必须优化矿业监管制度。乾隆三十三年（1768）云贵总督阿里衮、云南巡抚明德奏："请将各处金银铅厂，如系州县管理者，责成本地知府专管，本道稽查。如系府厅管理者，责成本道专管，统归布政司总理。"③嗣后，又将铜厂通归本府或直隶州、厅专管，若正印官不能兼顾，则委州县丞倅经理。④即矿业省级监管政府部门为布政司，道或府稽查，州县专管，铜厂则由府、州、厅专管，并委驻厂官员经管。

　　政府委托的厂官负责矿厂具体监管工作，金银锡等厂以矿砂产量、课税为重；铜厂以铜斤为重，包括铜之定额、成色、规整度等。驻厂官员下设书记、课长、课书、巡役⑤等胥役协助管理，由胥役负责登记

---

① 檀萃：《厂记》，见师范《滇系》卷 8 之 4，嘉庆二十二年（1817）刻本。
② 《清高宗实录》卷 818 "乾隆三十三年九月乙未，云贵总督阿里衮、云南巡抚明德奏"，北京：中华书局 1986 年影印本。
③ 《清高宗实录》卷 818 "乾隆三十三年九月，云贵总督阿里衮、云南巡抚明德奏"，北京：中华书局 1986 年影印本。
④ 《清高宗实录》卷 1040 "乾隆四十二年九月，大学士管云贵总督李侍尧、云南巡抚裴宗锡等奏"，北京：中华书局 1986 年影印本。
⑤ 书记、巡役为厂必设之役，若无书记，则设课书；若厂规模较大，产量较高，可兼设课长、课书、名额视厂之规模、产量而定，此等胥役可按月支领工食银，有的矿厂则不支工食银的。吴其濬《滇南矿厂图略》（下转）详细记载了各役职责：书记"铜厂曰'经书''清书'，掌铜银收支、存运之数；银厂曰'课书'，掌银课收支、存解之数。均承行谕，贴告示，按月造送册报，随时秉承事件，人须心地明白，算法精熟，务宜由署派输，不可任厂保举""巡役，铜厂以估色为重，催炭次之；银厂，生课以坐硐为重，熟课以察罩为重。至若察私，并资勤干，办其劳逸，均其甘苦"

产量、收缴课税，并按月造册，具体事务，驻厂官员负责领导。①矿厂的治安、诉讼等事，政府并未要求每厂设立胥役负责，有的厂设练役负责诉讼，有的厂则不设，可见政府管理之重并不在社会秩序方面。

（二）会馆与矿厂自我管理

通过上文的阐述可知，政府管理主要是宏观管理，而矿厂内部具体的生产以及矿工的管理则主要由矿民自己管理。

清代云南采矿业的生产环节一直是向民间开放的，即商人聚集资本后，自行招募工人组织生产。厂民开采铜矿，需要资金、技术、劳工三种资源。资本即用于购买油米、购置工具、修建伙房、支付薪水等一切开支的本金，技术即能识矿脉、懂架镶、懂按龙的技术总工，劳工即负责背硔、杂事的工人，三者具备便可组织生产。持有这三种资源的人，就是硐中的投资商、技术工人、一般劳工。清人将他们统称为"厂民"，又根据他们持有资源的不同而冠以不同的称谓。据吴其濬记载，大抵持有资金的投资者称为"锅头"（或称"硐主"），负责购备油米什物；能识矿脉、懂架镶技术总工为"镶头"，负责识别闪引、试验硔色、调拨槌手、置风柜等工作；其他工人称为"砂丁"，或负责持槌、或负责背硔，砂丁又根据支付薪水方式的不同分为弟兄、月活和临时工。②这些人如何组织生产？吴其濬在描述众厂民职责分工时，已经将硐内生产作业链呈现出来，即锅头筹集足够资金后，委或雇募可靠之人（管事，个旧厂称"上前人"）采购油米、修建伙房，并招募镶头、槌手、领班、砂丁、月活等人，统由"管事"驻厂管理负责开采工作。镶头到厂地识别矿苗，确定硐口位置，报官方核验，无碍之后即可破土动工。镶头为硐内技术总工，由他负责指挥槌手、砂丁等

（上接）"课长，天平与秤，库柜锁钥，均其专管。铜厂掌支发工本，收运铜斤；银厂掌收缴课款，一切银钱出纳均经其手，间有委办事件，通厂尊之，选以谨厚为先，才为次"。

① 吴其濬、徐金生：《滇南矿厂图略·云南矿厂工器图略》"役第十"，清道光云南刻本；乾隆《蒙自县志》卷三《厂务》，乾隆五十六年（1791）抄本。

② 吴其濬、徐金生：《滇南矿厂图略·云南矿厂工器图略》"丁第九"，清道光云南刻本。

工人分班采矿、出硔，领班负责监督各尖各班工作，待得矿之后，锅头雇募一人（柜书）负责登记硐内矿砂之产、销、开呈报单事情。[①]若众人合伙开办一硐，硐中分开窝路，各自行尖，众锅头或投资一尖，或投资多尖，不同投资者所开之尖，需雇募不同的镶头负责组织具体生产事宜。

锅头等筹集资本后，需要招募工人方能进行生产。他们通过会馆组织，利用同乡或同族的乡里认同或族群认同关系，发布招聘信息。在古代，民间远距离传递信息的方式主要靠人或书信，锅头等招聘的人员包括管理人员、技术工人、劳动力，其管理人员需为可靠之人，大多会是他们熟悉的旧友或由旧友推荐的人。如《客窗闲话》所载维扬肖希贤，随其兄长到云南投资办矿，获矿之后"其仆人为之邀集旧友，或司载籍、或司会计、或司监督、或司宾客"，其旧友即故乡人。至于砂丁人等，所需人员较多，矿厂则主要通过在厂工人往家乡传递信息的方式招徕。乾隆三十一年（1766），云贵总督杨应琚认为"江西、湖广等处民人，因有本籍之人在滇卡开采，得信甚速"，可通过在厂工人发布滇省缩减工人的信息[②]，据此可知矿厂是通过同乡传递信息的方式招聘工人。投资办厂的锅头等人通过在厂同乡或回籍发布招聘信息，利用同乡之间的乡里认同，使彼此之间从一开始就建立起互信关系，应聘者会优先考虑到同乡工友或锅头的硐口佣工，招聘者亦会优先选择熟悉工人所介绍的佣工或老乡。在现代中国乡村社会，许多村民外出务工，其佣工信息依然是通过这种古老的同乡认同关系获得的。矿厂厂民之间，锅头称工人"弟兄"，"弟兄"信任锅头，并在获矿之前不索要报酬。除了契约关系之外，同乡认同是另一重要原因。如《白羊厂汉回械斗案》中所记载的湖广会馆成员中，向中心、唐立纲、向中孝（湖南黔阳人）、曾祥年（湖南武冈县人）、朱老五（湖南兴化县人）为硐主，事发时聚集湖广会馆"寿佛寺"的砂丁共 230 余名，其

① 吴其濬、徐金生：《滇南矿厂图略·云南矿厂工器图略》"丁第九"，清道光云南刻本。

②《朱批奏折》"乾隆三十一年（1766）六月初四日，云贵总督杨应琚奏"，见中国人民大学清史研究所、档案系中国政治制度史教研室合编《清代的矿业》，北京：中华书局 1983 年版，第 142 页。

中有 24 余人为湖广籍乡人①，其余则应为同籍乡人联络的在湖广籍硐主矿硐内劳动的砂丁。

随着雇佣制的不断发展以及开采、冶炼技术水平的不断提高，分工日益变得细致，生产规模进一步扩大，从而加速了硐主和工人之间的利益分化。硐主为了维持现有生产秩序和自身利益，借助会馆乡情、神灵信仰以及组织权威力量来约束和管理厂民。个旧云南会馆《关圣宫碑记》载："个旧银、锡二厂，尤为福国而庇民，是以各省士民商贾往采者络绎不绝，云集如响，几遍天下焉。且各设会馆以为厂规约束之地，而奉香火以崇祭典。"②

商人管理矿厂与政府管理不同，商人不可能依靠强有力的国家机器对矿工实行监管，只能依靠矿厂自设管理制度以及同乡组织等自我管理机制对矿厂进行管理。为此，厂主制定了相关厂规，政府亦任命地方官员兼管厂务，可是这种规定和兼管多是对矿工的人身监控，既苛刻又不完善，且仅凭厂主的威望难以服众。因此，厂规和各种兼管不能起到很好的管理效果，矿区屡屡发生利益冲突的争斗，"或邻硐逼近，攻采透越，则有越界之讼；又或硐中争斗，以致殴毙人命……其故输难解也"③。同乡会馆建立后，减轻了官员和厂主的管理压力和难度，所以各省同乡会馆才一座接一座地被建立起来。据个旧云南会馆《关圣宫碑记》载："会汤公（汤链，管理个旧银锡厂务候补县左堂）莅任斯土，传周（恩民）等属于建庙设馆，以昭划一。"④这说明在临安会馆建立之前，各省肯定已相继建立了会馆且在矿厂管理中起到了重要作用。否则何以"以昭划一"？据乾隆五十六年（1791）刊刻的《蒙自县志》记载，当时蒙自县已建有陕西会馆"关圣庙"，江西会馆"万寿宫"，江西临江、南昌、抚瑞二州会馆，湖广会馆"万寿宫"，福

---

① 佚名：《白羊厂汉回械斗案》，见荆德新《云南回民起义史料》，昆明：云南民族出版社 1986 年版。

② 个旧云南会馆"云庙"乾隆四十八年（1783）《关圣宫碑记》，现存个旧市博物馆。

③ 吴大勋：《滇南见闻录》卷上《打厂》，道光二十四年（1844）刻本。

④ 个旧云南会馆"云庙"乾隆四十八年（1783）《关圣宫碑记》，现存个旧市博物馆。

建会馆"天后宫"。可见，乾隆年间蒙自矿区确实已建立了多所会馆，并通过祭祀和联谊等方式来管理厂众。

虽然清初云南各地会馆碑刻中并未详明会馆乃商人管理矿业的组织，但是清末个旧锡商公议订立的厂规则明示了会馆即为锡矿运销管理组织。据光绪十六年（1890）个旧公议办矿条规第六条规定："供头每年供某厂尖子若干，勿论大小，均先到云庙，将自己所供之尖子，逐一报名载册，盖印图章，方为名尖。若不报名，无云庙图记，及三月十五日添尖不报者，以为私尖。"①此处的"云庙"是个旧矿尖总的管理组织机构，亦是云南会馆。1914年，我国地质学家丁文江曾到个旧考察矿务，他在考察报告中也明确指出云南会馆为矿务管理组织。"个厂发达之初，本为亡命聚啸之所；砂丁供头，半皆逃犯；争砂争水，动辄械斗；恃众拒捕，官不敢问，固无所谓法律也。然积之既久，盗亦有道，乃有所谓厂规者出。个市之云庙，为执行宣布之地。滇人谓会馆为庙，云庙犹言云南会馆。盖厂户多本省人，故以此自别于川广江西之客户也。"②

会馆约束厂众并不是靠严密的人身兼管，而是依靠地缘文化凝聚、约束厂民，使他们自觉遵守厂规和服从硐主管理。

一是借神权力量凝聚、约束厂众。馆庙合一是明清会馆的一个重要特征，几乎所有的同乡、同业会馆都供奉着会员们所崇拜的乡土偶像、神灵或行业先哲，"曰会馆，直省不同各祀其土神"。③如江西会馆供奉水神"萧公"，陕西会馆供奉"关公"，矿民供奉山神——"矿王"，这些神或是能普度众生的通神，或是某行业的保护神或祖师。厂主和矿工之间，或为雇佣与被雇佣的关系，或为合伙关系，矿工应当对厂主忠诚，合作伙伴更应当相互信任和忠诚。这种忠义、诚信的职业道

---

① 光绪十六年（1890）《个旧办厂条规》，见云南省个旧市政协教文卫体文史委员会、云南省个旧市人民政府文化体育局编《个旧文物概览》，昆明：云南大学出版社2008年版，第64页。

② 丁文江：《云南个旧附近地质矿务报告》，见云南省个旧市政协教文卫体文史委员会、云南省个旧市人民政府文化体育局编《个旧文物概览》，昆明：云南大学出版社2008年版，第63页。

③ 吴其浚：《滇南矿厂图略》卷上《祭第十六》，道光二十四年（1844）刻本。

德或商业精神，在会馆内由于神灵崇拜而变得更加坚定和深化。厂主便将各种厂规置于会馆内，每当乡人聚会、祭祀时，以神灵之名义向众人宣布、宣读，厂众则会自觉遵守。

二是借厂众对乡贤的崇拜，来约束厂众和维护厂规。在古代社会里，人们多以功名、官位来决定一个人的威望及社会地位的高低，因此人们对同乡中取得功名、获得官位的人特别崇拜。若再借他们的威望或名誉来推行厂规和乡约，则可事半功倍。于是，会馆内的厂规总是由这些同乡"乡贤"执笔书写或代为作序，如个旧云南会馆《关圣宫碑记》落款为"原任内阁学士、礼部侍郎、郡人陈世烈撰，赐进士第、左云县知县张九攻书"①，即该碑的撰者和书者分别为陈世烈、张九攻。陈世烈，字允文，建水人；张九攻，字懋叔，建水人，可见这两位均为临安府籍贯的乡贤，受到临安建水乡人的崇拜和敬仰，他们参与会馆活动，加强了会馆的号召力和凝聚力。

三是借浓浓的乡情凝聚和约束厂众。古代中国社会非常重视血缘和地缘关系，同乡会馆的组建即基于人们对地缘的高度认同，对乡情的特殊眷恋。正是这种文化和心理因素，使不同身份的同乡商民能够聚集于会馆，举办祭祀和聚会活动。浓浓的乡情增进了同乡商民之间的信任感和归属感，故他们会选择遵守同乡人士做出的决策或制定的规则，比如矿厂主制定的厂规。

所谓厂规，据嘉庆三年（1798）《个旧公议厂规碑记》②记载，其主旨在于维护锅头的利益，如规定碄砂不允许私自出售，或私运出境或私自藏匿，称量需用公称等。矿商为最大限度地维护自身利益而制定的厂规，对矿工及其他普通商民来说非常苛刻和不公平，为防止矿工聚众反对，矿商便选择建立会馆，通过神权与乡情结合来达到约束厂众的目的。暂且抛开条规内的利弊不谈，会馆所维护的"厂规"确实成为云南矿业开发中的管理条例，为投资商、贸易商、工匠、劳工

---

① 个旧云南会馆"云庙"乾隆四十八年（1783）《关圣宫碑记》，现存个旧市博物馆。

② 嘉庆三年《个旧公议厂规碑记》，见云南省个旧市政协教文卫体文史委员会、云南省个旧市人民政府文化体育局编《个旧文物概览》，昆明：云南大学出版社 2008 年版，第 60-61 页。

所接受和遵守，客观上促进了矿业的生产稳定和持续发展。

实际上，建立在矿厂的会馆是硐主（投资商）与砂丁（工人）共同组建的利益联盟，硐主通过会馆组织来实现对矿硐的投资、生产、管理，砂丁则通过会馆组织获得就业机会；同籍不同硐口的硐主、砂丁则通过会馆组织壮大其在矿厂的资本实力和影响力，从而在矿硐开采中获取更多的利益。尽管道光元年（1821）云龙州白羊厂汉回械斗一案是一个负面案例，可是该案例也反映出，会馆不仅仅是同籍厂民议事和聚会之地，也是维护同籍厂民甚至是不同籍有共同利益厂民利益的组织。

在内地工商业者及其所建会馆的推动下，云南采矿业蓬勃发展起来。滇铜产量一直不断飙升，成为全国的铜矿资源供应基地。雍正初年，云南年铜矿产量不过 80～90 万斤左右，"不数年且二三百万"①。乾隆年间，云南铜矿不仅要供应京局铸钱，还要供应各省买卖铸钱，在中央政府的政策运作下云南铜矿产量急剧上升。乾隆三年（1738）"云南……每年共发运京额铜 633.144 万斤"②；至乾隆三十一年（1766）云南铜产量达到 1200～1300 万斤，"现在滇省各厂，每年约可办获铜一千二三百万斤"③。

第二节　会馆与云南商业

会馆作为云南商业城镇和集市地区的地标建筑，伴随着内地商业贸易向云南边疆扩张活动的兴起，它以同乡或地缘这种传统的纽带为组织基础，"便利了区域间的贸易"④，推动着云南商业的发展。

---

① 《清史稿》卷 124《食货志》，北京：中华书局 1977 年版。

② 道光《云南通志》卷 67《京铜》，道光十五年（1835）刻本。

③ 《清高宗实录》卷 640 "乾隆三十一年（1766）七月，云贵总督杨应琚奏"，北京：中华书局 1986 年版。

④ 何炳棣：《长江中上游各省会馆的地理分布》，《清华中国研究学报》，1966 年第 2 期，第 122 页。

一、会馆与商业制度

地区商业制度，包括政府建立的宏观商业制度和商人自创的微观商业制度。制定区域商业制度本为政府的经济职能，然而由于政府管理的滞后，一些商业制度未能及时建立，严重影响到相关商人的利益，于是商人通过会馆与政府共同制定了区域商业制度。

（一）会馆与地区商业交易制度

科学的商业制度对商人以及商品交易的正常进行至关重要，它能保证交易双方得到公平的机会，并获得互赢的交易报酬。

商业区的会馆往往会举办各种商业事务活动，诸如议定市场规则或制定行业条规、提供仓库等，其中议定商业交易规则是较为常见的经济活动。商人通过会馆议定交易制度的目的，有时是为了提升他们的市场竞争力，有时则是试图限制或垄断市场竞争，但无论是联合整顿市场，还是联合限制竞争均会对整个区域市场造成一定的影响。

乾隆四十七年（1782），昆明江西会馆经营棉花的商人倡导制定了云南省《棉花行条规》，"兹据江西等省客民熊积山、梅占先、罗鼎、饶振荣、邹文彰、李高职等□□"①。该条规议定的棉花交易制度内容如下：

一（是）棉花到行，间有在途被雨淋湿者，先为晒晾，砝码对客较准秤花，如有重砝舞弊，应听客商禀官治究。至棉皮照旧除皮五斤，笋叶、绳席即在其内。如果有包扎太重者，将原包称过，卸出花斤，再除绳席等项，以杜□□之弊。

一（是）银花照旧九七五扣色九九纹银，如有元宝足碗，升水一色；如若潮色多者，估补，以免竞争。

一（是）棉花每价银一两，准抽用一分，其行中工人服劳奔走，应听客商酌酬，毋得额外另添杂费名色，致滋弊端。

① 昆明江西会馆乾隆四十七年（1782）《棉花行条规碑》，见方国瑜主编《云南史料丛刊》卷13《有关清代云南文物概说》，昆明：云南大学出版社2001年版。

一（是）花价令买主看明棉花高低，照时议价，行户不得串通商人暗中抽换夹杂，设计诓骗。此等情弊，禀报查究。

一（是）货账多寡不一，期约亦迟速难奇，总听商铺两相定议，限日还清。行铺唯当选择殷实铺户与商交易，不得□任本经纪任情赊与，以致拖延客帐，坐困商旅，有干追赔。

一（是）大小砝秤宜校准画一，照旧用十六两秤。各行缴官较准发给领用，不得私制大小，舞弊。

一（是）棉花到省，自必投行，有（由）行户觅客转售。如无业游棍（混），觅客包揽客货至家私售者，查出照例治罪，该牙行亦不得约会遏低时价，苦累商民。

该条规对棉花质量、称量砝码、称量方式、银两成色、议价方式、惩罚规则等做了明文规定，即制定了棉花市场交易规则。从该碑文记录可推测，牙行和部分行户肆意抬高棉价，提高棉花投行抽收费用，损害了贩运商以及中小棉花商人的利益，故江西等省棉花行商人共同倡议订立条规，并联合要求得到政府的保护。

江西商人在会馆商议交易规则后，将当时棉花交易现状、新议定的规则向政府做了汇报，促使政府最终发布了他们议定的棉花交易制度。这一举动带来的影响不仅仅是维护了江西棉花商的利益，更重要的是它推动了政府对云南地区棉花交易市场秩序的整顿，制定了云南省棉花交易制度，在当时整个中国棉花交易市场中，有着重要地位。

布匹是人们的生活必需品，棉花是一种织布原料，故棉花产业的发展在清代中国经济发展中的地位非常重要，严中平认为它是"中国经济上仅次于农业的主要产业部门"。[①]中国种棉区主要集中于"江、淮、河诸流域"，其他非棉产区需靠南北各地运销供给棉花，在洋纱等新的纺织原料未进入中国市场以前，棉花为国内商人贸易的大宗商品。乾隆四十七年（1782），江西商人联合其他地域商人在云南昆明议定了棉花交易规则，要求政府保护他们的正常交易和市场秩序。无独有偶，乾隆四十六年（1781），山西、河南、陕西、甘肃和山东五省棉花商人

---

① 严中平：《中国棉业之发展》，《"中央研究院"社会科学研究所丛刊》（第19种），上海：商务印书馆，民国二十二年（1933），第7页。

在湖南湘潭北五省会馆议定了《棉花规例》，规例就棉花交易的砝码、价格、货币成色和兑换价格、装卸转运的脚力钱、包装钱、栈房钱等做了明确的规定，联合抵制市场陋习[①]，不仅维护了五省商人的利益，还维护了该地棉花交易秩序。

晚清，议定行业规则成为同业会馆集体活动的主要内容。在云南商会卷宗中，有川黔帮成衣铺、江楚帮成衣行、三帮靴鞋会等从地域商帮分化出来的同业行会呈报行规的文件，文件记录显示这些地域商帮中经营同一行业的商人已经议定过行规，川黔两帮"董事等在滇开设成衣铺……曾经光绪二十年于谢县主任内，禀陈条规，发给告示，勒石在案"[②]。三帮靴鞋行董事云："特将原定规矩、章程照抄送会备案。"[③]据此，笔者认为晚清以后经营同一行业的地域商帮业已普遍开始议定行规，协商商业事务，政府对商人结社协商商业事务的行为给予许可。

同业商人会馆议定的商业规则是针对性较强的商业制度，行业会馆商人普遍采用的方式是以议定行规的方式来垄断市场或限制竞争，从而确保既有商人的经商利益。如昆明盐行商人议定：

> 一（是）新开盐店者，需要向本会捐款一百两。另外第一次挂牌时需要捐款十六两，更改招牌文字时每个字要缴纳三两。
> 一（是）要买卖白井、黑井、石膏井所产之盐者，每百斤须向本会纳银一分。
> 一（是）随便高价贩卖盐者，征收一百两的罚款。[④]

该条规第一条以缴纳高额入行费用限制外行商人入行，并对三井盐的产、销进行控制，最大限度地确保盐行规模的稳定性和利益的独

① 湖南湘潭北五省会馆乾隆四十七年（1782）《棉花例规》，现立于该馆内。
② 昆明市档案馆藏：《云南商务总会关于芦茶铺、土纸行、靴帽成衣帮卷宗》卷宗号：9-1-64。
③ 昆明市档案馆藏：《云南商务总会关于芦茶铺、土纸行、靴帽成衣帮卷宗》卷宗号：9-1-64。
④ 东亚同文书院：《支那省别全志》卷3《云南省》，见薄井由《清末民初云南商业地理初探——以东亚同文书院大旅行调查报告为中心的研究》，复旦大学2003年博士学位论文，第220-221页。

占性。不过，这种限制和垄断是相对的，它无法完全消除市场竞争。对外行商人而言，中小商人在事业起步阶段要缴纳如此高额的费用实属不易，这种条规无疑限制了他们进入盐行；但对大商人来讲，他们只需缴纳一定的费用就可以进军盐行市场，拓展他们的业务。就行内商人而言，限制外行商人入行能够减少新的竞争对手，维持竞争的稳定性；不过新入行的商人仍可能成为原来盐行商人的强劲对手。盐行第三条限制商人高价贩售食盐，其目的旨在维护盐行的稳定性，这种限制也是必需的，高价贩盐不仅损害了盐商利益，也损害了消费者的利益，这种限制客观上有利于维护市场正当竞争。

再来看昆明丝线行商人议定的行业条规则，同样以限制开铺和丝线加工种类等方式来限制竞争，造成一种行业垄断的现象。该行限制生产和经营规模的规定如下：内行新开字号上功德银 20 两，内行同外行合伙者上功德银 40 两。外行新开字号者上功德银 60 两。与昆明盐行相比，丝线行不仅限制外行商人入行，还对内行商人扩大经营规模进行限制。除了对生产经营规模进行限制外，丝线行还限制丝的销售、加工，规定"织纱帕以及做生线入行买丝者，上功德银 20 两；凡有做生线入行买丝者，上功德银 25 两"。若不遵守行规"不得同齐入行售货，亦不得在外向客号私买，若有自寻向客号头者，查出照章上功德银 20 两外，罚戏一台，席十桌"。①或许在当时商人看来，行业组织内部的限制和独占有利于维护整个行业的稳定性，免受外来竞争，减小商人破产概率，不过现在看来这些方式无疑是一种消极应对市场竞争的策略。

然而，限制竞争或垄断几乎成为晚清诸多工商业城市行业会馆组织所采取的共同措施，这种对竞争的限制明显强于它对竞争的规范，原因何在？笔者认为这与晚清中国商人所遇到生存环境有关，一方面中国商人面临前所未有的竞争压力和冲击，另一方面中国政府未能给予中国商人法律支持和保护，商人只能选择消极的手段来保护自身的经济利益。

---

① 原昆明市工商联存：《云南商务总会棉丝线新旧衣铺帮卷宗》，见《昆明市志长编》卷 7，昆明市志编纂委员会内部发行，1984 年版，第 57 页。

1840 年鸦片战争以后，西方殖民商业战争侵入中国，西方商人在国家军事、政治力量的支持和保护下，将他们的商业资本、商品以强硬的方式注入中国，洋货进入中国获得关税减免优待，且"凡遇关卡，概不重征"。而中国商人不仅无法得到政府的军事力量支持和法律保护，还要向政府缴纳各种"商税"或厘金，"逢关纳税，遇卡抽厘"，以维持政府财政开支，以致许多商人无力承担。如昆明"植木帮商董展朝阳、何承鹏，商民张开阳……为新加厘课，民力难支，协恳……照旧抽收，以苏商解困，而恤民生事"。①同时，中国商人还需应对外国商人的竞争，洋货诸如棉布、纱布生产成本来就不高，再加上进入中国时的低关税，使其在价格上具备了一定竞争力，很快占据中国市场，对原先经营土货的商人形成了巨大的冲击，商人生存堪忧，"蒙自、腾越、思茅入口洋货日盛一日，若不设法振兴，以求抵御，将来缅、越铁路一通，滇人生路绝矣"。②

中国商人为了应对这些生存压力，选择了以订立行规、限制竞争的方式形成自我保护，虽然这些方式在今天看来不免有些保守，但却真实反映出清末殖民商业渗透对云南社会经济的影响，即殖民商品输入后，国内手工产品、农副产品日益滞销，土货商店生意萧条，昆明、蒙自等开埠口岸的商业繁荣实际上是洋货取代土货、中国传统工商业凋敝的过程。

有市场就必然存在竞争，晚清时期，中国市场上除了有本国商人之间的竞争，还有中国商人与洋商之间的竞争，许多同业会馆议定的条规在短时期内成为他们与洋商竞争的法宝。随着洋商在华经营时间的增长和外国资本、商品的不断渗透，行业会馆制定的商业制度逐渐受到新的市场竞争的挑战，但它的确是稳定各行商业交易秩序的商业制度。

（二）会馆与地区商业信用制度

商业信用制度，既可以通过契约或法律的方式来进行约定或规范，也可以通过民间商人自我创建。

---

① 原昆明市工商联存：《商务总会植木行帮词讼卷宗》，见《昆明市志长编》卷 7，昆明市志编纂委员会内部发行，1984 年版，第 56 页。

② 光绪《云南地志》上，光绪三十四年（1908）铅印本。

早在明代，著名的十大商帮就已经建立起了自己的贸易模式及经营制度。如徽州商人多举族迁移至各地从事贸易活动，"徽之富民尽家于仪扬、苏松……亦复挈其家属而去"①，或通过父子、兄弟、叔侄等家族、血缘关系来凝聚和约束商业伙伴，建立起他们的商业信用制度。晋商远行贸迁则多选择与同乡合伙、结伴，据《美汇报告》指出：山西票号选择合伙者时"只限于山西籍，如属可能，并只限于小同乡"。②晋商的掌柜、伙计均是狭义上的同乡人，或一个乡里的乡亲，或同一村寨的邻里。虽然他们不像徽商那样有血缘关系，但是地缘关系亦较为亲密。晋商之所以选择熟悉的邻里乡亲为合作伙伴，就是由于他们之间熟悉，有信任关系，甚至还有家乡的各种约束关系，这样的合作更稳固，彼此之间更忠诚，而忠诚和守信即为晋商的商业制度。

信用制度，不仅是商人个体业务拓展中一个非常重要的因素，也是地区商业得以推进的一个关键因素。然而，在古代商业法律不完备的体制下，交易要持续进行，就需要依靠商人自己建立信用体制，而这些信用体制最初可能就是靠宗族或乡里规约来完成的。如徽商就将宗族内部固有的"信用"制度运用到商业贸易中。

会泽县江南会馆"白衣阁"大殿两侧的楹联为"富而可求，当念生财有大道；惠而不费，益知造物无尽藏""富而可求，一部奇书夸少伯；穷而能送，千秋佳话颂昌黎"。楹联对"富"做了解读，实际上就是要求会员奉行"生财有道"的精神，合理对待贫富问题，正确处理商业中的盈亏问题。

山陕亦将乡里之间的"信用"制度运用到商业过程中，并由此形成了信用背叛的惩罚机制。在会泽县山陕"关圣宫"的大殿正门两侧悬挂的楹联上写道："大义参天浩气，精忠贯日神威昭""是忠义两言，直是毕生性命；爱春秋一部，用难万事纲常。"精忠和忠义是该会馆对会员的要求，也是山陕的商业精神。

实际上，商人约定行规，对商品质量、称量等交易细则的规定，也是在建立商人之间、商人与客户之间的信用体制。这些有关信用的

---

① 康熙《徽州府志》卷2《风俗》，康熙三十八年（1699）刻本。

② 王鹤鸣等主编：《上海图书馆馆藏家谱提要》，上海：上海古籍出版社2000年版。

"习俗"刊刻于会馆石碑上，成为地区商业信用机制的组成内容，有利于地区商业贸易的发展。

二、会馆与城市商业

云南的各商业城镇是会馆分布最为密集之地，这些会馆主要由移民中的工商业者倡导建立。不同地域的商人建立不同的会馆，同乡商人结成商人团体，共同经营某几项商业活动，会馆就是他们业务发展的联络和互助平台。不同地域商人结成团体之后，在同一个城镇从事商业活动，推动着该城镇商业的发展，他们的商人资本就是该城镇的商业资本，其经营的主要商业项目就是该城镇商业发展的主要内容。如果能将某城镇不同地域商人团体的成员构成、主要经营项目、项目资金多少以及营业范围弄清楚，就能厘清该城市商业发展的整体状况。这些关于商人团体的第一手资料，大多未能保存下来，仅有部分地区的商人团体信息得以在会馆碑刻中保存下来，为我们研究会馆和城市商业发展提供了珍贵史料。不过，由于云南各城镇的会馆在近代以后保存不完善，许多会馆及其资料均在城市化建设中烟消云散，组织成员的商业活动详情亦难觅踪迹。可喜的是，清初云南会馆分布最为密集的会泽县城，保留下来了当年商民修建的会馆馆址，会馆刊刻的碑刻也得以保存下来。在此，我们仅以会泽县城商业发展为个案，利用会泽商人会馆团体遗留资料，探索清初会馆组织与云南商业重镇会泽县的商业发展情形。

（一）会泽县城的商人会馆及商人资本

会泽县城（今会泽县金钟镇古城区）位于云南东北部，北与川、黔相邻，境内有金沙、牛栏大江，明代至清初为彝族土司禄氏统治之地，雍正改土归流以后隶属云南行省，属东川府领地，县城即为府附郭。雍正初建城时，该城主要为府衙门、仓监驻地，城内街道、坊亭等修葺完善，城内人烟稀少，整个府郡的商业都不发达，"往昔者，东川之在滇地，如苗之有莠，去其害稼"①。雍正后期至乾隆年间，随着东川府铸钱业及铜矿业的发展，会泽县城的商业逐渐繁荣。据乾隆二十六年（1761）云贵总督刘藻描述："郡产铜，得滇省所产之半，而铜之转运京师者，亦分任其半。又设局鼓铸，岁获钱四十余万缗。民夷商贾，四方辐辏，食货浩穰，屹然一都会。"②

乾隆初，云南铜矿销路渠道打开，汤丹、大碌碌等铜矿储量丰富的矿厂发展迅速，产量较高。东川府承担着云南供应京局铜矿的一半任务，同时朝廷还在城内设有新、旧两所宝云钱局，铸钱兴旺时，有70座铸钱炉熊熊燃烧，数十万缗铜钱被生产出来。东川府各矿厂生产的铜需要转运到会泽城铜店收贮，往来各厂与会泽县的牛、马及人较多，城内还有众多铸钱工人。人口增加使得人们对各种日用商品、服务行业有了需求，于是各省商贾闻声而来，为矿区商民和工匠提供各种服务。至乾隆年间，会泽县城聚集了来自湖广、江西、四川、贵州、江南、山陕等省的商人，随着地域商人越集越多，商业贸易不断拓展，他们在城内兴建了会馆，如湖广会馆"禹王宫"、江西会馆"真君殿"、四川会馆"川主宫"、江南会馆"白衣阁"、贵州会馆"忠烈宫"、陕西会馆"陕西庙"、江西临江会馆"药王庙"等。

湖广会馆、江西会馆乃康熙年间该籍官员倡导建立的，其他6所会馆都是乾隆年间所建。每一所会馆都由门楼、照壁、正殿、配殿、厢房等建筑组成，规模宏大，布局严谨，建筑精美，其中尤以江南会馆占地面积最广，江西会馆门楼戏台最为壮观，湖广会馆雕花最为精美。会馆的建筑规模以及建筑工艺、建筑布局的讲究，无不彰显着会泽城商人较强的经济实力。透过会馆的建筑规模、维修次数、维修经费可以了解各省商人移民的经济实力，判断他们的资本。

湖广会馆"禹王宫"或称"寿佛寺"位于今会泽县古城宝善街，始建于康熙三十九年（1774），最初只有寿佛寺、东岳宫、厢房建筑，规模有限。乾隆二十四年（1759），湖广籍商人团体募捐经费，增建戏

① 乾隆《东川府志·廖瑛序》，光绪三十四年（1908）东川师范学堂重印本。
② 乾隆《东川府志·刘藻序》，光绪三十四年（1908）东川师范学堂重印本。

楼山门、禹王宫，会馆渐成规模，此次维修会员共捐银千余两。①三十四年（1769），会馆毁于火灾，二年后重修，建筑群包括山门、戏楼、正殿及东西配殿、后殿、厢房等建筑，总占地面积 8000 余平方米，会员共捐银一万余两用于新建会馆。②嗣后，重建山门时，会员又捐银一千余两。会馆的捐资功德碑记录显示，湖广会馆会员捐资最高金额为个人捐银 450 两③，其他有数十两者，亦有数两者。这说明湖广籍会员中有资本厚实的大商贾，从其向会馆捐银高达几百两推测，其个人资本当上千、万余两；捐银数十两者，其个人资本当在百两以上；捐资几两者或不足一两者，则个人资本较薄弱。从捐款人员的数量来看，大商贾为数不多，中小商人较多。

江西会馆"万寿宫"（或称"真君殿"）在城北江西街，始建于康熙五十年（1711）。雍正八年，会馆焚毁，后重修；乾隆二十七年（1762），江西五府会员重修会馆，是为现在江西会馆建筑群，包括山门、戏楼、正殿及东西配殿、后殿及配殿等建筑，占地面积 7500 余平方米，耗资金额不详。江西会馆虽然占地面积稍小于湖广会馆，但其建筑较为精美，建设资金当不低于湖广会馆。道光年间，会馆多次重修，会员捐资金额千余两。从道光年间江西会馆会员捐银功德记录来看，江西人在会泽县城开了多家商号，商号向会馆的捐资金额从 1 两到 150 两不等，其中最高者达 150 两；其他会员个人捐资额从几钱到数两、数十两不等，最高者 80 两。④商号捐银 100 两以上者 4 家，50 两以上者 4 家，20～40 两 10 家；个人捐资 10 两及以下者较多。

江南会馆"吕祖庙"（或称"白衣阁"）位于今会泽县城东南隅，旁边即为宝云铸钱局，建于乾隆十六年（1751），由两局炉头倡建。该会馆由门楼、戏台、关圣殿、白衣观音殿、吕祖阁、小戏台等建筑组成，前、中殿体现了传统的中轴对称布局，其他建筑又呈现出江南园林的布局特色，使得整座建筑群别具一格，它是会泽县城会馆中建筑

---

① 会泽县湖广会馆乾隆三十一年（1768）《禹王宫碑》，现立于该馆内。
② 会泽县湖广会馆《东川湖广会馆传书》，乾隆年间刊刻残本，现收藏于会泽县图书馆。
③ 会泽县湖广会馆《重修山门碑》，镌刻时间不详，现立于该馆内。
④ 会泽县江西会馆道光七年《抚州府、南昌府功德碑》，现立于该馆内。

规模最大的，占地面积约 23 000 平方米。

　　陕西会馆"关圣行宫"，位于会泽县城西北隅（今二道巷北端），由正殿、后殿、马王庙、门楼戏台、两厢等建筑组成。据陕西会馆乾隆十九年（1754）碑刻记载，该馆落成于乾隆十九年，是时陕西籍众官商协商集资，"卜地于城之西北隅，中为正殿，殿三间，前十亏许为面楼"，①正殿崇祀关圣大帝。乾隆四十六年（1781）前后，会泽县的陕西商人越聚越多，"经商者或客久不欲遽归，以故聚族日繁"②，而关圣行宫则年久失修，不足以体现其商人的经济实力，他们"谋诸乡人，建立公所"，正式将关圣宫更名为"关西会馆"。嘉庆二年（1797），陕西商人经过数十年的积累和发展后，进一步扩大会馆规模，"故址偏隅，未足壮观"，便捐资修建三皇阁"更为修建亭阁，堂皇居工，因之金相庄严，今而后庶几哉。明禋者益恍然于一画开天来□佃□，礼乐冠裳之圣，昔非□祀可比"③。山陕会馆建筑从未足壮观到庄严壮观的发展过程，是其商人队伍及经济实力不断壮大的过程的体现。该会馆在乾隆后期至嘉庆年初间发展最为壮大，嘉庆二年的捐款碑刻显示，当时在会泽县城的陕西商号大约有 108 家，商号捐银额从 5 钱到 50 钱不等。

　　四川会馆、陕西会馆、贵州会馆的规模大体相当，其商人资本实力应相差不大。

　　会泽县各会馆以湖广、江南、江西三省会馆最为宏伟、庄严壮观，商人队伍也较为壮大。湖广商人中有资本上千、万两者，有上百两者，也有几十两者；江西商人商号较多，资本厚实；山西商号比江西商号多，但商人资本不及江西商人；四川、贵州两省商人资本具体情形不详。

（二）各省商人的主要经营项目

　　湖广商人主要经营矿业。湖广会馆禹王宫碑、《东川湖广会馆传书》

---

① 会泽县陕西会馆"关圣宫"乾隆十九年（1754）《万古不没碑》，现立于该馆内。

② 会泽县陕西会馆"关圣宫"乾隆四十六年（1781）《关西会馆碑记》，现立于该馆内。

③ 会泽县陕西会馆"关圣宫"嘉庆二年（1797）《关中众姓捐资修建三皇阁碑》，现立于该馆内。

记载的成员捐款信息显示，其成员有来自汤丹、碌山、乐马等厂，有炉户的捐款记录，有捐资金额高达 450 两的大商人，这些信息都显示湖广商人主要在东川矿区经营铜矿，会泽城湖广会馆是全郡同籍商人联络之地。另据文献记载，东川矿区经营采冶业的除了湖广商人之外，还有江西、四川、贵州商人，"查各厂往来，皆四川、贵州、湖广、江西之人"①。

江西商人除了经营矿业之外，会馆成员的捐款信息显示，江西籍商人中还有不少是从事日用商品销售的，他们在会泽县城开设了 77 家商号，商号资本参差不齐，主要经营日用商品。

江南会馆成员主要为两局炉头或匠役，据乾隆《东川府志》载："雍正十二年，为运陕协饷钱文，东川府崔乃镛开设炉局二十八座，于九月二十一日鼓铸，启用炉头、匠役五百八十八名。"②后来，东川府新局设炉户 50 座，炉头、匠役共 1050 人，两局共 1608 人，其中应有许多是江南籍匠役。匠役的薪水，"每名日给京斗仓米八合三勺"，50 炉1050 名炉头、匠役年共给钱三千一百十七串四百文，人均年给钱约 2.99串，是铸钱局各工匠中年薪最低的人群。炉头薪水较低，然人数较多，建立江南会馆为炉头倡导，并与东川江南籍商人一同修建。江南商人的经营行业不详，不过不外乎矿厂以及为矿厂提供服务的商品行业。

陕西商人主要经营金融当铺及日用品。陕西商人善于经营钱庄、当铺，乾隆年间会泽县城商人、工匠云集，商人资本聚集，具有开设当铺条件，陕西商人便主要在会泽城经营该行业。

当铺是陕西商人在东川地区开展的一项重要经济活动，他们开设的当铺有 8 家左右，且多次参与陕西会馆以及会泽县其他神庙的资金认捐活动，部分当铺表现出较强的经济实力。在陕西会馆的碑刻中，嘉庆二年（1797）修建玉皇的碑刻中有当铺捐资记录，乾隆十九年（1754）的碑刻中未出现，乾隆四十六（1781）的碑刻磨损严重无法判别是否有当铺捐资。不过，其他资料显示早在乾隆中后期，会泽县的

---

① 乾隆《东川府志》卷 13《鼓铸》，光绪三十四年（1908）东川师范学堂重印本。

② 乾隆《东川府志》卷 13《鼓铸》，光绪三十四年（1908）东川师范学堂重印本。

典当业已初具规模。据会泽县乾隆三十□年《修建财□□碑记》[1]镌刻的捐资商号显示，恒顺当、义聚当、兴泰当和三兴当 4 家当铺参揹修建财□□，每家当铺分别捐银 5 两，可见在乾隆三十年（1765）左右，会泽县典当业已发展起来。

另据会泽县乾隆四十年（1775）《修建土地祠碑记》记录，此次修建土地祠共有 7 家当铺参与捐资，分别是恒顺当、义聚当、述盛当、复兴当、兴泰当、广源当和君益当。[2]可以看出，与乾隆三十年间的典当铺数量相比，典当业的规模逐渐扩大，至于这些当铺的经营者，碑刻没有明确记载。可喜的是，在乾隆四十八年（1783）时，该县湖广会馆佛像开光的礼单上，有"陕西八当铺钱六千"的记录[3]，说明陕西商人开办的当铺有 8 家。

笔者将不同时期碑刻记录中的当铺名称进行比对，发现前后出现的当铺名称有重合的。乾隆三十、四十年间的当铺中，恒顺当、义聚当、兴泰当名称重合，嘉庆二年（1797），恒顺当、兴泰当名称出现在陕西会馆《关中众姓捐资修建三皇阁碑》的碑刻记录中，证明这二家当铺为陕西商人开设。此外，嘉庆二年（1797）陕西会馆碑刻记录的其余 5 家当铺，分别为东茂当、三兴当、广源当、天顺当、元盛当[4]，其中东茂当、三兴当、广源当 3 家当铺名称又与乾隆四十年（1775）出现的当铺名称重合，说明他们为陕西商人开设。这些迹象均表明，会泽县的当铺行业主要为陕西商人经营。

陕西商人经营的当铺行业，其发展经历了从无到有，从有到具备一定规模的过程。陕西商人是乾隆十九年前后开始移民会泽县城的，经过十多年的发展，他们在城内开设了 4 家当铺；之后迅速发展，至乾隆四十年（1775），当铺字号数量增加了一倍，此时期为典当行迅速发展时期；乾隆四十年至嘉庆二年（1775—1797）间，当铺字号数量没有明显的增加或减少，典当行经营规模趋于稳定，这一时期为典当

---

① 当为财神庙或殿——笔者注。

② 会泽县乾隆四十年（1775）《修建土地祠碑刻》，现在会泽县江西会馆碑林内。

③ 会泽县湖广会馆《东川湖广会馆传书》卷 6，乾隆年间刊本。

④ 会泽县乾隆三十□年《修建财□□碑记》，现在会泽县江西会馆碑林内。

行发展的稳定期。碑刻镌刻的当铺名称显示，在当行发展的不同时期，既有长期经营的老字号，又有不断出现的新成员。而行业内部的延续和更替并存，属于商业发展中的正常现象。

从各时期单个当铺的认捐金额来看，同时期向陕西会馆、财神庙、土地祠认捐的当行字号中，有部分商号认捐金额相同的情况，也有认捐金额存在差异的情况。乾隆三十□年《修建财□□碑记》镌刻的恒顺当、三兴当、兴泰当3家当铺的捐资金额均为银4两；四十年（1775）《修建土地祠碑刻》镌刻的恒顺当、义聚当、述盛当、复兴当、三兴当、兴泰当6家当铺各捐钱1500文，广源当谢振兴助钱11千文，君益当捐银2钱；嘉庆二年（1797）《关中众姓捐资修建三皇阁碑》镌刻的东茂当、三兴当、兴泰当3家当铺各捐银23.5两，广源当捐银13.8两，钱56 432文，天顺当钱5755文，元盛当和恒顺当分别为银4钱和钱330文。各字号认捐金额相同，可能存在两种情况：一是字号相互约定认捐资金；二是字号的经济实力相当。字号认捐金额出现明显差异，则表明不同当铺字号的经营规模和经济实力悬殊较大，既有资本厚实的，亦有资本较弱的。

日用品行业也是陕西商人经营的主要行业，其涉猎的范围有面和布。陕西会馆碑刻记录显示，陕西商人经营这两种行业的时间稍晚于当行，不过这两种行业在会馆建设中发挥了更重要的作用。尽管铜矿是会泽县生产的最重要商品，但由于绝大多数铜矿产品是为了供应官方铸钱，故私商自由流通销售的数量较小。另外，陕西商人进入会泽县的时间较晚，比起较早经营铜矿生产的湖广、三江等地商人，他们不具备跻身铜矿业的优势条件。因此，他们选择经营日用百货，而且日用商品在当时的会泽县以及其他矿产区具有广阔的市场。

东川府"境内山多田少"，该郡不仅缺粮，还素不生产其他日用商品，需仰赖他县市场供给。乾隆年间，会泽铜矿产业勃兴，人口剧增，"炉户、砂丁及佣工贸易之人聚积者，不下数十万众"①，对盐、米、面及布匹等生活必需品的需求量急剧上升，厂地米价曾高至每石四两

---

① 乾隆《东川府志》卷12《铜运》，乾隆二十六年（1761）刻本。

多，食用商品行业市场尤其广阔。官府以及私商从周边府县和外省市场购买米和布等日用商品补给东川和其他矿区。乾隆七年（1742），张允随奏称拟动用"公项银数千两，令东川府委员赴川买运川盐"①；乾隆九年（1744），云南省政府"动发铜息银万两，买得川米一万五百石"运抵昭通黄草坪和盐井渡②，分运至东川和昭通矿区。从文献记录来看，由于购买大宗米和盐等商品所需资金量大，多由政府组织购买和运送，不过此间私商的贩售活动亦非常频繁，日用商品的流通量非常可观。陕西商人经营日用商品，适应了会泽县商业发展的市场需求。

陕西商人经营的面铺、布铺字号达 10 家左右，应为该商帮经营的各行业中规模最大的，两行均在陕西会馆内附设行会，自行修建独立的办公场地或购置行业专属和会馆共有产业，实力非常强。面行经营的商品主要为面粉、小麦或面粉加工产品，不过这些商品均来自外地。据文献记载："东川府气候寒冷，不宜大小麦……有零市所粜者，皆来自嵩明、寻甸、曲靖。"③会泽县山陕商人经营的麦面，肯定是从邻县或外省输入的。

布行，主要经营商品不外乎各种土布和丝绸。乾嘉时期云南各地农户均有手工所织土布，不过产量较少，部分地区能满足农户本身及本地市场，但当市场需求量较大时必须依赖外地市场供应。至于丝绸等上等绸布，由于云南本土素不产丝绸，关中商人只能从省外市场购买，然后到东川销售。除布匹、米和盐外，会泽县尚有其他商品是贩自四川的，四川无疑是滇东北地区的主要百货供应市场。在陕西会馆嘉庆二年（1797）《关中众姓捐资修建三皇阁碑》镌刻商号中，有成都元兴号、成都正丰号、成都正顺号、成都明顺号的商铺字号，笔者推测这些商号应为陕西商人在成都商号的分号，商号所经营商品也应来自四川成都以及其他地区。

陕西会馆《马王庙常住碑记》和《关中布行义捐常住碑记》两通碑刻反映了面行和布行的经营态势。乾隆五十八年（1793），陕西商人中经营面的商人已成立面行，附设于陕西会馆内，"马王□□□，为吾

---

① 《张允随奏稿》"乾隆七年五月二十四日"，云南省图书馆藏抄本。
② 《新纂云南通志》卷 149《盐务考三》，民国三十七年（1948）铅印本。
③ 乾隆《东川府志》卷 18《物产》，乾隆二十六年（1761）刻本。

省面行所崇祀……众姓公商□□置田以为香火永久"①，马王庙即为陕西面行商人的祀神场所和办公地。

在马王庙的置产筹资过程中，参与捐款的面行商号有 11 家，共捐银 125.51 两，各商号捐资金额详见表 5-1。

表 5-1　1793 年会泽县陕西会馆马王庙面行商号捐资统计表　单位：两

商号	捐银	商号	捐银
玉香齐	17.25	□丰号	11.26
魁盛号	17.25	□□□	9.32
大兴号	17.25	□□□	3.14
兴发号	17.25	□□□	3.14
丰裕号	17.25	日兴号	2.?
正兴号	12.4		

资料来源：会泽县陕西会馆"陕西庙"乾隆五十八年（1793）《马王庙常住碑记》

表 5-1 反映出，玉香齐等五家商号各捐银 17.25 两，笔者推测此时这五家面行实力应是旗鼓相当，正兴号、□丰号两家捐银在 12 两左右，实力稍弱于后两家，其余几家商号实力较弱，但从总体上来看，陕西商人经营的面行已形成一定规模。

嘉庆二年（1797）山陕会馆修建三皇阁时，上述 11 家经营面商品的字号中，只出现魁盛号捐钱 12 616 文，玉香齐捐银 8.7 两钱 136 文，其他商号没有出现，笔者推测应出现了经营转向，或经营难以为继而破产的情况。不过，面行中又出现了新的字号，如兴发面房捐钱 7380 文，大丰面房捐钱 1294 文。由于其他商号的名称未提及经营项目，故我们难以判断此时整个面行的发展趋势。

除面行外，陕西商人还成立了布行，迟至嘉庆初年，陕西商人在会泽经营布行规模与面行相当。据嘉庆十年（1805）《关中布行义捐常住碑记》记载，关圣宫（秦晋会馆创修）原邱姓所捐田十余亩租石因与川馆分收，比较周折，后面行捐资购置田，以租石收入给僧，但"亦

---

① 会泽县陕西会馆"关圣宫"乾隆五十八年（1793）《马王庙常住碑记》，现立于该馆内。

不甚敷"，说明面行一直为会馆建设的主体行业。继面行之后，布行本着"财以义聚，义以公全"的理念，从布行商号营业额中抽取厘金作为会馆维持经费，"议每□大布抽收担头银 2 分资僧费"[1]，可惜的是该碑刻中没有提及各商号抽厘的具体金额，因此我们难以对布行各商号的经营态势做详细分析。该碑还记录道：布行抽厘集资作为会馆经费的方式"不数年而积液成衰"[2]。抽厘方式难以延续下去反映出布行商号经营状态的不稳定，而且对于经营状态好的商号所抽收的厘金必然较高，当存在有商号抵触的情形。

此次布行为陕西会馆置办产业的商号共有 10 家，分别为世春丰、世春杨、世春孟、世丰冯、王成辉、王顺赵、大亨赵、裕顺合、富顺合、新顺元。碑刻没有镌刻每家商号具体的捐资额，只列出本次义捐够置田房以及各项开支共银 682 两，平均每家商号应捐资 68.2 两。嘉庆二年（1797）《关中众姓捐资修建三皇阁碑》镌刻的商号中，世春号捐银 2.4 两钱 9078 文，大亨号银 18.4 两钱 757 028 文，裕顺号钱 260 文，可见布行各商号的经营规模确实存在差异。此外，皮货、衣铺等行业亦为陕西商人经营行业。

（三）会泽县城镇商业发展特点

山陕会馆的营建以及该商帮的商业活动历程，体现了乾嘉时期云南铜矿区商业发展状况以及道光以前云南经济发展的特点。

其一，云南铜矿区商业发展呈现阶段性繁荣局面。从陕西会馆的营建以及陕西商人经营态势来看，乾嘉铜矿兴旺时期是山陕会馆建设和置产活动最频繁，亦是陕西商帮商业活动最为活跃的阶段。陕西会馆曾 3 次进行修建、增建，会馆产业购置活动也多达 3～4 次。由于铜矿区的商业是受矿业发展带动起来的，整个商业活动主要是为了服务矿业生产，铜矿的兴衰必然影响着矿区商业的发展，使云南铜矿区商业的兴衰亦呈现阶段性特征。

---

[1] 会泽县陕西会馆"关圣宫"嘉庆十年（1805）《关中布行义捐常住碑记》，现立于该馆内。

[2] 会泽县陕西会馆"关圣宫"嘉庆十年（1805）《关中布行义捐常住碑记》，现立于该馆内。

早在 17 世纪 80 年代，云南铜矿业已发展起来，乾嘉时期铜矿产量创历史新高，在中国铜矿业发展中具有重要地位。据全汉昇先生研究，乾隆五年至嘉庆十年间（1740—1811）云南铜矿业的平均年产量均在 900 万~1000 万斤以上，而 19 世纪 40 年代全世界铜矿的年产量亦不过五万吨左右。[①]在云南铜矿业发展中，东川府的铜矿产量位居前列。雍正四年（1726），东川府改属云南省，汤丹等地铜矿被大量开发，仅汤丹厂铜矿的年额课银就达银 1200 两。乾隆六年（1705），东川府正、加额铜量达 6 331 440 斤[②]，据学者研究表明该年云南铜矿总产量为 9 349 998 斤[③]，东川府铜矿产量便占了全省铜矿产量的 67.71%，可以说乾嘉时期是东川府会泽县铜矿工业的兴盛时期。

云南铜矿的兴盛，吸引了众多商贾前来开采贸易。据王崧《铜厂采炼篇》载，云南矿厂"厂之所需，自米、粟、薪、炭、油、盐而外，凡身之所被服，口之所饮啖，室宇之所陈设，攻采煎炼之器械，祭祀宴饮之仪品"[④]，均由商贾贩运而来。铜矿区商业在乾嘉时期呈现出异常繁荣局面，这是陕西商人在乾隆年间到会泽县经商以及实力逐渐壮大的重要原因。

陕西会馆创建于乾隆十九年（1754），参与捐款的商人仅二三十人，其中捐银 10 两以上仅 1 人，5~10 两为 10 人，1~4.9 两为 10 余人[⑤]，在可辨识的名称中无商号记录。经过十余年的发展，到乾隆四十六年（1781），陕西商人队伍不断壮大，仅商铺就有 20 余家，其中经营当铺、面行、布行的店铺已形成一定规模。嘉庆二年（1797）陕西会馆增建玉皇阁时，陕西商人经营店铺明显增加，经营项目也多种多样，各商铺的捐款金额明显高于以往捐款记录，详见表 5-2。

---

① 全汉昇：《中国近代经济史论丛》，北京：中华书局 2011 年版，第 430 页。
② 乾隆《东川府志》卷 12《铜运》，乾隆二十六年（1761）刻本。
③ 严中平：《清代云南铜政考》，上海：中华书局 1948 年版，第 81 页。
④ 吴其浚：《滇南矿厂图略》卷上，道光二十四年（1844）刻本。
⑤ 会泽县陕西会馆"关圣宫"《万古不没碑》，现立于该馆内。因碑刻磨损不清，实际捐款金额应高于此数。

表 5-2　1797 年陕西会馆修建三皇阁各商号捐款分类统计表①

捐银	商号数	捐钱	商号数
20 两以上	7	20 000 文以上	5
10～20 两	3	10 000～20 000 文	3
1～9.9 两	39	1000～9999	12
0.1～0.9 两	38	999 文以下	12

注：其中 15 家商号既捐银又捐钱。

不仅陕西会馆如此，会泽县湖广会馆、江西会馆等商帮会馆的建设活动也多集中在乾隆年间。如湖广会馆于乾隆三十一年（1766）修建禹王宫，商民筹集资金额高达 4000 余两②；三十六年（1771）湖广会馆重建，商民再次筹集银一万余两③为会馆建设费用。江西会馆亦于乾隆二十年（1755）重修万寿宫，各府商民筹集银两达一千余两④；四川会馆、临江会馆等会馆均创建于乾隆年间，这些均证明了乾嘉时期铜矿区商业的繁荣。

笔者在收集会泽县会馆资料时，发现自道光以后，山陕以及其他各省商帮会馆的营建、维修乃至置产活动明显减少，众多会馆几乎没有这些建设活动。道光以后，云南铜矿业每况愈下，产量逐年减少，会馆建设活动减少或没有，反映出此时的商帮实力衰落，铜矿区商业萧条。

其二，铜矿区以及咸同以前云南商业发展中，输入商品结构多元，矿区所需日用商品几乎靠外州、县乃至外省市场供应；输出商品结构单一，仅铜矿得以大量输出。

从山陕商人的主营项目来看，集中在面、布等生活用品的贸易，且需求量较大，不过商品的供应市场主要为外省市场。布行，主要经

① 会泽县陕西会馆"关圣官"嘉庆二年（1787）《关中众姓捐资修建三皇阁碑》，现立于该馆内。
② 笔者据会泽县湖广会馆"寿佛寺"乾隆三十二年（1767）《禹王宫碑》镌刻捐款额统计。
③ 会泽县湖广会馆《东川湖广会馆传书》，乾隆年间刊本。
④ 会泽县江西会馆"真君殿"乾隆二十年（1755）《万寿宫碑》，现立于该馆内。

营的商品不外乎各种土布和丝绸。考察周边以及全国市场发现，丝绸和土布是四川盛产的手工商品，川中地区的南充县盛产麻布，荣昌县盛产夏布，三台县的棉布较为出名。据文献记载，陕西商人的确曾在南充一带收购布匹发外销售，"至丝与红花上市，则闽粤、吴、秦各省大商携重资云集郡城，仰食者甚重"①，他们先在南充、三台等地购买土布后，然后将部分布匹经川滇驿道运抵东川销售。

在陕西会馆嘉庆二年（1797）《关中众姓捐资修建三皇阁碑》镌刻的商号中，有成都元兴号、成都正丰号、成都正顺号、成都明顺号的商铺字号，笔者推测这些商号应为陕西商人在成都商号的分号，商号所经营的商品也应来自四川成都以及其他地区。

此外，陕西商人经营的面及皮货等百货行业，商品货源多来自外州县或外省。据文献记载，"东川府气候寒冷，不宜大小麦，……有零市所粜者，皆来自嵩明、寻甸、曲靖"②。由于皮货多产于陕西、甘肃和青海一带，陕西商人经营的皮货行业，货源当来自上述盛产皮货的地区。

"山多田少，民鲜恒产"八字简明概括了云南农业发展状况，也就是说云南本地的物资较为匮乏。乾嘉铜矿兴旺时期，数十万商贾、劳工涌入云南矿区，衣食等日用商品的需求量较大，米、面、布、盐等多种商品均依赖外地供应。如东川府矿区所需食盐、大米、布帛多来自四川，金沙水道开通后，四川省"油、盐、布帛等货，咸闻风贩运"。乾隆七年（1742），张允随奏称拟动用"公项银数千两，令东川府委员赴川买运川盐"③；再如，民众生活所需之棉花、布匹多靠外地供应，棉花"迤东则取给于川省，迤西则取给于木邦"④，即棉花主要来自四川和缅甸木帮。

道光以前，云南铜矿区以及整个云南省输出的商品主要为铜矿，供应京局、各省采买的铜矿在乾隆年间高达 1200 万斤，云南商业发展中输出商品的种类非常单一。另外，由于商业发展主要是为了服务工

---

① 嘉庆《南充县志·风俗》，咸丰七年（1857）增刻本。
② 乾隆《东川府志》卷 18《物产》，乾隆二十六年（1761）刻本。
③《张允随奏稿》"乾隆七年五月二十四日"，云南省图书馆藏抄本。
④《张允随奏稿》"乾隆十一年五月初九日"，云南省图书馆藏抄本。

业，工业发展确实也为商业繁荣带来契机，但云南工业主要是采矿工业的发展，加工工业发展则非常有限，造成了云南商业发展中进出商品结构失衡。

其三，铜矿区以及云南经济商业发展中，商业活动的经营者多为内地商人。在东川府会泽县城，典当、布行、面行、皮货等商业活动多为陕西商人经营，仅陕西商人开始的店铺就多达百余家，加上从事商品运销的陕西商人，当不下数百至千人。除陕西商人外，在会泽县经商的商人还有湖广、江西、江南、四川等省商人，湖广、江西商人多从事铜矿的运销，四川商人则主要经营川货和运销铜矿，各地商帮在铜矿区开展着不同的经济活动。

商业活动的经营者主要为内地商人，这不仅是乾嘉时期云南铜矿区商业发展中呈现出来的特点，还是清代云南全省商业发展中的一个特征。在蒙自个旧，"商贾贸易者十八九，土著无几。……（锡矿）四方来采者不下数万人，楚居其七，江右居其三，山陕次之，别省又次之"①，可见个旧锡矿区的商人以及锡矿的开采者几乎为内地商人。

清代云南边疆铜矿区的商业是以铜矿的兴旺为契机而发展起来的，矿业发展带动了商业的繁荣，使铜矿区商业发展呈现出阶段性繁荣局面，商业发展也随着矿业的兴旺而繁荣，并随着矿业的衰落而萧条。乾嘉商业繁荣时期，内地商帮纷纷进入铜矿区从事商业活动，成为铜矿区商业阶层的主体，为云南边疆经济发展做出了重要贡献。其中，山陕商帮垄断了东川铜矿区的典当业，其他主要经营项目为面行、布行、皮货行业，他们的经营规模不断扩大，经济实力逐步增强，会馆的建设和置产活动显得较为频繁。

三、会馆与云南贸易

（一）省内贸易

在云南，内地同乡会馆大约有 200 余所，主要分布在商业相对发

---

① 宣统《蒙自县志》卷 2《物产》，上海：上海古籍书店 1961 年版。

达的城镇和市镇，商人是这些地区会馆的核心成员，他们以会馆为连接中心，从事地区和区域之间的贸易。云南山多路陡，商品流通基本上是依靠肩挑和畜驮等相对简单、运载量有限、运输周期较长的运输工具，往来于不同州县间都需要花费数十天、最短也要几天的时间，需要在沿途暂住及囤货。因此，许多会馆除祭祀庙宇外，还建有厢房、客堂、储物厅等，以便"往来士商得以爱处晨居，藉作驻足之所"。①更重要的是，商人还可以通过各地同乡会馆与客居在当地的同乡商人取得联系，得到他们更多的帮助，比如了解沿线各种商品的销售情况、沿线路途中存在的风险、抽厘关卡有哪些等。

会馆建立后，地域商人结成利益联盟，形成一个资本集合体，资本实力增强，贸易规模扩大。如江西商人是较早到云南经商的内地商人，康熙年间他们仅在昆明县、云南县、楚雄县、巍山县、罗平县、会泽县6个县城城镇建立了会馆，至乾隆年间他们已在云南的30余座城镇和集市建立了会馆，他们的贸易范围从原先的6个地区拓展至30个地区。同样，湖广、四川、贵州、广东等地商人亦大肆兴建会馆，整合商人资本、人力及物力，全省城镇、乡镇、集市、村寨均有内地商人活动其间。云南"歇店、饭铺、估客、厂民以及夷寨中客商铺户，皆江西、楚南两省之人"②；昆明"县城凡大商贾，多江西湖广客。领当贴设质库者，山右人居其太半"③；鹤庆松桂会上"川、黔、陕、豫各省商人蜂拥而至"④；在维西"西吴、秦人为商于其地"。⑤

商人贸易的拓展，活跃了商品流通的范围，刺激着云南城市商业的繁荣以及乡村集市的形成和发展。随着会馆的建立，云南行政性或军事防御城镇的商业人口增加，商业店铺增多，城市商业日益繁荣。如腾越州（今腾冲市）地理上与滇缅接壤，是全省重要的军事防御性

---

① 民国《维西县志》第4《舆地·江右会馆碑文》，民国二十一年（1932）
　钞本。
② 吴大勋：《滇南见闻录·人部》，据上海市文物保管委员会藏清乾隆刻本
　传抄本。
③ 道光《昆明县志》卷2《物产》，光绪二十七年（1901）刻本。
④ 乾隆《丽江府志略·礼俗略》，乾隆八年（1743）刻本。
⑤ 余庆远：《维西见闻纪·夷人》，民国二十一年（1932）稿本传抄本。

城镇，清代滇缅贸易日益繁盛，内地商人聚集该地，在腾越州城内建立了6所会馆①，商贾辐辏，百货云集，这里逐渐发展成为滇缅贸易的货物聚散中心，"乾嘉间，海运未开，凡闽粤客商贩运珠宝、玉石……一切缅货，皆由陆路而行，必经过腾境"②。再如，鄂嘉县城原"僻处山隅，村落寥寥无几人"，建城时间较晚，且主要为衙门所在地，"逮哀牢道路开通，镇、普、元、威客货多就此经由。迩年以来，行商坐贾，渐次凑集，要之江右客居多"③，商业日益繁荣。此外，全省各地形成了众多定期和不定期开市的乡村集市，其中大理三月街、鹤庆松桂会等地方集市市场逐渐发展为区域商品交易市场。这些繁荣和发展，是与会馆的协调和整合有密切关系的。

（二）省际贸易

清代，随着商品经济的不断发展和全国市场的不断拓展，云南与其他地区之间的贸易联系加强。与以往不同的是，在云南与内地以及周边国家的区域贸易联系进程中，商人们逐渐在贸易沿途城镇占籍客居，并设立了众多会馆，作为往来商人、客居商人联系和互助之所，从而稳定、推进了云南与周边区域之间的贸易联系。

有学者研究指出，在19世纪以前中国就已形成了三个主要经济地带：东部发达地带、中部发展中地带和西部不发达地带。④对于这三个经济带之间的内在联系，王业键先生有着非常精辟的概括，即"东部发达地带从中部发展中地带和西部不发达地带获得粮食、肥料、矿产品、木材和多种原料，同时向后两个地带提供制成品、资金、技术、人力乃至财政支持"。⑤当然，这是整个经济带的大致发展特征，经济带内的众多经济区之间的贸易联系又呈现出地域特征。

---

① 民国《腾冲县志稿》卷7《坛庙寺观》，据民国三十年（1941）刊本传抄。

② 光绪《腾越乡土志》卷8《商务》，云南省图书馆藏抄本。

③ 乾隆《碉嘉志书草本·募建萧公祠引》，乾隆十一年（1746）稿本。

④ 李伯重：《中国全国市场的形成：1500—1840》，《清华大学学报》（哲学社会科学版），1999年第4期。

⑤ 王业键：《近代中国农业的成长及危机》，见《"中央研究院"近代史研究所集刊》，1978年第3期。

云南属于西部不发达经济带，它与这三个经济带的部分地区市场有着贸易联系，如西部的四川、西藏、贵州、广西、甘肃地区，中部的湖南、湖北、河北地区，东部沿海地区。在云南与内地的贸易中，内地商人是云南贸易发展的主要载体，他们以会馆为连接，往返于内地与云南市场之间，调节市场有无，沟通商品流通。按照惯例，商品入市须投行方可销售，在会馆的组织和保护下，贩运商免受牙商的盘剥以及其他商人的排挤，他们将众多内地商品运至云南销售。

1. 云南与四川的贸易

据清末昆明芦茶会馆呈报商会的规章显示，该规章多次提到对川烟、川茶投行的规定①；另据昆丝线行（会馆）上报，该行"贩丝川帮约有十余家"②，由此可以肯定烟、茶、丝等商品大多是来自四川的。

四川与云南毗邻，农业较为发达，物产富饶，乾隆年间已成为全国重要粮仓，宣统年间其"财赋占全国十分之一"③，盐、米、丝、布、盐、茶等农工产品，多转售周边省份。云南则山多田少，物资匮乏，市场上米、布、丝、棉等日用商品多需依赖外地市场供应，唯地产五金，多向外供应铜、锡、铅等矿产。从两地经济发展的特征来看，云南市场是需要临近的四川市场的日用商品来补给的。

滇省有东、西线两条道路可往四川，东线即川滇驿路，从昆明经东川、昭通可达四川筠连、叙州、泸州，该驿路是沟通川滇之间的重要商道，也是滇铜京运的重要路线；西线即从滇西方向的楚雄、下关、丽江均可达四川。

东线主要沟通的是滇省东川、昭通与四川的叙州、泸州一带。这两地市场贸易的物资肯定与两地的需求相关，东川、昭通两地是当时全国重要的铜矿生产地，人口众多，对布匹、米、盐等生活用品的需求量较大。据会泽县山陕会馆嘉庆十年（1805）《关中布行义捐常住碑

---

① 昆明市档案馆藏：《云南商务总会关于芦茶铺、土纸行、靴帽成衣帮卷宗》，卷宗号：9-1-64。
② 原昆明市工商联存：《云南商务总会棉丝线新旧衣铺帮卷宗》，见《昆明市志长编》卷6，昆明市志编纂委员会内部发行，1984年版，第188页。
③ 尚秉和：《辛壬春秋》卷2《四川》，北京：中国书店出版社2010年版。

记》所载布号显示，当时陕西商人已在该地经营了世春丰、世春杨、世春孟、世丰冯、王成辉、王顺赵、大亨赵、裕顺合、富顺合、新顺元十家布铺。布匹并非山陕一带的盛产物资，那么这些布匹来自哪里呢？当主要来自四川。布铺所售商品不外乎各地土布和丝绸，乾嘉时期云南各地农户均有手工所织土布，不过产量较少，多供应农户本身及本地市场，素不产丝绸，故关中商人只能从省外市场购买布匹到东川销售。丝、土布则是四川盛产的手工业商品，川中地区的南充县盛产麻布，荣昌县盛产夏布，三台县盛产棉布，且南充、三台均有陕西商人所建会馆，荣昌与泸州相邻，陕西商人在泸县亦建有会馆，说明陕西商人活动在这三个盛产土布的地区。据文献记载，陕西商人的确曾在南充一带收购布匹发外销售，南充则"至丝与红花上市，则闽粤、吴、秦各省大商携重资云集郡城，仰食者甚重"[1]，他们在南充、三台或成都平原、荣昌购买土布后，将部分布匹经川滇驿道运抵东川销售。另据昆明丝线行资料记载显示，滇省贩售以及自滇西出口的生丝主要来自四川，"滇不产丝，贩自蜀川，统计销数，每年不过十二三万金。加以贩售迤西生丝，全多二十万金之谱"[2]。

川烟亦曾大量输入云南省会及其他州县。川烟是自四川输入云南的主要商品，产自四川邛竹、金堂等地的烟叶质厚香烈，价格便宜，备受云南人的青睐。清末自昭通、东川两地厘金局输入滇省的川烟，"每年约在三十万斤上下"[3]，输入量非常可观。

除了丝、布、烟以外，川米、川盐等商品亦大量输入云南东川、昭通一带。据张允随奏称：乾隆七年（1742）金沙水道上游开通时，"川楚商船赴金沙厂以上地方贸易者渐多""油、盐、布帛等货，咸闻风贩运"，即是说众多川楚商人到东川、昭通厂地贩卖油、盐、布帛等商品。然而，这些零星贩卖难以解决两地缺粮、缺盐的状况，于是官府动用铜息银采购大量川米、川盐。乾隆九年（1744），官府于"铜息银下动

① 嘉庆《南充县志·风俗》，咸丰七年（1857）增刻本。
② 原昆明市工商联存：《云南商务总会棉丝线新旧衣铺帮卷宗》，见《昆明市志长编》卷6，昆明市志编纂委员会内部发行，1984年版，第193页。
③ 宣统《云南全省财政说明书》，见《续编清代稿钞本》第94册，广州：广东人民出版社2009年版。

银二万两，发驻四川永宁转运京铜之同知与川东一带买米一万石"①，运抵昭通黄草坪和盐井渡，分运东、昭各厂地。七年后（乾隆十六年），昭通、东川主要仰食川盐，每年输入量在 240 万斤。

自云南省输往四川的商品，主要为铜和鸦片。东川、昭通所产铜矿，主要运往四川泸州转运京城，严格来说这些铜的最终目的地是京城。鸦片是清末云南输往四川的大宗商品之一，当时云南省的鸦片商在省城昆明组建了芙蓉会馆。据 1907 年该同业商帮呈报商会卷宗记录，"由本省销售四川，每年出省者约计二百余驮""由会理出川者，每年约计六百余驮"②，即云南省每年销往四川的鸦片在 800 余驮。滇西一带鸦片产量最高，每年产量达 4000 余驮，滇西商人贩卖者甚多，故自下关经会理出川的鸦片较多。此外，滇茶和火腿也有销往四川的。

2. 云南与湖广、江西的贸易

湖广、江西会馆数量位居各省会馆数量前列，两地在云南的商人较多，他们除了为云南省省内工商业的发展做出巨大贡献之外，还推动了云南与中部地区的贸易联系。

在云南各大矿区以及昆明等商业城镇均有湖广和江西商人所建会馆，他们除了在滇省采矿与零售商品以外，还将滇省商品运往湖北、湖南、江西等地销售，同时贩运内地商品到滇销售。由于湖广商人在滇主要从事铜、锡等矿的开采，故在道光以前铜矿是他们主要贩卖的商品。滇省所产铜矿首先需满足官方铸钱需求，余铜则可自行销售。他们将铜矿沿长江水路或滇黔湘陆路运抵汉口，再转运其他地区。当时汉口聚集的四方商品中，铜、锡矿主要来自云贵、四川，"铜，白铜、黄铜、红铜、铅铜、锡、铁来自云贵、四川"③，其中铜当主要来自云南。据文献记载，乾隆四十四年（1779）大约有十余万斤商铜运抵汉口，且这些铜当来自云南，"又谕：昨据图思德等奏'今年汉口到商铜

① 《张允随奏稿》：乾隆九年九月二十八日，乾隆七年十一月十七日，乾隆九年三月初五日，云南省图书馆藏抄本。
② 昆明市档案馆藏：《商务总会土药卷宗》，卷宗号：9-1-41。
③ 章学诚：《湖北通志检存稿一·食货考》，《章氏遗书》第 24 卷，上海：商务印书馆 1936 年版。

约十五六万斤，均买自川、陕二省，并非滇省贩至。现在存铜计五万余斤'。所言不实。川、陕二省安得有许多铜斤供商贩运，而滇省现有一分余铜通商，又岂能舍汉口而他往"①。

咸同以后，湖广商人则主要贩运云南省鸦片至内地销售。据清末芙蓉（土药）会馆商人呈报商会卷宗记录，当时滇省鸦片商主要为广帮、两湖、常德和本省四地的人，其中两湖和常德帮就是来自湖广地区的。1907 年以前，在云南从事鸦片贸易的有滇商、两广商和湖广商；1907 年以后两广商已淡出鸦片贸易，只剩滇商和湖广商继续贸易。②据1910 年、1914 年东亚同文书院对芙蓉会馆的调查记录，"本会馆当中大商号有曹天宝祥、朱德裕祥、王天泰昌、王荣品祥、王天成允、丁美顺利、吴永华祥、罗宝义正、高福兴祥、程广和祥、丁德生厚、华盛记等"。笔者将这些商号与商会卷宗所记录的商帮商号进行比对，发现仅"丁德生厚"与商会卷宗中的云南土帮中的"得森厚"名称重合，那么其余商号应为湖广商人或广州商人所创立的商号，表明湖广商人是滇省鸦片运销大户。

湖广商人收购的鸦片主要销往湖广，使该地区成为滇省鸦片的主要销售市场。据光绪十九年（1893）蒙自关税务司调查，云南"每岁约卖五万担（云土）……一年有三万六千余担运出湖南、湖北大江一带销售"。③ 另据光绪三十三年（1907），滇省土药帮称"由本省销售两湖每年出省者约计二千四百余驮"④，这是直接销往湖广的数量，若再加上自四川、广州转运的数量，则应接近二千驮。

此外，在汉口、长沙、善化等地，云南商人将本地所产药材、木材等土产商品运抵汉口销售。云贵商帮是清代汉口较具实力的商帮之

①《清高宗实录》卷 1091，"乾隆四十四年九月，又谕图思德等奏"，北京：中华书局 1987 年版。
② 东亚同文书院：《支那省别全志》卷 3《云南省》，见薄井由《清末民初云南商业地理初探——以东亚同文书院大旅行调查报告为中心的研究》，复旦大学 2003 年博士学位论文，第 219 页。
③《光绪十九年蒙自口华洋贸易论略》，见《中国旧海关史料》第 21 册，北京：京华出版社 2001 年版。
④ 昆明市档案馆藏：《商务总会土药卷宗》，卷宗号：9-1-41。

一，他们在汉口建立了会馆。①据吴量恺研究，当时汉口云贵商人交易的主要货物有"木耳、生漆、桐油、白蜡、鸦片、木材等，有大商贾30家，交易额大约为1200万～1300万两"②，云贵商品在汉口的市场交易额可见一斑。

自两湖运回滇省的商品则主要为笔墨、纸张和布匹。清中叶在昆明的商帮中，湖广帮主要经营笔墨庄，说明笔墨、纸张当来自湖南地区。据文献记载，湖广所产布亦销入滇省，湖南祁阳县"旧岁贡葛，近少息，惟文明市布特多……其所织布，通市于粤滇，岁获殆数万金"③；汉川市"近而襄樊楚南，远而晋滇黔，咸来争市"④。

江西商人自江西省贩运至云南省的商品主要为棉花、瓷器和药材。乾隆年间，江西抚州府商人在云南销售棉花，并设立了棉花行，依附于江西会馆。江西省南昌府、饶州府、南康府、九江府、抚州府、吉安府7府均盛产棉花，其中抚州府棉花产量最高，故滇省抚州商人所售棉花当来自抚州本郡。遗憾的是，昆明江西会馆棉花行所立碑刻仅向我们提供了抚州商人在云南销售棉花的信息，至于年销售量、棉花价格等信息则无从了解。

瓷器是自江西贩运至云南销售的另一大宗商品，光绪三十二年（1906）云南《商务总会一切往来信函》卷宗瓷器行商人张义兴等禀"查敝铺户由江西运滇之瓷器，投行随市售卖，今行户冗弱"⑤等语表明，滇省瓷器行的瓷器是由江西贩运而来的。江西景德镇是全国著名的瓷都，所产瓷器运销海内外，据文献记载，清中叶最早来昆明贸易的商人为江西帮和湖南帮，当时的江西商人主要是经营瓷器庄的。⑥

3. 云南与两广的贸易

云南与两广之间贸易联系主要是随云南铜、锡矿的外运而建立起

① 民国《汉口小志·商业志》，民国四年（1915）铅印本。
② 吴量恺：《清代湖北沿江口岸城市的转运贸易》，见叶显恩主编《清代区域社会经济史》（上），北京：中华书局1992年版，第703页。
③ 民国《祁阳县志》卷10《货物》，民国二十年（1931）刻本。
④ 光绪《汉川县志》卷6《物产》，同治十二年（1873）刻本。
⑤ 昆明市档案馆藏：《云南商务总会一切往来信函》，卷宗号：9-1-21。
⑥《新纂云南通志》卷143《商业考一》，民国三十七年（1948）铅印本。

来的，这条商道即清代各省采买滇铜的运输路线，称为"西江路"，自
云南剥隘港过广西百色、苍梧经西江水路达桂林、广州以及江浙一带。

广南府与广西接壤，也是西江路出滇必经之地，府城以及剥隘镇
都是该商道上的重要中转站，故清代广南府（今文山州）附郭以及剥
隘聚集了来自广东、江西、两湖以及云南的商人。在附郭宝宁县（今
广南县）西街分布有德顺、江西、三楚、福建、岭南 5 所商人会馆，
东街有川黔会馆，城北卖水街有三迤会馆①；在剥隘镇今有粤西、粤东、
江西会馆遗址，说明当时有不少两粤、江西、福建商人来此贸易。其
中剥隘粤西会馆在嘉庆、道光年间两度重修，说明这一时期往来剥隘
的粤西商人较多。

清代云南与两广贸易的输出商品主要为铜。据《滇南矿厂图略》
载，广东省每年从云南采买正高铜 101 227 斤，金钗厂正低铜 50 613
斤；广西省每年采买正高铜 212 550 斤（不计耗铜、余铜）②

咸同以后，云南省自西江路输往广州以及沿海各省的主要商品为
鸦片。芙蓉会馆或称土药行帮 1907 年《商务总会土药卷宗》载："茶
驻滇收买大宗烟土屯户，除广帮业已收庄回籍外，其余只两湖客帮、
常德客帮以及本省并迤西客帮，共计四帮。"③由此可见，可见广州商
人是云南省鸦片业中的重要运销商。据光绪十九年（1893）蒙自海关
税务司调查，经蒙自关销往两广的云土每年达 14 000 担，占云土外销
量的 28%。④

两广输入云南省的货物主要为食盐和广杂货。粤盐在云南的行销
历史悠久，且主要集中在广南、开化府一带。乾嘉道时期在广南地区
捐资重修会馆的两粤商人中，除了运销铜矿的商人外，还有众多运销
食盐的商人。据文献记载，广南一代"向系听从民贩近粤西者贩卖粤

① 民国《广南县志》卷 3《舆地志》，云南省图书馆藏民国二十三（1934）
　稿本。
② 吴其濬纂，徐金生绘：《滇南矿厂图略》《滇南矿厂舆程图略 采买》，清
　云南刻本。
③ 昆明市档案馆藏：《商务总会土药卷宗》，卷宗号：9-1-41。
④《光绪十九年蒙自口华洋贸易论略》，见《中国旧海关史料》第 21 册，
　北京：京华出版社 2001 年版。

盐"①，"岁可销二百五十万斤"②。

4. 云南与康藏的贸易

西藏与滇西北毗邻，独特的地理位置使两地间的商贸联系较早。在明代的木氏土司统治时期，木氏土司采取有利于商业发展的治理措施，进一步加强了丽江、中甸与康南、江卡、盐井地区之间的贸易联系。

清代，云南与内地各省之间的贸易联系日益活跃，滇藏贸易亦得到进一步拓展。自嘉庆年间丽江纳西族商人李萌孙在西藏经商发家致富后，滇西丽江府商人入藏经商者渐多，且多由此致富，"丽江、鹤庆、剑川之行贾其地（吐蕃地）者，每岁以二月往，六月始归，皆获厚利，藉以起家"。③清末民初，滇西北商人从最初的季节性行商，转为坐贾，他们在西藏拉萨等地仿效内地商人在西藏首府拉萨建立了云南会馆"三多庙"，每年农历二月初八，在西藏的纳西商人都会到云南会馆来祭祀"三多神"。后来，云南省非纳西商人亦参与到纳西同乡的祭三多活动中，"三多庙"成为云南商人聚会和洽谈商务之地。拉萨是西藏的商业中心，滇商在拉萨建立了同乡会馆，说明他们在该地区的经济实力和影响力很强。据文献记载，清末拉萨的内地商户有两千多户，"其中以滇人最多"，次为川、陕商人。④

滇藏贸易自云南省输入藏区的大宗商品为茶叶。滇藏商人交易的内容主要是将云南省的普洱茶驮运至西藏换回马匹和藏药等，故今人将滇藏商道称为"茶马古道"。据文献记载，雍正年间，经丽江销往西藏的茶叶约为 30 万斤，"每年户部颁发茶引三千张，每张载茶三十三千……由阿喜出口赴中甸销售"⑤；自藏区输入滇省的商品主要为马匹、藏毯、藏药等藏区土产商品。

清代云南与西川、两湖、江西、两粤、西藏等地建立了密切的贸易联系，或为内地商人前来贸易，或为云南省商人前往贸易，有效地

① 道光《两广盐法志》卷18《转运一》，道光十六年（1836）刻本。
② 宣统《云南全省财政说明书》，见《续编清代稿钞本》第94册，广州：广东人民出版社2009年版。
③ 道光《云南志钞·边裔下》，道光九年（1829）刻本。
④ 洪涤尘：《西藏史地大纲》，上海：正中书局1936年版，第43页。
⑤ 乾隆《丽江府志·财用略》，乾隆八年（1743）刻本。

推动了云南商业的发展和地区间的经济文化交流。

（三）国际贸易

云南与东南亚中南半岛上的缅甸、越南、老挝毗邻，历史上中国与这些国家早就已建立了朝贡贸易或其他经济联系。清代，云南除了发展与接壤邻国之间的贸易外，还通过滇缅印、滇藏印、滇缅泰之间的转口贸易，将云南与东南亚、南亚地区有机联系起来，在中国西南开辟了一个跨国经济圈。从目前笔者掌握的资料来看，在这个经济圈中，云南与缅甸的贸易最为繁盛，而且19世纪以前奔波于滇缅商道上的商人主要为滇西商人。

滇越铁路开通以前，滇缅贸易主要是通过陆路交通来完成的。大抵在云南省内以昆明为中心，自昆明向西经大理、过保山，达腾冲滇缅边境；境外则自蛮暮、新街、或密支那抵达阿瓦（洞缪），经金多堰，达瓦城（今曼德勒）。

在滇缅贸易中，腾冲商人不仅占有地缘优势，还占有传统经营优势，他们成功掌控了19世纪中叶以前的滇缅贸易，成为滇省商人中的佼佼者。19世纪以后，闽粤商人入缅经商者较多，不过滇商仍然主导着缅甸沿江贸易。姚文栋言："缅甸海口之埠凡三处，而仰光扼其要；沿江之埠二十二处，小者二十九处，而阿瓦与新街扼其要。海口商务，闽商主之；沿江商务，滇商主之。"①

由于资料缺乏，我们难以考证清代云南省商人走缅经商的具体起始时间，不过当国内开始关注腾冲人大量在缅甸经商的现象时已经是乾隆年间。而且他们不仅仅是来回奔波于滇缅之间的行商，他们还在缅甸设立了商号，组建了会馆，在缅甸的影响力甚至高于在国内的影响力。云南商人在缅甸的活动范围从蛮暮（八莫）、新街、密支那，延伸至旧国都瓦城（曼德勒）等地，而云南会馆则是他们沿途贸易的住宿、囤货之中转站。蛮暮（八莫）是滇省商人聚集的重要地区，"蛮暮（八莫）有汉人街临于河干，三十余家，为寄屯货物之所"。自蛮暮（八

---

① 薛福成：《出使日记续刻》卷1，见《薛福成选集》，上海：上海人民出版社1987年版。

莫）"西行百数十里至新街……腾越人商于此地者三百余家"①；另据光绪年间使缅的王芝所见，"新街有汉人街，屋制略如中国，瓦屋亦间有之。滇人居此者约千余，腾越人居其九，以关汉寿行台为会馆。楼台廊阁壮丽，如中国制"②，即是说滇商贸易新街者已非常之多。

除新街外，在缅甸都城亦有众多云南人经商于此。《重修观音寺功德小引》载："瓦城观音寺者，溯自乾隆三十八年汉并秦凯后，继以两国修睦，商人渐进，丝绵往来，裕国通商……越数年，商人鱼贯而入，客货渐次宏通。"③乾隆年间，云南人在缅甸古都阿瓦（洞缪）修建了云南会馆"观音寺"（老馆），缅王迁都后又在瓦城（今曼德勒）建立了新馆，而且新馆与缅甸皇宫隔街相望，足以体现滇商在缅经商人数之众、影响力之强。

滇缅贸易中，自缅甸输入中国大宗商品为棉花、食盐、宝石等。瓦城《重修观音寺功德小引》已经载明"商人渐进，丝绵往来，裕国通商"，可见乾隆年间棉当为滇省商人自缅甸贩运至滇省的主要商品。清季腾冲商人所创商号三成好、永茂和（原为永茂祥）等均经营棉花、宝石生意，如永茂和"主要贩运腾冲土特产到缅甸销售，然后将缅甸棉花、海盐等商品运回腾冲销售。1850 年前后在缅甸设有商号'永茂祥'，经营宝石、玉石、百货"。④

同时，国内文献也可证实棉花、玉石是早期滇缅贸易的大宗商品。乾隆年间，云贵总督张允随奏称："棉花经客商自木邦贩回内地销售，岁以为常；苏木、象牙、翠毛、木棉等物，则贩自缅甸；云连购自力些；永昌所属之陇川、遮放、干崖南甸盏达潞江、芒市、猛卯等各土司地区，多赴缅甸老官屯地方买海盐。"⑤这种贸易曾被两国之间的战争暂时打断，战争结束后贸易又恢复原状。西方商人曾目睹了滇缅棉

① 黄楙材：《槟榔江考》，见李根源辑《永昌府文征》文录，腾冲：美利公铅印曲石丛书，1941 年版。

② 王芝：《海客日潭》卷 1，台北：文海出版社 1969 年版。

③ 缅甸洞缪云南会馆"观音寺"道光二十六年《重修观音寺功德小引》，见尹文和《云南和顺侨乡史概述》，昆明：云南美术出版社 2003 年版。

④ 《腾冲文史资料选辑》（第 3 辑），腾冲县政协文史资料委员会，1991 年版，第 257 页。

⑤ 《张允随奏稿》"乾隆十一年五月初九日"，云南省图书馆藏抄本。

花贸易的盛况，"在腾越至阿瓦的陆路上，常有牛 400 头，马 2000 匹这样的运输队伍，有如往日那种大规模滇缅贸易的景象，缅甸又重新占有了云南的棉花市场"①。如此庞大的运输队伍，能运载多少棉花进入滇省呢？据英国人克劳福特估计，在 19 世纪初滇缅贸易额约为 30 万～40 万英镑，19 世纪中叶上升到 40 万英镑。其中仅棉花一项，19 世纪 20 年代，每年输入云南者，其货值就超过 20 万英镑，重量不下 500 万公斤。②

自滇输往缅甸的货物则为滇省铜锡矿产、滇西土产，同时还汇集了四川、湖广、江西等地的丝、铜具、纸、瓷器等商品。其中丝为自滇输入缅甸的主要商品，道光年间滇商修建瓦城云南会馆，其经费主要是向丝商抽收厘金筹集，"溯自道光十八年前，每丝花抽厘金二分，兹因得地敞宽阔，估计工程浩大，用费难量，又值公项无存，众号公同筹酌，收成四分，尚不敷用。只得陆续收抽，陆续向外处行二分息挪借添用。又至二十四年，加收六分。诸色京广土货，照例加收。今丛林岁叨佛神庇佑，功程完全，而公众亏欠外项未楚。待至二十年内收齐丝花杂货厘金，方能归还"③。这一纪录说明，丝是滇商在缅经营的主要商品。此外，腾冲商号茂祥和主营的国内商品为生丝，"该商号在云南境内向昆明、下关老主顾西昌丝商购买建昌纺和向川商协美购买筠连条丝，同时还在保山收购部分条丝运销缅甸，每年销售约二千担"；洪盛祥、三成号出口商品以黄丝为主。④

除丝以外，其他云南省以及内地所产商品亦有销往缅甸者，据《东华录》载，中缅开战以前"缅夷仰给内地者：钢铁锣锅、绸缎、毡布、瓷器、烟、茶等物"。我们知道，丝并不产自云南，而产自临近的四川以及江南一带，滇商经营的丝肯定来自四川以及内地市场，同时"京广土货"、绸缎、毡布、瓷器亦来自内地市场，这样滇缅贸易便与云南

---

① [英]哈威：《缅甸史》，北京：商务印书馆 1957 年版，第 298 页。
② 贺圣达：《缅甸史》，北京：人民出版社 1992 年版，第 214 页。
③ 缅甸阿瓦云南会馆"观音寺"道光《重修观音寺功德小引》，见尹文和《云南和顺侨乡史概述》，昆明：云南美术出版社 2003 年版。
④《腾冲文史资料选辑》（第 3 辑），腾冲县政协文史资料委员会，1991 年版，第 24、29 页。

省际贸易有机地联系起来了。

19 世纪晚期至 20 世纪早期,西方殖民者的商业活动逐步渗透到中国、东南亚和南亚地区,使滇缅印经济圈的联系进一步加强和拓展。不过,此时进出货物的商品结构发生了变化。自缅甸输入的商品主要为棉布、棉纱、洋纱之类纺织品,同时还输入其他洋杂货;出口商品以大锡等五金产品为主,同时输出生丝、茶叶以及其他杂货。不过,此时红河水道开通,随后滇越铁路建成通车,滇缅陆路商道组建被滇西南这两条商道排挤,进出口货物多取道红河水道和利用铁路运输。

滇缅贸易沟通着整个西南乃至中国与缅甸之间的经济联系。自缅甸输入的商品,通过云南省际贸易转售到内地;同样内地商品亦通过这种转口贸易销售到国外。比如,自缅甸输入的玉石、麝香等商品,转而抵达闽粤等地。据《腾越乡土志》载:"乾嘉间,海运未开,凡闽粤客商贩运珠宝、玉石、琥珀、象牙、燕窝、犀角、鹿茸、麝香、熊胆,一切缅货,皆由陆路而行,必经过腾境。……惟缅国强时,听华人之任便通商,内地烟、酒、丝、茶畅销于缅域,无稍禁阻。"[1]腾冲商人每岁均会赴大理"三月街"进行交易,他们将自缅甸贩回的宝石等带到该市场交易,"凡玉石中如手镯……琥珀中如……以及各项可销之货,俱载运到彼求售"[2],"三月街"乃滇西较大的中心地市场,来此贸易的商人包括本省以及川、粤、赣、秦等内地商人。地区市场就这样环环相扣,从而形成了一个相互连接的经济圈,并且在清末以后这种连接和互动进一步深化。

在这一经济圈中,商人的活动使互不接壤的地区之间有了交集和连接,而分布在各地区的会馆就是经济圈中的无数商人的中转站,它不仅起着团结、稳定同乡商人的作用,更重要的是作为同乡商人联系和帮助的平台,使贸易能够顺利进行。正如布罗代尔所说:"贸易得以进行全靠这些中转站,这些互助和联系,商人事业愈成功,互助和联系便愈多。"[3]

---

① 光绪《腾越乡土志》卷 8《商务》,云南省图书馆藏抄本。
② 光绪《腾越乡土志》卷 8《商务》,云南省图书馆藏抄本。
③ [法]布罗代尔:《15 至 18 世纪的物质文明、经济和资本主义》(第 2 卷),顾良、康乃强译,北京:三联书店 1992 年版,第 141 页。

第三节 会馆与云南土地经营

尽管云南的会馆大多分布在城市、集市及矿厂之中，它的成员也大多为商人，可是会馆成员却选择了一种比较传统的方式来经营会馆的产业。会馆资料显示，大多数会馆通过募捐或购置的方式置办土地，通过收取租息维持祀神香资及日常祭祀活动的支出。会馆的这种产业运作方式，使会馆组织与乡村土地有了联系。虽然会馆购置的土地数量参差不齐，但是这种置办土地的活动表明清代云南的土地是可以自由流转的，组织或个人均可根据需要流转地权，或让渡经营权、或让渡他物权，或让渡自物权，并且土地权利人可以通过多种交易形式获取贷款或利息。会馆与其他普通组织或个人一样，进入地权交易体系后需遵行当时的交易制度或规则，获取地权后再次通过交易获取利息。无论会馆等民间群体或个人以何种形式流转土地，其所有者均需按例向国家交纳田赋。

一、会馆置办土地

会馆是一个民间组织，与其他组织不一样的地方在于它的组织平台为祠庙，而祠庙拥有土地的现象早已有之。虽然会馆的成员有商人、官员和工匠等群体，而且大多为商人，但是会馆并非营利性组织，对会馆产业的置办、运作，他们选取了当时最为普遍的方式，即广置土地房产，交易产权获取经济回报。

清代云南的会馆祠庙置办土地作为固定资产的现象非常普遍。如会泽县陕西会馆共有土地 42.54 亩，嘉庆十年（1805）接买民田 10 余亩[①]，道光四年（1824）接买段姓陆田 1 分[②]。会泽县豫章会馆嘉庆十四年（1809）接买民田 7.38 亩，并随田陆地一分；道光十二年（1832）

---

① 云南会泽县陕西会馆嘉庆十年（1805）《关中布行义捐常住碑记》，现立于该馆内。

② 云南会泽县陕西会馆道光四年（1824）《道光四年□□碑》，现立于该馆内。

接买陆地一形，改为秧田，计 1.3 亩；咸丰十一年（1861）接买民田 23.76 亩。①会泽县湖广会馆所属土地数量超过 200 余亩。大理府太和县（今大理古城）江西吉安会馆"万寿宫"于雍正四年（1726）置买城东门外果子园下莲花棚甸内田五亩，年收租三石八斗，麦子五斗。②镇雄州（今镇雄县）四川会馆"西源寺"于乾隆四十年接收乡绅何发祥所捐"田二形，价银八十五两，年收市斗租米四石"。③顺宁县（今凤庆县）大理会馆有"平村大田坝田二段，金竹村田一段，毛家拐下三撬地方田一段"；云州（云县）大理会馆有"田二十余亩"；宾川县牛井街大理会馆有"田二段共二十余亩"。④

　　会馆置办土地的方式主要是认捐和购置。认捐即会馆成员将自己名下的土地无偿捐赠给会馆，凭会馆进行处置。资料显示，会馆成员向会馆赠与土地时，需订立施给契约，明确土地原所有者、于何时转赠以及土地的坐落、面积、四至，如果该田亩与第三方发生过地权争议，则需将争议缘由、裁决结果一并说明。东川府会泽县湖广会馆土地大多为成员认捐，认捐契约内容如下：

施白上首契约

　　楚省江夏县信士弟子毕其珠，于乾隆二十八年八月十五日，将东门内居住张其美、男张自达、侄张自位、胞弟张其英借欠毕其珠钱四百五十九千文，分文无偿。其珠俱控，蒙县主何询追爷断，令将伊等田六亩二分七厘、外瓦房铺面一间，断归其珠管业，张其美子侄遵断在案。自断杜卖之后，永为其珠子孙世业，听从投税拨册，永断葛藤。文契炳据缘毕其珠在外叫沐，寿佛寺庇酬答无由。于是虔心敬意，自发献善念为悠远之敬，情愿将此房田捐施东城吾楚寿佛寺永为常住供奉神禹、东岳、寿佛各殿前燃灯

① 云南会泽县豫章会馆（系江西南昌、瑞州二府会馆）光绪十年（1884）《南昌府永垂不朽碑》《瑞州府永垂不朽碑》，现立于会泽县江西会馆碑林内。
② 太和县江西会馆"萧公祠"乾隆四十四年（1779）《萧公祠吉府常住碑记》，见大理白族自治州白族文化研究所编《大理丛书·金石篇》，昆明：云南民族出版社 2010 年版。
③ 乾隆《镇雄州志》卷 3《祠祀》，乾隆四十九年（1784）刻本。
④ 民国《大理县志稿》卷 3《建设部》，民国六年（1917）铅印本。

香火之资。所有奉断其新旧文契，当凭阖省客长、头人等公同付与本寺住持僧雨南、自玉收执管业，功德具在，永勒石不朽矣。

乾隆二十八年八月十五日　毕其珠亲笔敬具①

会馆与原主交易双方签订契约后，土地权益从原主转入会馆祠庙名下，成为会馆的固定财产。认捐关系一旦生效，原主不可索回。土地地权通过认捐发生了转移，但捐赠双方不产生债权关系。由于清代土地地权流转较为频繁，许多土地经过多次流转之后转到会馆名下，为了保证土地来源合法，避免地权纠纷，故原主需将认捐契约以及该土地原来流转过程中产生的契约一并交由会馆客长、头人或首事。如上述东川湖广会馆所得毕其珠捐赠的土地，还附有毕其珠与张其美等人签订的土地买卖契约。东川府湖广会馆成员中有许多持有土地的富农，该馆的绝大多数土地均为同籍富农捐赠，会馆志详细记载了各处地产的来源、坐落及交易契约。

购置是会馆利用组织通过经费获取土地某项地权的置办方式。购置的交易方式较多，有活卖、典、抵押、绝卖几种。会馆根据自身经济情况，通过上述的某种交易方式获得土地权，同时为了经营方便，大多选择以获取租息的方式经营土地。活卖即土地所有者在约定期限内向银主转让土地所有权，约定期满原主可持银向银主赎回土地，这是比较常见的土地买卖方式。如果原主在规定期限内经济状况陷入困境，无法赎回土地，可向银主加、找价格，土地由活卖转为绝卖，即原主永远将土地所有权转让给银主，不得赎回。云南的会馆置买土地，大多只有置买的记载，未留下置买契约，故难以确定哪些为活卖哪些是绝卖。不过，从土地交易的一般形式而言，大多会选择风险较小的活卖方式进行交易，当然亦不乏直接选择绝卖的。会馆置买土地时，一般都需签订契约或向政府讨要执照。②具体程序为先由卖方、凭中正

---

① 会泽县湖广会馆《东川湖广会馆传书》卷2，乾隆刊刻残本，会泽县图书馆藏。

② 会泽县湖广会馆《东川湖广会馆传书》卷2，乾隆年间刊本，会泽县图书馆藏；会泽县四川会馆"川圣官"《万古不朽碑》，现在会泽县四川会馆内。

（证人）、会馆首事（或其他管理人员）三方自行公议土地价格后，将土地所在地址、面积、四至标明，并同其他约定事宜以书面形式记录下来，形成契约；然后将契约交官府核验，加盖印章，获取执照。若为活卖则可约定赎回期限等事项，若为绝卖则说明不得赎回。东川府湖广会馆土地买卖交易中，有绝卖契约，内容如下：

> 立杜卖水田文契人萧李氏同胥刘龙彩、唐祖梯系本城住人。为因缺用无从出备，情愿将先年接买周惠水田一形，坐落以舍门首，计三亩六分，东至苏瑞龙田，南至大路，西至苏世芳秧田，北至沟，四至开明，除近亲族人等俱称无银承受，自浼中人召到寿佛寺承买为业，永作香灯之资。此日三面议定，时值价银二十六两整，就日母子亲领入手应用，此是实银、实契，其中并无私债备拆逼延等情。自卖之后，任凭闿省客长、头人投税拨册，更名输赋，无论内外亲族人等，永不得加找取赎，倘有一人外生异言，甘认罚白米五石充公。今欲有凭立此杜卖文契付庙永远存照。
>
> 　　中证人：邓顶望　　苏子润　　黄凤鸣
>
> 　　乾隆四十五年八月二十八日
>
> 　　立杜卖水田文契人：萧李氏　　同胥刘龙彩　　唐祖梯
>
> 　　代字人：苏子润　笔①

　　萧李氏等人卖与东川湖广会馆的土地就是绝卖，卖主不得赎回土地，土地所有权转入会馆名下。实际上该土地地权在此之前，已经进行过两次流转，每次都是以绝卖的形式进行交易，其原因与萧李氏相似，均为经济状况十分拮据，又遇急需开支事项，不得已才将产业变卖。湖广会馆以银26两的价格获得萧李氏水田所有权，此价格与乾隆三十二年（1767）该水田第二次绝卖交易价格相同，比乾隆二十五年（1760）第一次绝卖交易价格高出十两。绝卖的土地，交易的是土地的所有权，买卖双方除了订立契约外，买方还需到政府办理产权户口交割手续，将土地登记产权从卖方转移到会馆名下。

---

① 会泽县湖广会馆《东川湖广会馆传书》卷2，乾隆刊刻残本，会泽县图书馆藏。

　　昆明县浙江会馆是众多会馆中土地财产较多的一所，该会馆先后通过买、典形式置办了许多土地[①]，详见表 5-3。昆明浙江会馆买卖土地的形式主要为"买""典"，由于该会馆土地的交易契约未能保存，故难以知道"买"为"活卖"还是"绝卖"。

表 5-3　清代昆明县浙江会馆所属土地一览表

序号	土地类型	所在地	面积或数量	获取方式
1	水田	黄子巷马家营	十一亩	买
2	水田	麻园	十三亩一分	买
3	山场	沙靠村	二块	买
4	旱田	沙靠村	五十二丘	买
5	秧田	沙靠村	五井	买
6	荒田	沙靠村	二丘	买
7	荒地	沙靠村	一形	买
8	水田	赵李二塾	十亩二分	买
9	水田	西坝弥勒寺	五亩三分	买
10	水田	西坝	二亩三分	买
11	菜地	广华庵草场	二块	买
12	陆地	大西门外	一块	买
13	陆地	北门享堂前	三块	买
14	陆地	梳妆台旁	一块	买
15	屯田	潘家湾	一亩五分	买
16	屯田	鱼翅河头西岸	一亩五分	买
17	田	官庄（华姓）	五亩	典
18	田	官庄（褚宣）	二亩	典
19	田	官庄（张明）	一亩七分	典
20	田	官庄（张润）	一亩七分	典
21	田	官庄（张秀吉）	二亩	典
22	田	官庄（曹安）	一亩七分	典

---

① 〔清〕陈鹍：《云南浙江会馆志·浙江享堂祭产登记》，光绪二十二年（1896）集翠轩刊本。

典是清代土地交易中另一种较为普遍的交易形式，"是土地收益与资本利息之间的交易，指地权所有者出让约定期限的物权获得贷款，以土地经营权与全部收益支付资本利息；但出典人保留最终所有权或自物权，在政府产权登记中不发生交割过户；期满之后，备原价赎回土地"①。典的交易价格相对出卖低，承典方承典土地后可自行招佃耕种或再典第三方收取利息，承典方可以最低的贷款获得较高的利息收入，因此是民间土地交易的常用方式。会馆承典土地，与出典人签订出典契约，契约中就土地坐落、出典缘由、出典价格、典期等情况进行约定。

东川湖广会馆碧谷坝 20 余亩水田、庄房地基、牛圈等即为承典而来。该土地典契记载：

> 乾隆四十六年三月十二八日，本馆接顶段崇禄吐退官田一形，坐落大寨户口，计上则田二十一亩一分五厘，下则田四亩九分五厘，共计水田二十六亩一分，四至契载清白，并庄房园土地基、牛圈等项在内。其田原系鲁培宗杜退与段氏。大寨木刻码口水注阴，每年上纳官租米京石四石三斗三升零。庄房一座系瓦房三间，园土、地基、牛圈等项俱系在内，浇中出顶，除近亲族田邻村乡人等俱系无人无银承顶，自浇中人赵安民、蒋子初、蒋子祐、李常俊等行言召到东城寿佛寺出头承顶，以作常住之资。此日三面得受顶价工本银四百五十两整，就日银约两相交清，并无逼压、备拆、短少等情，不必另立领约。房田俱已依文倒顶，毫无克存。自杜顶之后，任从顶主拨册换单，另佃耕输，不得异言，愿顶愿退两无逼勒。田有好歹，顶主亲见。互混不明，退主承当。今欲有凭立此永远吐退杜顶文约为据。
>
> 　凭中人：吕必缨　蒋子初　李常俊　赵安民　马登宣　蒋子祐
> 　乡约：周文萃　曾正贵
> 　在见人：胡茂周　段京龙　阳必禄（等）
> 　田邻：段联科　鲁培宗　全男鲁训
> 　当年客长陈受益

① 龙登高、林展、彭波：《典与清代地权交易体系》，《中国社会科学》，2013年第 5 期。

　　此时鲁姓父子接受押字银十三两整　　再照

　　乾隆四十六年三月二十八日　立永远吐退杜顶官田人段崇禄[①]

　　此份典契中，出典人并非土地所有者，出典人从土地所有者（政府）处获得土地经营权，由于不明原因，出典人段崇明将经营权典于湖广会馆，期限为无限期，出典得到工本银 450 两。湖广会馆获得碧谷坝官田、庄房等项土地经营权，收益归会馆所有，按例每年缴纳官租。

二、会馆承担赋税

　　无论会馆以何种方式获得地权，均需承担赋税义务。会馆实体为"祠庙"，是民间供奉、祭祀神灵的地方，会馆所属土地也可以说是神灵的香火田或地。不过，朝廷却没有对会馆土地格外开恩、免收赋税，会馆需按照朝廷田赋征收要求，按时按量缴纳田赋。如会泽县江西会馆南昌府所接买雷万春水田需"年纳粮七斗六升二合九勺，条银五钱七分八厘"[②]；会泽县湖广会馆八处田庄均需向国家缴纳赋税，田赋项目有秋米、条米、羡银、款银、莇拆银、火耗银[③]，详见表 5-4。

表 5-4　清代会泽县湖广会馆"寿佛寺"田赋一览表

土地所在地	面积（亩）	等级	税粮（石）		税银（两）	
			秋米	条米	款银	羡银
水城	83.79	中田	2.514	1.333	0.20112	0.14 663
托落	56.58	中田	1.6974	0.899 622	0.135792	0.09 895 842
	11.42	荞地				
水坪子	5	下田	0.153		0.008	0.0053
	180	荞地				

---

①　会泽县湖广会馆《东川湖广会馆传书》卷 2，乾隆刊刻残本，会泽县图书馆藏。

②　会泽县豫章会馆光绪十年（1844）《南昌府永垂不朽碑》，现立于江西会馆内。

③　会泽县湖广会馆《东川湖广会馆传书》卷 2，乾隆年间刊本，会泽县图书馆藏。

续表

土地所在地	面积（亩）	等级	税粮（石）		税银（两）	
			秋米	条米	款银	羡银
歹戈庄	6.27		0.2508	0.1329	0.02 064	0.01 619
以舍	3.6	中田	0.108	0.05 724	0.00 854	0.0 062 964
碧谷坝	21.15	上则田	每年上纳官租米京石 4.33			
	4.95	下则田				
洒海村	3		0.6		0.0318	

注：资料来自《东川湖广会馆传书》卷2。此外，托落田年纳折银 0.10 963
两，火耗银 0.021 926 两；水坪子田地纳折银 0.768 两，火耗银 0.1536 两

表 5-4 反映出，湖广会馆不仅要向朝廷缴纳田赋，而且各地不同
等级田地所缴税额有差异。如水城、托落、以舍三处田庄均属中田，
税率为每亩纳秋米三升余，款银二厘四毫。歹戈庄田 6.27 亩，税率为
每亩纳秋米四升，款银三厘二毫；撒海村田 3 亩，税率为税率为每亩
纳秋米二斗，款银一分有余。洒海村纳税税率最高，故笔者推测该处
田应为上田；歹戈庄田若属中田，那么其税率稍高于水城等三处中田；
若其为上田，税率又仅为洒海村的五分之一，故笔者推测其为中田。
这样，该馆四处中田田庄的纳税比率亦存在差异。

那么，会馆田庄是按什么标准缴纳赋税的呢？据乾隆《东川府志》
载，该府康熙三十年（1691）后每熟田一亩"载京斗粮米二升，只实
征本色米一升，每升折征银七厘"；莜地每亩"载莜粮二合四勺，折银
一厘二毫"。雍正四年（1726）后，该府划归云南管辖，赋税"按则起
科，永为定额"，上则田科京斗米一斗八升一合至二斗三升一合不等，
中则田科京斗米一斗九升八合，下则田科京斗米一斗；上则地每亩课
银七厘，下则地每亩课银五厘。[1]这是该府法定赋税标准，各县村寨实
际征收标准则略有变动。田赋税率上文已阐述，再来看莜地税率，托
落莜地莜折银税率为每亩纳银九厘五毫余，而水坪子莜地莜折银税率
为每亩纳银四厘二毫余，虽文献并未注明莜地等级，但虽然其税率与
该府法定税率之间存在差异。

---

① 乾隆《东川府志》卷10《赋税》，乾隆二十六年（1761）刻本。

清初按田赋、田丁银分别征收赋税，经历康熙五十一年（1712）"滋生人丁永不加赋"和雍正二年（1724）"摊丁入地"赋税政策改革后，全国赋税制度逐渐定额化，即地丁合一，按田征收。户部根据各省官员奏报纳税能力，制定各地田赋征收法定标准。如云南民田赋税征收标准为"田每亩科银五厘五毫至四分六厘五毫零不等，粮一升九合四勺至一斗五升零不等；归并卫所屯地每亩科粮五升九合二勺至八升一合八勺零不等；马厂地每亩科银三分；夷地每亩科粮一升"[①] "上则田每亩课粮二升九合四勺零，中则田每亩课粮二升五合四勺零，下则田每亩课粮一升七合四勺零。上则地……"[②]此为正赋。

1752—1750 年，各地征收的附加税"耗羡"逐渐合法化，朝廷准许由各省官员自行确定其征收比例，将其编入朝廷田赋规定之内，成为田赋的组成部分。[③]云南随田征收耗羡"条丁每两征收耗二钱；公件银两不加耗银，额征税秋米粮，每石收耗三升"[④]。耗羡又分奏平和公耗，奏平每条一两征银一钱；公耗分火耗、粮耗，火耗每条一两征银七分，粮耗每石征银八分。[⑤]于是，会馆田赋缴纳中又多了耗羡——火耗银、羡银。

会馆除了要缴纳田赋外，接买田地时所立的杜契，还需向国家缴纳契税。会泽县陕西会馆道光四年（1824）所接头陆姓田产价银 330 两，缴纳"税契银 27 两"，税率为每价银一两纳税八分余。[⑥]另据会泽县湖广会馆资料显示，该馆乾隆四十五年（1780）置买的以舍民田，原为周氏于乾隆二十三年（1758）从苏姓手中接买，价银 16 两，双方订立杜契，"给契尾纳税银四钱八分"[⑦]，其纳税比例为每价银一两纳

① 《钦定大清会典则例》卷 35《户部·田赋二》，文渊阁四库全书。
② 《新纂云南通志》卷 150《财政考一》，民国三十七年（1948）铅印本。
③ 王业键：《清代田赋刍论 1750—1911》，高风等译，北京：人民出版社 2008 年版，第 45 页。
④ 《钦定大清会典事例》卷 164《户部》，清光绪二十五年（1899）京师官书局石印本。
⑤ 《钦定大清会典事例》卷 164《户部》，清光绪二十五年（1899）京师官书局石印本。
⑥ 会泽县陕西会馆"关圣官"道光四年（1824）《□□□碑》现立于该馆内。
⑦ 《东川湖广会馆传书》卷 2，乾隆年间刊本。

税三分。有文献记载，清代云南民间田地房产买卖需缴纳契税"每两征收正税三分，杂费一分五厘，共银四分五厘；契纸由人民自立，报验时黎占给藩司印信契尾，每张加收契尾费五六钱不等。典契向不征税"。宣统以后提高契税比例，征税、杂费共计九分，典契亦需收税六分。[①]而上述会泽县契税征收税率则表现出，乾隆年间低于道光年间的标准。

上述田赋、契税缴纳，仅为会馆个案，因资料缺乏，我们难以对清代云南省所有会馆的地产及经营、交易情况进行统计，但是会馆广置田产、收取租息，供长久之需，已成为普遍现象，会馆是云南重要的土地经营者之一。

---

① 《新纂云南通志》卷 150《财政考二》，民国三十七年（1948）铅印本。

第六章
会馆与云南社会

　　流寓客居的移民或同行业人士在某地客居或经营，他们往往会选择同乡人比邻而居，在城市、市镇、乡村中形成了一个个具有移民特色的社区、街道、村寨。在移民聚集社区，会馆不仅仅是他们祀神和聚会场所，还是社区内部自我管理组织，会馆祠庙则是组织商议公事的场所。这种团体自我管理、自我救济的机制，是基层社会内部运行机制的重要组成部分。同时，当移民融入地方社会，追求地方社会影响力时，他们就通过会馆组织广泛参与地方社会事务，获得社会声誉，扩大移民团体在地方的影响力。

第一节　会馆与流寓人口管理

　　清代，云南省除了昭通、广南、开化、思茅 4 府的乡村有大量移民垦荒落籍外，其余府州的移民大多都选择落籍在云南的城市、市镇和矿厂。移民落籍乡村者，政府在人口普查之后，将新增移民编入保甲进行管理；落籍城镇、集市、矿厂者，有的长期定居，有的不久之后又进行二次、三次流动，人口较不稳定，未编入保甲，政府只设客长进行管理。不过，乡村的保甲制度更多的是国家基层制度体系对基层设置、纳税、治安稳定方面的约束，不针对村民的具体行为。城镇的移民管理，虽然设立移民客长管理，但是移民较多，客长只对部分事物进行管理，其他事宜则需移民进行自我管理；居住在深山矿厂的移民，远离村落和城市，政府管理更加不易。

于是，在清代的移民管理体系中，移民大多以同乡为单位聚居，形成"大杂居、小聚居"的格局，在各自聚居社区内建立会馆祠庙，组建同乡组织，以此对社区内的同乡居民进行管理，起到了事实上的对流寓人口的管理作用。会馆组织对流寓人口的管理主要体现在三个方面：一是自律管理，二是监督管理，三是强制约束管理。

一、神灵信仰约束

会馆的神灵信仰，对流寓人口形成了一种自我稳定、自我约束管理。

清代云南的外省人和省内人，凡是设立会馆者，必祀本土乡贤偶像或行业先哲，而这些都被神化为了神通广大和完美道德的神灵。如湖广会馆所祀"大禹""帝主"，江西会馆所祀"许真君""萧公"，福建会馆所祀"妈祖"，贵州会馆所祀"黑神"，山陕会馆所祀"关公"，四川会馆所祀"李冰父子"、江南会馆所祀"白衣观音"等。随着会馆规模的不断扩大，朝廷敕封的众"神"以及其他民间信仰的本土神也被请入会馆，会馆正殿祀奉"本土神"，其他殿宇则广祀众神。如会泽县江南会馆，正殿祀白衣观音，前殿则祀关帝，陪殿祀吕洞宾；会泽县江西会馆正殿祀许真君，后殿则祀观音，陪殿祀送子娘娘等。

在中国传统文化中，"神"是缔造、掌管整个宇宙的，其权力在最高统治者帝王之上；"神"是人的保护者，他们神通广大，博爱无边，救苦救难；"神"也是整个世间善恶的评判者，善者将得到神的庇护，恶者将会受到"神"的惩罚。社会各阶层都"敬"神，期望得到神的保佑；同时社会各阶层又"惧"神，害怕被神灵惩罚。人们对神的这种期望或惧怕本身就会导致对自身行为的约束。

会馆祀奉神灵，首先是期望得到神灵的保护，为流寓人口创建一个异乡的精神家园，安抚他们的心灵，使他们能够稳定下来，不浮躁、不闹事。这本身就是一种自我管理。

其次，会馆祀神是为了宣扬神之忠、义、诚、善等优良品德，以教化乡人，约束其行为。如关帝是忠、义品德的象征，妈祖是"慈悲""舍己求人"品德的象征。会馆将神灵供奉于馆内，"以将劝后之仁人君子，善以继，永开善门，是必仁者寿、善者昌"①。会馆成员可谓众神的虔诚信仰者，他们乐于接受和效仿神灵的善举，推崇神灵完美品格，形成一种道德上的自我约束。这是自我管理的最高境界。

最后，会馆祀神是为了借神权来威慑会员，便于约束和管理。神灵对芸芸众生还有一种威慑力，人们认为神灵神通广大，一旦自己做了坏事或违反了神的旨意，就得不到神的保佑，甚至还会被惩罚。因此，这种威慑也会对人们的行为形成约束，便于管理。

二、乡里文化调解

会馆乡里文化，对流寓人口也能形成一种集体监督管理。"乡里"不仅是一片蕴藏着浓浓亲情的土地，还是一个有着严格宗族家法、乡规乡约的地方。这些宗族家法、乡规乡约是曾经在这里或那里生长过的游子们所熟知的，当然也是他们曾经牢牢铭记和奉行的行为准则。尽管清代会馆已经超越了狭义的乡里同乡关系，但是广义的同乡关系仍然未脱离"乡里"文化。会馆通过这种乡里文化在组织内部进行自我调节，要么依照故乡的乡规来调解，要么按照乡里传统或道德习俗来调解。

会馆"联桑梓之谊"并非简单的同乡聚会，它还涵盖联乡谊内容，"有忧相恤，有善相劝，有过相规，有乐相庆"②，不仅要分享喜悦，还要排解忧愁，其中也包括调节同乡之间可能发生的利益冲突或纠纷。"同乡"之间有浓浓的乡情相连，可由于利益而发生冲突或矛盾也是不

---

① 会泽县湖广会馆"寿佛寺"乾隆三十二年（1747）《禹王宫碑》，现立于该馆内。

② 会泽县陕西会馆"关圣官"乾隆四十六年（1761）《关西会馆碑记》，现立于该馆内。

可避免的，这些小矛盾、小纠纷若不解决则不利于"同乡"和睦共处，若要上诉到官府，则可能进一步激化双方之间的矛盾。这时候，同乡人出面调解当为最优策略，他们或按照乡规乡约进行调解、或以乡情劝说，充分运用乡里之间的亲情，给予乡人包容、宽容之情，督促他们矫正或改正问题，在客观上起到了管理同乡流动人口的效果。

保山腾阳会馆要求成员牢记乡里文化，约束自身行为。"所望登斯馆者，观荐裸之礼而思恭敬，念缔造之艰而知樽节，序长幼之伦而明退让。相与急公而好义，汎爱而亲仁焉"①，会员若能思恭敬、知樽节、明退让不仅有利于会馆内部的管理还有利于保山腾越流域人口的管理。

三、规章制度约束

会馆议定的规章，是以成文法的形式对会员行为形成约束。如前揭四川会馆"福星会"条规就对会员行为进行强制约束："一（是）在店住宿者勿得私行窃取主客银钱什物等，事一经查获，公共禀请枷号游街，以戒将来者效尤。一（是）议各店栈住宿者，向定以上更为度，倘夜深流连在外，酗酒滋事等弊，一经委员拿去，主家再不认保。一（是）议凡搞得生易，余有银钱者，必要供顾父母妻室，倘有糊行乱费不顾者，嗣后不许再远走生易。"②四川籍同乡不许盗窃主客财务，住店者上更之后不许外出，不许酗酒滋事，在外经商获利者必须照顾家中父母妻儿。如果有违背上述规定者，必定会受到惩罚，或枷号游街、或再不认保、或不许再远走生易。可以看出，四川会馆的这些规定不仅涉及组织成员的安全，还关乎昆明城市社会治安。

由于资料收集难度较大，目前笔者尚未发现更多关于会馆管理流寓移民的相关资料。但会馆作为一个相对有制度、有体系的组织，它必然要对其成员行为进行约束和管理，而这种管理就构成了游离于政府公共管理领域之外的民间基层自我管理秩序。

---

① 保山腾阳会馆光绪二十年（1894）《重修腾阳会馆碑记》，见李根源辑《永昌府文征》文录，腾冲：美利公铅印曲石丛书，民国三十年（1941）。

② 昆明县四川会馆"川主官"光绪二十八年（1902）《北川碑》，见《昆明市志长编》卷6，昆明市志编纂委员会内部发行，1984年版，第387页。

第二节　会馆与社会事务

会馆"联乡谊"的创办宗旨使其除了定期或不定期地召集会员进行聚会聚餐、祭祀和建设等活动以达到联乡谊的目的之外，还举办各种形式的慈善活动，以实现对同乡贫困者的救助，达到"联乡谊"的效果。

一、慈善事务

（一）置义冢

义冢即同乡会馆为同乡流寓同乡人免费提供的公共墓地。同乡会馆不仅是同乡人联合和交流信息的平台，也是同乡人因生意失败或工人因工厂倒闭等导致生活拮据时的避难所。会馆为同籍工商业者中的贫困人口提供身后栖息场所是其慈善活动的重要内容。

在中国人的传统观念里，落叶归根不仅表达了人们对故乡的眷恋之情，也表达了他们对自己身后事的安排和期许。在现实情况中，人们往往由于生活拮据等因素，致使身后不能回归故里，所以同乡人便在异乡设置了"义冢"，即便不能葬回祖坟，也要和同乡人葬在一起，以至于不会抛尸荒野，这是会馆置义冢的文化缘由。

昆明浙江会馆昆明县共设立了三处义冢"享堂"。最早一处在吴井桥，大概建于康熙年间或更早，"国初，滇垣之吴井桥有吾浙绍享堂。其创于何人今无可考，而营葬已满，岁祀亦久废矣"；第二处在"西关外安阜园"，乾隆四十五年（1780）"仁和孙文靖公（孙士毅，乾隆四十四年授云南巡抚）抚滇，与会稽王仑产先生集资购西关外安阜园故址，得地若干亩，是为浙江新享堂"；第三处在"东关外归化寺兴福塘"，建于光绪十六年（1890）。[①]这三处建于不同时期的"享堂"，供浙江籍

---

① 陈鹄：《云南浙江会馆志》，光绪二十二年（1896）集翠轩刊本。

旅滇官员、幕僚、商人、工匠等身后贫困无力单独购置家族坟地的人安葬。

昆明四川会馆设立了"福星会"经办该馆的慈善活动，其中也包括置义冢一项。四川人在云南省经营小本生意，充当苦力者甚多，"吾乡在滇宦游为商、为贾者几稀，而挑抬下力者，难以胜计"，许多人在做工期间惨死他乡，抛尸荒野，其状惨不忍睹，"其中不顾后程，糊行甚多。每见卸肩偃息，在店即成饿殍。如以连年天灾流行，多有死亡，抛置野旷，实为露骨秽天，末等目击心伤。其浪费无赖之人，故不足惜，然谨重诚朴者偶遭厄疾忘而无倚，情尚可怜"。四川同乡人不忍同乡客死他乡，无所栖息，便设立"福星财神一会"，以善款"治棺木，购置义冢"，为客死同乡人提供公共坟墓。①四川会馆置办的义冢就在"西来寺"（市委原党校）后面的山上，它是专门为四川籍"挑抬下力者"等贫困人口设立的公共坟地。每年清明或其他时期，会馆组织人员前去祭扫，以慰泉下之人，以示将继续发展该项事业。

（二）济贫助弱

会馆还利用会员捐助的善款，对孤寡特殊群体进行救助，有些会馆的救助是临时的，有些会馆的救助则是持续的。

无论是旅滇官商，还是工匠等人群，他们在云南省经营的事业并非一帆风顺，时常会遇到各种风险或灾难，有甚者可能丧失生命。这时候，他们本人及其家人将面临生存难题，特别是其遗留的年迈双亲或幼小儿女，若没有乡人资助，只能沿街乞讨度日。如《浙江会馆捐资恤贫记》载："浙之官于斯、幕于斯者，一赋闲居，便乏归计，积年久而逾窘，迨至身后眷属贫无所依。……而浙人之流寓于滇者，其贫困尤甚于湘。"②为此，浙江会馆针对同乡孤寡贫困人口生存难题，设立了专项"扶贫基金"。浙江会馆扶贫款或来源于同乡人捐助，或来源于会馆房屋土地租息，为了确保受助人能够获得持续救助，该会馆官商协议，凡到云南为官、为商、为幕者均需按月或酌力向会馆捐资。

---

① 昆明四川会馆"川主宫"光绪八年（1882）《福星会碑》，见《昆明市志长编》卷 6，昆明市志编纂委员会内部发行，1984 年版，第 387 页。

② 陈鹤：《云南浙江会馆志》，光绪二十二年（1896）集翠轩刊本。

关于扶贫基金的具体操作，浙江会馆已制定相应帮扶机制。该馆扶贫章程如下：

一（是）……每月请帮助同乡孤寡二、三分，每分银八钱，或在任捐助交卸停止，均听其便。

一（是）历定正额帮项二十分，余额三十分。凡孤寡中无子女者，或有子孙废疾、女已适人、女婿身故者，均准支正额帮项，永远帮至身故之日截止。

一（是）有子女之孤寡，支食额帮项。迨至子长成十八岁即将帮项停止，令其谋事养母。或有女无子，其女适人，有女婿可以养赡，应将帮项停止，经管首事随时查明，不得回护滥支。

一（是）同乡男丁有废疾不能谋事，准支余额帮项一分，如尚能谋事，并非废疾，懒惰自安，希图帮助者，不能滥支发给，以杜蒙混。

一（是）孤寡中仅只身一人无子无女，薄有产业可以收租者，不给帮项，如有薄业而子女尚幼，无论人数多寡，给余额帮项一分。

一（是）孤寡中有夫之亲弟兄现在服官者，自应养其孤寡之兄嫂弟媳，不能领同乡帮项。

一（是）帮项正额、余额共设五十分，有减无增，以示限制。首事不得徇情滥给，当破除情面，照章办事，庶可期于久远。如不足额，宁缺勿滥。……①

会馆设立了两种帮扶基金，分为正项和余项两种，共计 50 份，按月发放给孤寡贫困人口，每份每月银八钱。这一社会救助活动与今天的社会低保相似，只不过当时是由民间官商会馆组织发放。此外，会馆对哪些人给予正项，哪些人给予余项，哪些情况给予帮项，哪些情况不给予帮项等具体事项做了明确规定，以免管事者徇情滥给，确保最需要救助的同乡能够及时得到救助，以示公正、公平。

据《浙江会馆捐资恤贫碑》载："倡率乡人集捐公帮一项，按月随

---

① 陈鹄:《云南浙江会馆志·浙江会馆捐资恤贫记》，光绪二十二年（1896）集翠轩刊本。

捐随发，迄今（1984年）已五年矣"，可知浙江会馆的扶贫基金已经连续五年向同乡贫困人口发放了救助金，其持续时间较长。浙江会馆建立的扶贫基金，以现金资助的方式实现对同籍贫困人口的救济，这在各会馆组织举办的慈善活动中尚属首创，增强了会馆的凝聚力。

此外，会馆还举办其他形式的慈善活动。如昆明四川会馆则以善款"延医"，即为贫困人口看病；会泽县湖广会馆为贫困工匠提供路费资助；同治十年（1871）会泽县陕西会馆、西秦会馆商人以及该郡其他绅商"于西秦会馆设坛请乩，祈天解厄消灾"，并捐资救助贫困者。①

二、教育事务

教育主要是指学校教育，会馆作为地方民间组织，他们参与的主要是地方私学教育。由于会馆资料保存有限，我们难以断定到底有多少云南的会馆参与了地方教育事务，参与程度如何，以何种方式参与，但仍可以就现有资料进行一定程度的分析。

清代的私学有书院和义学两类，云南各府、州、县一般都设有书院、义学。书院大多由省或府县官员建立，如云南府五华书院是由总督鄂尔泰改建，办学经费由政府划拨，维持资金则通过置办产业或官员捐银筹集。义学有由官员建立者，有由民间筹办或绅商自办者，也有官员、士民共同筹办者，办学经费主要通过募捐方式筹集，或捐银，或捐米谷，或捐产业，维持经费是通过置产或郡民捐助筹集。客民到云南经商贸易或投资办厂，长久落籍云南，娶妻生子，而子孙的教育成了一个非常重要的问题。虽然商人以经商起家，但在他们的传统观念里，还是希望其子女读书入仕，获得政治身份和社会地位。但是，家庭经济较好的能负担孩子的教育经费，家庭经济条件差的则不能承担；又或者地方书院、义学离家太远，不便孩子入学。于是，客民组织便会投资义学，或参与义学捐助，使他们的孩子能够就近入学。

蒙自县《江西五府会馆条规碑》中有这样一则条规："公项正在支

---

① 会泽县同治十年（1871）《养济院重兴劝施小引》，现在会泽县江西会馆碑林内。

出，而修葺又所当急，每遇会期，勿得烂费，以昭撙节。如有赢余，即便添置公产、义学等事。"①虽然碑刻没有记载江西五府会馆置办义学之具体事宜，但是表明了五府会馆计划于资金充裕之时办理义学。另据该碑记载，江西五府会馆首事为举人陈玉相、廪生欧阳湘、生员饶锦芳、郑新元、张正良，他们都是接受过或正在接受各级教育的人，应当非常重视对组织成员的教育，故有会馆置办义学之打算。笔者推测，在举人、首事等人的组织下，会馆当会在结余经费中抽取一些捐助给组织成员就读的义学。

蒙自县义学，在倘甸、大屯、新安所、个旧厂均设有义学 1 所，倘甸、大屯、新安所义学各在鸡街、倘甸客寨有当客公田一分②，客寨中当有客民子女到这些义学就学，故客民抽公田一分作为义学资助经费。尽管各寨资助义学经费有限，可是也说明了客民人等支持地方教育事务，若客民能够修建会馆，那么以会费支持义学也是有可能的。

至于个旧厂、龙树厂义学是由知县秦仁、厂官詹广增同捐设③，政府每年拨银赞助学校发展。矿厂义学主要为在厂锅头、炉户、镶头等厂民服务，会馆作为矿厂的厂民组织，自然会支持义学发展。咸同战乱后，蒙自县教育受到影响，书院、义学被毁，光绪年间蒙自士绅筹建道成书院，题请动员个旧厂矿商捐资助学。个旧商人组织召集各商号、炉户等商议，"广云帮商号天祐利、天利号、东恒、泰东、济昌泰、来祥、顺成号、荣顺号、东云祥、义兴隆、中和号、长安号、复春号、益顺号具禀前来，内称'查有个旧起建西岳庙，系每锡一张，商炉各捐银五钱，以作经费。今西岳庙……足资逐年香火，该款系属赢余，正可挹彼注兹，尚等愿将已面旧捐西岳庙五钱之数划拨道成书院，永作经费'。"④个旧从事锡矿贸易之商人、炉户主要为临安、广东人，临

---

① 蒙自县江西会馆"万寿宫"光绪十四年（1888）《江西五府会馆条规碑》，现立于蒙自县城建水会馆旁"碑廊"内。

②《新纂云南通志》卷 135《学制考五》，云南人民出版社 2007 年版。

③《新纂云南通志》卷 135《学制考五》，云南人民出版社 2007 年版。

④ 陈灿：《宦滇存稿》卷 2《陈明各商号愿将个旧厂抽锡银拨作道成书院经费，劣绅阻扰现在传集开导禀》，见方国瑜主编《云南史料丛刊》卷 10，第 596 页。

安人在个旧建立"云庙"为会馆，该组织实际上掌控着个旧锡矿采冶，兼具同乡组织和行业组织的性质。地方筹建书院，题请政府向厂商筹集资金，会馆组织的在厂广云商人商议，原来抽入云庙之会资不宜挪出，抽给政府的津贴也不能挪出，于是向政府提出以旧抽西岳庙之资注入道成书院，这样既能支持地方教育事业的发展，又能不损害商人利益。虽然道成书院并非厂民以及云南会馆组织自行筹办，但是厂商捐资助学，亦算是对地方教育事业发展的支持。

第三节　会馆与云南文化

在中国，不同区域民俗文化差异很大，各种形式的人口流动不仅会使区域文化之间产生碰撞，也会产生交流，流寓人口以及其组织则成为地域文化交流的使者。

一、会馆与民间信仰

会馆祠庙是移民客居后供奉故乡神灵的殿堂。在乡人团体的组织下，祠庙不仅有长期维持香火的香资，还于特定日期举行祭祀仪式，并将神灵的功德勒石宣传，从而将故乡民间信仰文化传播至客居地。

清代，随着移民迁徙传播至云南的民间信仰文化有：江西地方信仰的许旌阳、萧公，湖广地方信仰的大禹、寿佛，四川地方信仰的李冰父子，贵州地方信仰的唐将军南霁云，福建地方信仰的妈祖，两粤地方信仰的南华，关中地区信仰的关公，江南地区信仰的白衣观音、吕洞宾。这些地方"神灵"大多是当地流传的乡贤，其忠、义、善等品德或行为被神化，人们希望遇到灾难之时，这些乡贤能化为神拯救黎民，久而久之乡贤逐渐成为地方"神灵"，受到当地民众的虔诚崇拜。他们还建庙立祠，举行祭祀仪式，将神灵请进庙堂，加以供奉，从而形成地方民间信仰文化（当然，关公、大禹等信仰在古代具有普遍性，非独为某一地方的神灵）。

　　大禹信仰，是湖广地区民众普遍信奉中国上古时代的部落联盟领袖姒禹的文化，相传当时发生了特大洪水，各部落推举禹治理洪水，禹受命后专心致力于治理洪水，新婚四天后就离家赴任，行山表木、导九川、陂九泽、通九道、度九山，励精图治，三过家门而不入，最终成功治理洪水，划定了五服界域，平定九州，功盖天下。湖广民众认为，大禹治水之核心地带就在两湖之地，"当其时，治水勤数载之劳，任上定九州之贡，臣后克艰，载在《禹谟》，玄圭告成，备厥禹贡，功盟山川，勋不改名，同霄壤而永存，其宜建固也"。①因此，两湖民众尊其为"禹王"，建"禹王宫"而虔诚祀奉。帝主信仰，也是两湖地区的民间信仰。帝主，姓张名七相，相传为唐代四川璧山人，弱冠弃家至楚经商，"帝主之德，于楚亦甚深矣，稽明纪货殖，巡游于楚地，爰身拯民于水火，三城显圣迹，留仙桥五脑，成真玄机妙法，侃侃司护国之权，挺挺受盖天之敕。"②明万历间加"威灵显化"封号，清同治加"灵感普救"封号，是楚地民众普遍信仰的另一神灵。

　　许真君、萧公信仰是豫章地区的民间信仰。许真君，俗名许仙，亦作许逊，曾为旌扬令，其政绩惠泽江西一带，民尊而信之。"江西福主许仙真君，弱冠慕至道。师大洞真君吴猛，传三清法囊，以举孝廉。拜蜀旌阳令，仁政善治，适孽蛟猖獗，君志存救世之灾，弃官炼道，修真未几，道成而束缚之""大宋徽宗政和二年五月望七，上尊号曰'神功妙济'，真君改观为宫，赐额曰'玉隆'，以万寿宫名，神复于崇政殿，默献仙真，戴九华冠，披绛章服"。③萧公，即江西萧氏祖孙三神，萧伯轩、萧祥叔和萧天任。据明代曾鼎所撰《新淦萧侯庙碑记》（见《大洋洲萧侯庙志》卷四，宣统三年刻本）载，萧伯轩"惟以济人利物为务，晚有神识，事皆前知"；伯轩之子祥叔"能拥护舟楫于江湖风浪之

---

① 会泽县湖广会馆"寿佛寺"乾隆三十二年（1767）《禹王宫碑》，现立于该馆内。

② 会泽县湖广会馆"寿佛寺"乾隆三十二年（1767）《禹王宫碑》，现立于该馆内。

③ 会泽县江西会馆乾隆二十年（1755）《万寿宫碑》，现立于该馆内。

间"；伯轩之孙天任"生有灵异，人有所叩，无不前知"。①祖孙三人均被视为神通广大且济人救世的神灵，为江西一带地方民众虔诚信仰。

妈祖信仰，为闽浙沿海地区民间百姓信仰。妈祖，姓林名默娘。乾隆《大清会典》林清标《敕封天后志》曰：天妃"自始生至弥月，不闻啼声，因命名曰默。幼而聪颖，不类诸女。甫八岁，从塾师训读，悉解其文义。十余岁，喜净几焚香，诵经礼佛，旦暮未尝少懈，婉娈季女，俨然窈窕仪型。十三岁时，有志道士玄通者往来其家，妃乐舍之。道士曰：若具佛性，应得渡入正果，乃授妃玄微秘法。妃受之，悉悟诸要典。十六岁，窥井得符，遂灵通变化，驱邪救世，屡显神灵"。

黑神信仰，为贵州地区民间百姓信仰。黑神，即唐代名将南霁云。据文献记载"张澍记按神为唐将军霁云，范阳籍也。黔人以其长冠戟须，而貌黝称之曰：'黑神'。其香火无处无之，几与关壮穆等；而其威灵乡捷也，亦几与壮穆埒。吾想夫尹子奇之复围睢阳也，至德二年，城中食尽至掘鼠、罗雀，延喘坚守，阵云苦深，冲梯争舞。公奉张延之命犯围突出，告急。临淮贺兰进明昧捍围之义，腐敌忾之心，坐拥强兵无援救意。犹复爱公魁岸，具馔延留。公奋激慷慨，痛生灵之命就枯，念主将之精已尽，乃严责进明以忠臣义士之为吃指淋血，射矢浮屠，誓扫烽烟，还灭贼子。志虽未就，不可谓不壮矣。死而为神，岂虚也哉。顾黔人之祀之者，或以其子承嗣为清江太守，有惠政也，而尸祝之；又或以其子曾立庙貌也。"②

关公信仰，为关中山陕地区民间信仰。关公即三国时期蜀国将军关羽，字云长，其生前为蜀国立下赫赫战功，是当时闻名天下的骁勇之将。关羽去世后，逐渐被神化，被民间尊为"关公"，又称美髯公，在关中地区"关公"以忠、义之神为民间百姓所普遍信仰。实际上，历代朝廷对关羽均有褒封，清代朝廷加封其为"忠义神武灵佑仁勇威显关圣大帝"，崇为"武圣"。相对于其他地方神灵，关公信仰不仅仅局限于关中，而是一种在中国较为普遍的信仰文化，在其他地区的官方和民间均有建庙祀奉者。

---

① 〔明〕曾鼎：《新淦萧侯庙碑记》，见《大洋洲萧侯庙志》卷4，宣统三年（1911）刻本。

② 民国《续遵义府志》卷4《坛庙寺观附》，民国二十五年（1936）刻本。

川主信仰，为四川地区民间信仰。川民群祀治理都江堰功臣李冰父子，并建川主宫，清雍正年间，朝廷诏令加封李冰父子，祀奉李冰之举由民间群祀上升为地方官典祀。据《清朝文献通考》载："雍正五年诏封四川灌县都江堰口通佑王、显英王之神。时以四川巡抚宁德疏言：都江堰口祀李二郎有功蜀地，请加封号。下礼部议，言：按《史记》《汉书》专载蜀守李冰凿离堆、穿三江，功绩历历可考。惟《灌县志书》内有使其子二郎凿山穿水之语，是二郎虽能成父之绩，李冰实主治水之功⋯⋯诏令并给封号，乃封冰为敷泽兴济通佑王，李二郎为承继广惠显英王，并令地方官春秋致祭"。①

各省民间信仰随移民迁移传播到云南，并且在由移民建立的祠庙中被祀奉。在移民的虔诚信仰以及宣传下，客居地其他民众亦有信奉者。如会泽县城禹王宫修建时有本城信士捐资，会泽县妈祖庙修建时有较多本地信女捐资。②虽然这些地方信仰仍然带有地域特色，但是信仰的地区从移民故乡扩大到客居地，从内地省份延伸到云南边疆，这是内地民间信仰传播的重要渠道和方式之一。

内地民间信仰传播到云南后，与云南本地的民间信仰发生了融合，成为云南民间信仰的重要组成部分。由于移民的信仰是以会馆祠庙的方式进行传播和祭祀的，这种祭祀文化作为会馆组织文化的重要内容，会随着会馆组织的需要而发生融合、变化。移民会馆一般建立正殿祀奉故乡的神灵，而后殿或偏殿则祀奉观音、关公等国人普遍信仰的神灵，因此出现了一馆多神的现象。如会泽县湖广会馆正殿祀"禹王"，后殿则祀观音；会泽县江西会馆正殿祀许真君，偏殿则祀送子观音；会泽县江南会馆祀吕洞宾、白衣观音、关公。

二、会馆与建筑

清代云南的会馆大多已经拆毁，仅今会泽县城还保留着 7 省 8 所

---

① 刘锦藻纂：《清朝文献通考》《群祀考二》，杭州：浙江古籍出版社 1988年版。

② 会泽县湖广会馆"寿佛寺"乾隆三十二年（1767）《禹王宫碑》，现立于该馆内；会泽县福建会馆"妈祖庙"《功德碑》，刊刻时间模糊不清，该碑现立于该馆内。

会馆遗址，故本书以笔者调研的会泽县 7 省会馆为对象，论述会馆的建筑群结构。

（一）会馆的布局

清代的会馆建筑在空间上讲究中轴对称布局，沿南、北轴线依次排列会馆的各主要单体建筑，同时又采用民居庭院组合布局，在轴线四周配以其他辅助建筑，从而在平面布局上形成庭院式多重跨进院落。

会泽县江西会馆"真君殿"、江南会馆"白衣阁"、湖广会馆"寿佛寺"、四川会馆"川主庙"、贵州会馆"忠烈宫"、江西临江会馆"药王庙"均为中轴对称布局。福建会馆"天后宫"、陕西会馆"陕西庙"由于配套建筑被毁，具体布局情况现已不得知；江西豫章会馆的布局则没有遵循中轴对称布局。

会泽县江西会馆"真君殿"或称"万寿宫"为中轴对称布局，该馆坐南朝北，主体建筑沿中轴线布局，自北至南依次为照壁、山门戏楼、正殿、观音殿，中轴线主体建筑东西两侧为厢房、配殿等建筑，纵深形成三跨二进制庭院。山门戏楼、正殿以及东西两偏殿、回廊组成第一进庭院，庭院内空间当为看戏、宴会、娱乐场所；正殿后、观音殿前以及东西厢房、韦陀厅组成第二庭院，该庭院当为会馆议事和居住场所。

会泽县江南会馆"吕祖阁"或称"白衣阁"为中轴对称布局，会馆坐南朝北，位于南山山麓，主体建筑从北至南依次为照壁、大山门、对厅楼、关圣殿、白衣阁。由于该馆建在山麓，所以会馆因地制宜，在各院落以及东西两侧添建了园林、配殿，形成四跨三进的院落。山门、对厅楼以及东西两书楼、院落中梨园组成第一进院；对厅楼后、关圣殿前为第二进院；关圣殿后、白衣阁前以及东西书楼、东西书房、院落中的韦陀厅组成第三进院。同时在第三进院西书房后建有小戏台，戏台前设一水池和小桥与西书楼组成另一小庭院。在白衣阁西南建有吕祖阁，吕祖阁南面建有竹园。

湖广会馆"东岳庙"或称"禹王宫"为中轴对称布局，会馆坐南朝北，位于东城外，主体建筑照壁、门楼戏台（已毁）、禹王宫、东岳宫、寿佛殿的布局并不规整；不过东西偏殿、厢房等建筑则为中轴对称布局。山门戏楼、禹王宫以及东西两回廊组成第一进院；禹王宫后、东岳殿前以及东西两偏殿组成为第二进院；东岳殿后、寿佛殿以及东西偏殿、东西天井书楼组成第三进院。据悉该馆在寿佛寺东侧又设计了一个园林，厅、回廊、榭一应俱全，后被毁。

贵州会馆"忠烈宫"为中轴对称布局，会馆坐南朝北，位于南门外，主体建筑从北至南依次为门楼戏台、前殿、后殿，为二进式院落。门楼戏台、前殿、殿前亭以及东西两厢楼组成第一进院；前殿、后殿以及东西偏殿组成第二进院，不过后殿及东西建筑早已拆除。

四川会馆"川主宫"为中轴对称布局，会馆坐南朝北，位于城西门内，主体建筑自北至南依次为照壁、山门、戏楼、前殿、中殿、后殿组成三进院落。

豫章会馆坐北朝南，馆内没有祠庙建筑，山门设在东南方向，北面有数间厅房，西面有一道门，门内为一室内戏楼，由戏台和观戏楼厅组成。

实际上，不仅云南的会馆遵循中轴对称、庭院组合布局，云南人在外地修建的会馆也遵循这一布局格局。如建于道光十八年（1838）的缅甸阿瓦（洞缪）云南会馆"观音寺"就为一中轴对称布局二进院落。道光二十六年（1846）《重修观音寺功德小引》载："刹外壁前，双狮并峙。由外及内，客厅轩然联接，两厢相对，门格攒花。更进一层客厢，依然靓面美女明窗。正殿堂高数仞，永祀明禋。陪殿装神供像，韦昭咸格。迨天井、僧房、厨库各安置，其余琐琐已不及赘矣。聊序刹中大略，以为高明者鉴，使朝参者瞻浩然神威，心生忠义，睹文物之锱铢，刹有攸往。进步沐圆通，称虔号以消灾；稽首叩普陀，礼潮音而解厄。肃诣玉真，衍庆皇图巩固。敬谒金阙，化身帝道遐昌。东西十八圣僧，佛日臻辉。朝阶宝杵护法，山门永镇。左殿奉司命，水火既济。右庭崇戊己，裕国服民。"①云南会馆主体建照壁、山门、客厅、客厢、正殿依次布局在中轴线上，照壁前双狮、厢房、配殿则位于东西两侧，山门、客厅、东西厢房组成第一进院落，客厢、正殿、

---

① 缅甸洞缪云南会馆"观音寺"道光二十八年（1848）《重修观音寺功德小引》，见尹文和《云南和顺侨乡史概述》，昆明：云南美术出版社2003年版。

东西配殿组成第二进院落。

　　建筑中轴对称布局原为皇族建筑特有的布局，随着社会经济的发展，这种布局逐渐运用到民间建筑上，会馆便是民间典型的中轴对称布局建筑群。笔者在会泽古城内发现，会泽县的许多清代民居建筑也采用了这种中轴对称的庭院式布局。

（二）单体建筑及特色

　　会馆虽在整体布局上遵循同一格局，但不同会馆的单体建筑照壁、山门、戏楼、对厅楼、宫殿、厢房以及回廊等的形制则各不相同。来自不同地域的人们均按照各自故乡的建筑特色、风格来建设他们在云南的会馆，这体现在建筑的风格、用材、工艺等方面。下面我们将选取 2～3 个会馆的单体建筑加以对比。

1. 照壁

　　照壁是会馆院落前面的墙体建筑，古称"萧墙"，多为砖石结构，一般由台基、壁体和壁顶三部分组成，壁体上面可以镶嵌琉璃，也可雕刻图案。会泽县各大会馆的照壁均已不存，我们无法知道当年各会馆照壁的形制。图 6-1 和图 6-2 分为河南社旗镇山陕会馆照壁和河南郏县山陕会馆照壁，社旗镇山陕会馆琉璃照壁壁体雕刻精美图案，相比之下郏县山陕会馆照壁就显得格外朴素。

图 6-1　河南社旗镇山陕西会馆照壁　　　图 6-2　河南郏县山陕会馆照壁

（注：图片来源于百度图片）

2. 山门

　　山门即祠庙或寺院的大门，它是会馆最显眼的建筑，能直观反映出一座会馆建筑的规模是否宏伟，甚至能体现出会员的经济实力。会泽县各会馆中仅江西会馆"真君殿"的山门完好保存下来，见图 6-3。会泽县江西会馆山门与戏楼为合体建筑，门楼戏台为三重檐歇山顶建筑，四楹将整个山门隔成三道门，中间高两侧低，呈"八"字形，前檐开门，山门两侧以及挑檐经过精心装饰，前檐下设匾额一块名曰"万寿宫"。山门亦可以单独设计，不与戏楼合建，图 6-4 为山东聊城山陕会馆山门，为两檐歇山顶建筑，中间高两侧低，山门四楹将其分为三门，不过三门是在一条直线上的。

图 6-3　会泽县江西会馆山门　　　图 6-4　聊城山陕会馆山门

　　（笔者摄）　　　　　　　（注：图片来源于百度图片）

3. 戏楼

戏楼为会馆的娱乐场所，会泽县江西会馆、豫章会馆、贵州会馆戏楼均保存完好。

江西会馆戏楼与山门为合体建筑，五重檐歇山顶建筑，显得非常宏伟、庄严和华丽。檐下为戏台，戏台下为大厅，山门通道，整个建筑长约 13 米，高约 13 米，宽约 4 米。五重檐中间置两蛟龙楹，中间高两侧渐低，将戏台顶部檐下隔成五个神龛，龛顶部两侧雕刻双鱼图案，龛内置福、禄、寿三神塑像，顶上为匾额"半入云"；侧龛两楹雕刻凤凰图案，顶上为匾额。戏楼楼顶外侧檐下雕刻精美云龙雀替图案，楼底外侧雕刻有八仙图像。戏台台面顶部为精美彩绘的藻井，戏台面两侧有门楼可以通台下，厅内墙壁、门楼彩绘装饰。全图见图 6-5。

图 6-5　会泽县江西会馆戏楼

（笔者摄）

　　豫章会馆的戏楼是该馆的主体建筑，戏台"布置在由勾连的屋顶覆盖的大厅里""造成一个较大的室内回廊"，同时还在"观众区的后部设有三层的楼座"以供观戏。[①]楼厅有六扇格子门，每道门上彩绘了百只飞翔的蝙蝠，谐音称为"百福图"，这些屏风将楼厅隔为 7 个包间，供商人和官员看戏时交流、洽谈。

　　贵州会馆戏楼与门台为合体建筑，戏楼顶部为单檐歇山顶结构，楼上为戏台，楼下为山门通道。贵州会馆的戏楼本身并没有很大特色，不过戏场则别具一格，在戏楼正对面的大殿前有一座亭子，为观戏厅，应是专为达官显贵设置，亭子与戏楼中间的空地则可供贫民看戏。东西两厢楼则由数间房间组成，富裕乡人可在房间里面观戏和交流。

　　4. 正殿

　　正殿大多位于会馆建筑的中轴线上，是会馆最重要的建筑，一般会馆名称因正殿内供奉的神灵而命名。正殿、前殿、后殿均为会馆祀神建筑。

　　江西会馆的正殿为"真君殿"，殿内供奉晋阳旌令许逊，大殿为单檐歇山顶砖木结构，大殿长约 13 米，宽约 6 米，高约 5 米。正殿有两楹，将大殿隔为三间，正中为正殿大门，大门开三间，门两侧为木质

---

① 王贵祥：《老会馆——古风：中国古代建筑艺术》，北京：人民美术出版社 2003 年版，第 117 页。

精雕格子门，图案题材丰富，色彩鲜艳，精美绝伦。殿前檐下为一回廊，石制栏杆，正对大殿门方位仍置两楹，檐下雕刻彩色花纹及金色蛟龙（楹内侧）、凤凰（楹外侧），使大殿显得非常壮丽。大殿前为两石蟾蜍，寓为招财之意。

湖广会馆"禹王宫"的正殿即为"禹王宫"，殿内供奉"大禹"以及帝主、梓潼帝，大殿为硬山顶砖木结构，长约 17 米，宽约 17 米，高约 5 米。正殿有两楹，将大殿隔为三间，正中为正殿大门，大门开三间，门两侧镂空雕花木质格子门，图案题材丰富、色彩鲜艳，精美程度大大超过江西会馆。不过，今天我们所看到的湖广会馆格子门并非清代格子门，而是今剑川木匠雕刻的，原格子门在民国年间被盗走，下落不明。殿前檐下为一回廊，木质格子栏杆，正对大殿门方位仍置两楹；檐下雕刻彩色花纹、蛟龙以及木质镂空格子檐帘。

图 6-6　会泽县江西会馆真君殿 　　　　　 图 6-7　会泽县湖广会馆禹王宫

（笔者摄）　　　　　　　　　　　　　　（笔者摄）

5. 陪殿

陪殿为正殿及前、后殿的辅助建筑，一般位于正殿或前、后殿的两侧，也是会馆祀神建筑。会泽县 7 大会馆中均建有陪殿，其建筑面积较正殿和前、后殿小，装饰亦不如正殿及前、后殿精美。

会泽县江西会馆正殿"真君殿"两侧设陪殿，东偏殿"财神殿"，西偏殿"江西砥柱"，正殿建筑屋檐为歇山顶，两陪殿则为硬山顶，楹、廊、木门的装饰较为简单。

图 6-8　会泽县江西会馆东配殿　　　图 6-9　会泽县江西会馆西配殿

（笔者摄）　　　　　　　　　　　（笔者摄）

6. 厢房、书楼

　　厢房和书楼一般位于会馆庭院中轴线两侧，这些建筑是会馆僧侣、客人居住以及会员议事和办公之所。

　　行业会馆亦有祠庙之类的建筑，在第二章我们已经介绍过。遗憾的是，云南的行业会馆均已不复存在，又因文献记载较为简略，以致笔者难以考证其布局以及各单体建筑。我们只知道省城昆明的芙蓉会馆"建筑宏伟"①，盐龙祠的建筑极其精美②，仅此而已。

　　清代云南的会馆布局规整，同时他们又在局部建筑风格上突出各自故乡的建筑的特色。我们知道，明、清朝代对居民建筑有着严格的等级限定，"官民房屋不许雕刻古帝后、圣贤人物""不许歇山转角、重檐重拱及绘藻井"。③会馆建筑则突破了这些禁令，不仅运用中轴对称布局，使得会馆规制宏伟，还频繁运用重檐歇山、斗拱、彩绘、精雕、天花藻井等装饰技术，雕龙刻凤、金碧辉煌、华丽无比，其宏伟和精美程度可与王公贵族府邸相媲美。会馆立足庙堂，以庙为馆，借助供奉神灵的殿宇来提升组织成员的社会地位。同时，会馆建筑又是一种财富象征，规模越宏伟、装饰越华丽、耗资越巨，越能显示出组

---

① 东亚同文书院：《支那别省全志》第9编《云南省》，见薄井由《清末民初云南商业地理初探——以东亚同文书院大旅行调查报告为中心的研究》，复旦大学 2003 年博士学位论文，第 219-220 页。

② 昆明市盘龙区人民政府：《盘龙区地名志》（内部资料），第 107 页。

③《明史》卷 68《舆服志》，北京：中华书局 1974 年版。

织成员的经济实力。

三、会馆与戏曲

现今会泽县江西会馆、湖广会馆、江南会馆、贵州会馆遗址内，仍然保存着清代会馆的戏台或看台。江西会馆的戏台建筑精美绝伦，湖广会馆的戏台小而威严，贵州会馆有专门的观戏亭，江西吉安会馆则是一个室内戏台。会馆戏台是内地旅滇移民岁时聚会娱乐的重要场所，而戏台是专门演出各地方戏曲的舞台。

据会泽县湖广会馆《东川湖广会馆传书》所载，乾隆三十六年至四十七年（1771—1782）会馆开支壁单显示，这一时期会馆正在全方位重建，尚不具备每年演出戏曲的条件，但是该馆仍在殿宇上梁或迎佛像法身时演戏，三十六年（1771）、四十年（1775）、四十三年（1778）演戏并产生"戏文钱"。此外，该馆还有向其他会馆送戏文费用，如三十六年送米粮坝寿（佛）寺（湖广会馆）戏文，四十二年（1777）送忠烈宫上梁戏文，四十三年送江西药王宫（江西临江会馆）上梁戏文，四十四年（1779）送药王宫（江西临江会馆）开光戏文，[1]说明这些会馆也在上梁或佛像开光等仪式上演戏。

另据清末采访，昆明迤西会馆、四川会馆、湖广会馆等会馆"在做财神会时，都演戏"。[2]可见，"唱戏"已成为会馆娱乐的重要内容，戏台也成为会馆的特有建筑，"不论在什么地方建造会馆，尽管在建筑造型上可能会有很大的差别，但几乎都设有戏台建筑"。[3]戏台是会馆的一个重要单体建筑，有的会馆最醒目的建筑不是正殿，而是戏台，如会泽县江西会馆"万寿宫"和豫章会馆。会馆戏台是同乡组织或行业组织娱乐时上演戏曲的地方，兴建戏台也表明会馆是戏曲文化传播

---

① 会泽县湖广会馆《东川湖广会馆传书》，乾隆年间刊本。

② 特约撰稿员陈子量撰稿，见《昆明市志长编》卷 6，昆明市志编纂委员会内部发行，1984 年版，第 397 页。

③ 王贵祥：《古风——中国古代建筑艺术·老会馆》，北京：人民美术出版社 2003 年版，116 页。

的一个重要平台。

通常认为，会馆戏台首先应只针对内部会员开放，然后才逐渐对外部观众开放。不过，会泽县湖广会馆的资料表明，会馆戏台从一开始就已经向异籍观众开放，这是由于会馆一方面需要多方位筹集资金，另一方面会馆的性质和功能决定了它不能局限在自己的组织圈内。至于会馆"唱戏"时所表演的戏种，由于资料缺乏难以考证，但各会馆在选择戏种时肯定选择他们比较熟知的戏种。四川会馆选择川班艺人演唱川剧，"乾隆年间，昆明就建立了四川会馆（在今北门街）、川主宫（在今拓东路）等行帮聚会的活动场所。按当时习俗，各行帮都要供奉祖师神祇，每逢祭祀之期，都要尽力邀请家乡戏班酬神演唱。四川会馆、川主宫内都建有戏台，川班艺人来滇演出必然捷足先登了"①；宣统二年（1910）贵州的荣华班曾到昆明贵州会馆演出川剧。

随着时间的推移，地方会馆的"唱戏"活动更具开放性，只要观众有兴趣均可入馆观戏，有的还是免费的。如两粤会馆在宣统元年（1909）开始营业演出，不售门票，观众随心付酬，多少不拘，昆明俗称"拉门戏"；宣统三年（1911）改建为云仙茶园后，将大殿与戏台天井上搭起顶棚。因戏台较高，又在天井内用木板垫高一米左右，设为正座，可容观众一千人左右。② 会馆"唱戏"活动向公众的开放，可使更多人了解不同的地方戏曲，使戏曲文化的传播范围有所拓展。清末，一些行业会馆也设有戏台演出戏曲。最典型的是盐行会馆，该馆每年三月、六月、七月、八九月办会，每会均要演戏，"本会馆每年三月份举行理财会，六月举行盐龙会，七月举行财神会，八九月份盐龙会，每会演戏，每人参加费六钱，缺席者照常付费"。③

据学者研究，由于昆明戏曲文化的繁荣发展，在清初时昆明的吉祥班、长春班、祥泰班、怡顺班、朝元班等就在太平街水塘子建立了

---

① 张晓秋：《昆明市戏曲志》，昆明：云南大学出版社 2001 年版，第 90 页。

② 万揆一：《滇剧谈故——盘龙旧事之一》，见《盘龙文史资料》（第 3 辑），政协昆明市盘龙区文史资料文员会，1989 年版，第 78-79 页。

③ 东亚同文书院：《支那别省全志》第 9 编《云南省》，见薄井由《清末民初云南商业地理初探——以东亚同文书院大旅行调查报告为中心的研究》，复旦大学 2003 年博士学位论文，第 220-221 页。

"老郎宫"①，可视为戏曲界同业会馆。

　　随着会馆戏台演戏娱乐活动的兴起以及云南社会经济的开放和发展，会馆戏台打破了地域或行业限制，进一步刺激了云南戏曲文化的发展。其中最具代表的就是滇剧的形成。滇剧大约形成于乾隆（一说为道光）年间，当时陕西、江西、湖广、西川等会馆戏台经常表演戏曲，戏曲文化亦在云南发展起来。这时候一种融合了内地各种戏曲如安徽戏、四川戏、江西戏、秦腔楚调之类以及云南方言的新剧——滇戏诞生了，其"行腔使调、唱胡琴则象京剧，唱襄阳则象汉戏，唱平板则象江西戏，而咬字出声则象四川戏"②，胡琴、襄阳、丝弦是滇剧的三大声腔，滇剧的文化渊源由此可见一斑。

第四节　会馆与云南矿厂冲突

　　毋庸置疑，会馆是在社会经济开放发展背景下兴起的组织，它给予社会的正能量是巨大的。然而，会馆作为一个特定的团体组织，它又往往与团体或个别会员的利益有极大关系，有的会馆甚至成为利益集团非正当竞争的工具，如道光元年云南白羊厂械斗事件就体现了这一点。

一、道光元年白羊厂械斗始末

　　道光元年（1821）四月十七日，云南省大理府云龙州白羊厂（出产铜银矿，开设于乾隆三十五年，距城一百八十公里）的湖广人、临安人与在厂回族同胞之间发生械斗，涉及在厂民众 430 余人，影响恶劣。

---

① 张晓秋：《昆明市戏曲志》，昆明：云南大学出版社 2001 年版，473 页。
② 周贻向：《中国戏曲发展史纲要》，上海：上海古籍出版社 1979 年版，第 494 页。

云南大学图书馆藏佚名《映雪堂抄录》①（《白羊厂汉回械斗案》，以下简称《械斗案》）文本，就道光元年（1821）云龙州白羊厂汉回械斗案审理情况做了记录，包括官员呈报词、双方当事人供词、审理判决。据《械斗案》记载，此次事件的导火索是建水籍厂民徐士雄，在回民马良才所开礂硐门口大便，被马良才硐内砂丁马潮淙等人打伤。徐士雄便纠集众人去找马良才理论，未找到人便将马良才的硐门打毁。

接下来，事件恶化，当马良才等人察觉自己硐门被打毁后，于十六日纠集二百多人，直奔建水厂民所建临安公所，捣毁会馆，并将看守工人胡芳戳毙，然后至礼拜寺，商讨接下来的对策。此消息很快就被临安会馆客长兼硐主秦贤中知悉，秦贤中便起意纠集同乡八九十人对敌。至此，事件已经由单纯的个人恩怨发展为以临安会馆为组织的临安籍利益团体和以礼拜寺为组织的回族利益团体之间的对抗。

其间，临安客长秦贤中有意挑拨，使湖广会馆组织也被卷入该事件中。十七日早，秦贤中因临安会馆组织人数太少，故教唆同乡在湖广会馆内部制造矛盾。十七日夜间三更过后，聚集在礼拜寺的回族同胞与聚集建水会馆的临安人以及聚集寿佛寺的湖广人之间展开械斗，导致26人死亡，多人受伤。

二、会馆在械斗事件中的作用

白羊厂三大会馆临安会馆、回族会馆"礼拜寺"、湖广会馆"寿佛寺"是在厂客民早年兴建的，"湖南客民建立寿佛寺，临安人建立会馆，回族建立礼拜寺，各作公所，历久无异"。②在整个事件过程中，临安会馆、回族会馆"礼拜寺"、湖广会馆"寿佛寺"是各团体的聚集地，

---

① 佚名：《映雪堂抄本》，共118页，每页7行，每行23，后被荆德新整理并编入其著作《云南回民起义史料》（昆明：云南民族出版社1986年版），更名为《白羊厂汉回械斗案》。然笔者在云南省图书馆检索系统内未能查找到该书原本，故本文资料出自荆德新整理的《白羊厂汉回械斗案》。

② 佚名：《白羊厂汉回械斗案》，见荆德新编《云南回民起义史料》，昆明：云南民族出版社1986年版，第12页。

同时各利益集团建立的会馆成了相互械斗的目标。这三所会馆实际上代表三个利益集团，临安会馆代表的是以秦贤中为首的临安客民利益团体，"礼拜寺"会馆代表的是以马良才为首的回族利益团体，湖广会馆代表的是以向中心为首的湖广客民集团利益。

下面我们来分析三大组织内部成员的身份以及相互关系。首先，案件中的主犯，也就是各方带头人中，秦贤中、向中心是会馆组织的客长，均为一硐尖硐主；马良才则为"礼拜寺"会员兼硐主。据三人各自供词，秦贤中为临安会馆客长，在白羊厂开办了硐尖，其身份是客长兼硐主，"年五十二岁，建水县人……小的在厂采办碏尖，充当临安客长"①；马良才（死于械斗中）是会馆"礼拜寺"的会员，他也在白羊厂开办了硐尖，其身份也是硐主；向中心是湖广会馆客长，他在白羊厂亦有硐尖，其身份仍然是客长兼硐主，"年三十六岁，湖南黔阳人……小的在云龙白羊厂开采碏尖，充当湖广客长，和死的回民马良才争夺碏尖吵闹，向不和睦"②。

客长，起初是专门为矿厂设置的役，在大厂中可每省各设客长一人，若有回民则另设一人，推举公正老成者担任。据吴其濬《役第十》载："曰客长，分汉、回，旺厂并分省，而以一人总领之，掌平通厂讼，必须公正老成，为众悦服，方能息事，化大为小，用非其人，实生厉阶，此役最要，而银厂尤重。"③客长对矿厂具有非常重要的作用，然而正如吴其濬所言，"用非其人，实生厉阶"。白羊厂临安、湖广二所会馆的客长，均为硐主兼任，向中心与马良才还因争夺硐尖而不和，此人虽身兼客长一职却为一己私利组织械斗，实属不义。

再来看参与械斗的三大组织内部成员之间的关系。临安会馆成员包括与秦贤中"素好"的唐开诚、舒诚及由此二人纠集的众砂丁。唐开诚，年四十二岁，建水县人，他是秦贤中硐尖的合伙人，"向在云龙

① 佚名：《白羊厂汉回械斗案》，见荆德新编《云南回民起义史料》，昆明：云南民族出版社 1986 年版，第 12 页。

② 佚名：《白羊厂汉回械斗案》，见荆德新编《云南回民起义史料》，昆明：云南民族出版社 1986 年版，第 7 页。

③ 吴其濬：《滇南矿厂图略》卷 1《役第十》，道光二十四年（1844）刻本。

白羊厂开采碚尖"①。舒诚，年四十八，阿迷州人，在云龙白羊厂开采碚尖②，为白羊厂一碃主。唐、舒二人招集的应是二人及其同乡碃主各自雇用的砂丁，碃主秦、唐、舒与砂丁之间是雇佣关系。这些砂丁有临安人，也有许多非临安人，据杨清（建水人）、罗劳五（湖南靖州人）、胡锡贤（贵州毕节人）同供，"小的们向在白羊厂秦贤中碃碃充当砂丁"。③

回族同胞会馆成员包括客长、碃主和砂丁。客长张子洪供认，事发时不在现场。在该案中，马良才死于械斗，据回族同胞碃主马行云告词云："澄江府河阳县回民，年五十岁……我在大理府云龙州白羊厂，同伙计保彩开挖碚碃，一名宝兴碃，砌大炉一盘，大罩八个。缘于元年三月十八日，有长随王璋控管厂饶秉忠、李华侵吞国课一案，牵我作证，蒙府票提候讯。"④也就是说，事发当时，马行云本人并不在现场，然马行云的侄子马尊以及碃内十余名工人则参与了械斗，他们实际上与此次事件的诱因无任何关系。

湖广会馆成员包括客长、碃主和砂丁。客长向中心首先召集的是向中孝（年二十一岁，湖南黔阳人，向中心堂弟）、曾祥（年四十六岁，湖南武冈县人）、朱老五（年三十二岁，湖南兴化县人）三人，他们均是在白羊厂采办碃尖的碃主。⑤而湖广会馆各碃主所属砂丁有来自湖广的，还有众多来自其他各省的，他们与此次事件亦无直接关系。

通过以上梳理可知，三大会馆的成员是在客长或会员的挑唆下，利用会馆组织内部的同乡或同族关系，利用碃主与砂丁之间的利益关系，参与了此次事件。由于矿厂会馆成员主要为商人"碃主"和劳工"砂丁"，他们之间既有同乡关系，又存在因雇佣产生的利益关系，故

---

① 佚名：《白羊厂汉回械斗案》，见荆德新编《云南回民起义史料》，昆明：云南民族出版社 1986 年版，第 14 页。

② 佚名：《白羊厂汉回械斗案》，见荆德新编《云南回民起义史料》，昆明：云南民族出版社，1986 年，第 18 页。

③ 佚名：《白羊厂汉回械斗案》，见荆德新编《云南回民起义史料》，昆明：云南民族出版社 1986 年版，第 30 页。

④ 佚名：《白羊厂汉回械斗案》，见荆德新编《云南回民起义史料》，昆明：云南民族出版社 1986 年版，第 6 页。

⑤ 佚名：《白羊厂汉回械斗案》，见荆德新编《云南回民起义史料》，昆明：云南民族出版社 1986 年版，第 6 页。

整个事件中硐主和砂丁不问消息准确性，听凭客长及硐主们的互相邀约参与械斗，缺乏理性的分析和应对措施，最终酿成流血事件。而导致参与此次事件的人不问消息准确性、缺乏理性分析的根本原因在于对矿利的争夺。

三、矿利——白羊厂械斗根源

（一）争夺矿利是白羊厂械斗的根本原因

云龙州此次械斗案，会馆只是一个工具，引发双方械斗的最根本的原因是争夺硐尖。无论是会馆的客长，还是会员，他们均为矿利而来，矿的所属权关乎硐主及砂丁等各阶层人士的利益。找到这个根本诱因，我们也就不难理解为何三大组织成员会那般奋不顾身地参与到械斗中去。

矿是清代云南经济发展的支柱产业，也是吸引内地移民入滇的最重要因素。当时内地移民是滇矿开采的主力军，其中包括携巨资之巨商大贾，以及众多中小商人和穷民。本省投资采矿者较少，主要为临安人，也间有其他府州穷民走场营生者。在入滇采矿的内地移民中，尤以湖广客民较多，云南各地矿厂以及周边城市均有湖广客民兴建的会馆。文献也记载，采办矿产的湖广客民较多，东川"各厂往来皆四川、贵州、湖广、江西之人"，个旧锡厂"四方来采者不下数万人，楚居其七，江右居其三，山陕次之，别省又次之"。[1]各地域移民入滇采矿，全赖矿利生活，其间势必存在竞争，属正常现象。

湖广人、回族同胞是滇西各矿厂中两股势力较强的厂民，他们在厂上的较量可追溯至嘉庆年间或更早。据悉，在滇西大理府、永昌府、顺宁府等地，开办矿硐者和贸易油米者，以回族同胞和湖广人较多，实力最强。嘉庆年间，湖广、回民就在耿马土司所属悉宜厂因利益而引发过流血械斗。虽然记载此次械斗的卷宗中只提及回民贩售食米，

---

① 宣统《续修蒙自县志》卷 2，上海：上海古籍书店 1961 年影印本。

实际上回民中还有采办硐尖的，两大集团械斗还是为了争夺矿厂之利。在该案中，向中心亦承认，他与马良才因争夺硐尖，素不和睦。大家在矿硐争夺中结怨已深，徐士雄大便只是一个微乎其微的导火索。

（二）矿产权不清、政府矿业管理有纰漏，是导致此次事件扩大的重要原因

清代云南采矿业生产环节全面向民间开放，但是在生产过程中各矿主产权不清。据文献记载，云南矿厂由厂民探测，若探测得矿，向官方呈报，核验后开采，"厂民才探得实，先行呈报到官，官验实，转报试采。效则定有课额，设立官房"。①政府设立官员管理矿厂，并调整各巡检司设置，便宜处理厂内事件，可偏偏对矿厂的产权未做清晰的分隔。某地发现矿苗，各矿商和劳工蜂拥而上，一厂之中可打众多硐口，谁人组织打硐挖矿谁就是硐的主人，这是一般的规矩。不过，硐口只是一个入口，硐内的开采规模则视矿苗兴旺程度而定，这又涉及一个产权争夺问题，"或邻硐逼近，攻采透越，则有越界之讼；又或硐中争斗，以致殴毙人命"②，矿硐的争夺此起彼伏。

（三）政府官员管理失职，是导致此次事件扩大化的另一原因

该案中，官方在厂所设"役"有意瞒报事件，事发后各级地方官员故意拖延审理或草草结案，致使事件未能得到及时控制和处理。白羊厂驻厂头人黄席珍（湖南靖州人）、乐得先（江川县人）、田志林，街长孙祥等役，从十四日案发到十七日案件扩大，再到二十日均未向大理府政府报告厂内所发生的事件。他们供述的原因亦较为笼统，不具备说服力，"小的们实是失余查察……小的们因不能事先约束"③，

---

① 吴大勋：《滇南见闻录》卷上《人部》，据上海市文物保管委员会藏清乾隆刻本传抄本。

② 吴大勋：《滇南见闻录》卷上《打厂》，据上海市文物保管委员会藏清乾隆刻本传抄本。

③ 佚名：《白羊厂汉回械斗案》，见荆德新编《云南回民起义史料》，昆明：云南民族出版社1986年版，第31页。

笔者推测他们隐瞒不报的原因在于与械斗临安和湖广方面有着利益关系。至于云龙州知州雷文枚（雷文枚，云龙州事宣威州知州），在接到马行云的控告后，亦未及时到厂处理案件，缉拿凶犯，实为失职。仔细阅读各方呈词，笔者推测雷文枚其人可能参与到矿利争夺中，如马行云说："道光元年，有云龙州雷知州家人王璋，说饶秉、李华侵吞国课，赴大理府控告，牵连我作证。"[①]

　　此案最终得到审理，双方均在供词上表示接受裁判。就连上京控告汉民掠夺其财产的马行云也表示，其械斗中所失钱财就当由客长们分与各死者亲属，其中内情则不得而知。然而，政府并未从此案中吸取教训，严格矿厂的管理，导致日后滇西地区连续不断的矿利争夺械斗案发生。道光十九年（1839），缅宁回族同胞与湖广人争夺厂利，发生械斗；二十八年（1848），姚州白井又发生争斗；咸丰三年（1853），楚雄石羊厂争斗，起因皆为争夺厂利或盐井之利。

　　有利之地，必有市场；有市场，必有竞争。云南各地的矿厂就是一个蕴藏着巨大利益的地方，它是一个采矿、冶矿和劳动力市场，竞争十分激烈。内地以及本省厂民到厂后，一方面为了聚集资本、组织生产和管理，另一方面为了应对矿业开采中的各种风险和市场竞争，通过聚集众多同乡或同族的单个有限资本，建立了经济组织——会馆，以期能够达成组织的获利目标。由于会馆的这种性质以及政府制度和管理的缺失，导致在争夺矿利时会馆组织及其成员必然会被卷入其中。

第五节　会馆与云南官商博弈

　　会馆是移民以民间祠庙建筑为平台而建立的社会经济组织，它既与宗教祠庙有着紧密联系，又不是纯粹意义上的宗教组织。民间群体

---

① 佚名：《白羊厂汉回械斗案》，见荆德新编《云南回民起义史料》，昆明：云南民族出版社 1986 年版，第 5 页。

选择这样的方式建立同乡或同业组织，与清代国家政府对民间群体组织的严格约束政策有关，它的建立表明民间群体，尤其是商人群体正在努力尝试以一种隐蔽而又合法的方式，在政府严格禁止民间结社的法律下争取结成团体组织，保护自我利益。

一、"官"对"商"的控制

清代"官"控制"商"的方式主要有三种：一是禁止结社；二是设立牙行；三是征收赋税。

（一）清代自中央到地方，"官"禁止民间一切结社活动，其中也包括商人结社

"官"对民间各种结社进行严格禁止：① 禁止士子结社，规定"生员不许纠党多人立盟结社，把持官府，武断乡曲。所做文字，不许妄行刊刻。违者，听提调官治罪"①；② 禁止异姓兄弟结社，规定"凡歃血盟誓，焚表结拜兄弟者，著即正法"②；③ 取缔父母会、小刀以及白莲教等秘密社。

云南"官"方按照中央要求，严格禁止民间结社，一旦发现，立即取缔。如乾隆年间取缔"白莲教"，道光十二年（1832）查处保宁县平四等聚众结社③，道光二十五年（1845）严查"金丹大道教"④，光绪元年严查"哥老会"⑤。部分地区的官府禁止以工商者名义进行非法活动的结社。如道光十一年（1831），苏州官府禁止苏州城内脚夫结社，严格取缔脚夫结成的"公所"和设立的"盘头"；道光二十五年（1845）间，安徽吴县知县取缔了书坊工匠倡立行规，禁止结社活动⑥；同治六

---

①《皇朝太学志》卷 1，台湾"中央研究院"傅斯年图书馆藏清刊本。

②《钦定大清会典》卷 194《奸徒结盟》，台北：台湾大通书局 1984 年版。

③《清宣宗实录》卷 214 "道光十二年六月"，北京：中华书局 1987 年版。

④《清宣宗实录》卷 419 "道光二十五年七月"，北京：中华书局 1987 年版。

⑤《清德宗实录》卷 24 "光绪元年十二月"，北京：中华书局 1987 年版。

⑥ 苏州历史博物馆：《明清苏州工商业碑刻集》，南京：江苏人民出版社 1981 年版，第 112、95 页。

年（1867），苏州官府发布禁止烛业工匠结社法令，"无业游民，巧立行头名目，把持勒索，最为可恶，节经禁革"①。云南目前尚未发现政府禁止以工商业者名义进行结社的法律或其他资料。

（二）政府为了维护官方利益，以及防止商人把持市场进行非法交易设立了牙行

牙行一词最早出现于宋代，最初属于交易中介，牙侩在获得政府授权后，领取某行牙贴；行商入市贸易必须投行，通过牙侩寻找客户，进行交易。清承明制，在各市设立牙行和牙人，说和贸易、评辨物价，还协助官府纳税，"凡城市衢市，山场集镇，舟车所辖，货财所聚，择民之良者授之帖，以为牙侩，使辨物平价，以通贸易，而税其帖，曰牙税。质库商行，操奇赢以逐利者，有行铺税"②。

云南亦设有牙行，开始设立时间约为清初。雍正初年布行牙商同布行商人建立了两行会馆，说明牙行设立时间应为康熙年间，清末牙行卷宗亦载："设牙售货，古有明条。无帖私冲，法律所禁。滇会市中，虽微细之行道，莫不规条林立，行次之内，未有不遵守行规者。"③至清光绪三十二年（1906），云南茶业、海味、红白纸、川丝、红糖、清油、蜜食、川土烟、土杂货、青靛、羊牙行、颜料、杂货、清酒、植木、棉花、洋纱、杉板、土纸、药材、土黄烟等 24 个行业均设有牙行。④牙行不仅为行商介绍客户，还可为客商垫付货款，其目的是为了收取佣金，"凡外省外县运来的货物，以至本地外运的货物，多因资本周转等关系先要下行，资金短少则牙行可垫款，并由牙行介绍，卖于铺家。由牙行垫款者，要出佣金百分之五"。⑤

---

① 苏州历史博物馆：《明清苏州工商业碑刻集》，南京：江苏人民出版社1981 年版，第 276 页

② 《钦定大清会典》卷 17，台北：台湾大通书局 1984 年版。

③ 原昆明市档案馆藏：《云南总商会茶行海味行一切卷宗》，见《昆明市志长编》卷 7，昆明市志编纂委员会内部发行，1984 年版，第 213 页。

④ 云南省地方志编纂委员会：《云南省志》卷 14《商业志》，昆明：云南人民出版社 1993 年版。

⑤ 特约撰稿员陈子良来稿，见《昆明市志长编》卷 7，昆明市志编纂委员会内部发行，1984 年版，第 190 页。

（三）政府通过征收商税的方式来控制商人，并增加"官"方财政收入

清代云南"官"向"商"征收的税种，包括向矿商征收的课税（税率为 20%）以及向贸易商人征收的"关税"和"营业税"。

云南总督蔡毓荣明确提出，向采矿（金、银、铜、锡）商人征收20%的开采税，"每十分抽税二分"[①]，但实际上各种矿的征税税率稍有变化。康熙二十一年（1683）定"云南省属银矿，招民开采，官收四分，给民六分"，税率则不详。乾隆七年（1742），题准云南省金鸡厂，"每出银一两，抽正课一钱五分，撒散三分"，即每百两征银 18 两，税率为 18%。乾隆四十二年（1777），奏准茂隆银厂，"每银一两，抽课银九分，以四分五厘作课起解，以四分五厘赏给卡佤酋长"，课银税率仅为 9%。[②]政府向铜、铅矿商征收的税率为 20%左右。道光以前云南铜矿正课税率为 20%，同治十三年（1784）以后则降为 10%，"同治十三年至光绪十五年（1874—1889）……以上各（铜）厂，均办铜白斤抽课十斤"。[③]云南各铅厂则抽"每百斤抽正课十斤……余课十斤"，共计每百斤抽课二十斤，税率为 20%。[④]

云南政府向茶商、盐商征税的情况如下：雍正十三年（1735）提准，云南茶商贩茶，"每百斤给一引……每引收税银三钱二分"。[⑤]嘉庆五年（1800）提准，云南盐商买盐运销，"每三百斤为一引……每引一张"，征正课银、公廉银、经费银共计二两九钱九分七厘八毫五忽。[⑥]另

---

① 蔡毓荣：《筹滇十疏》，见康熙《云南通志》卷 29《艺文志》，康熙三十年（1692）刻本。

②《钦定大清会典事例》卷 243《户部九十二·杂赋》，清光绪二十五年（1899）京师官书局石印本。

③《钦定大清会典事例》卷 244《户部九十三·杂赋》，清光绪二十五年（1899）京师官书局石印本。

④《钦定大清会典事例》卷 244《户部九十三·杂赋》，清光绪二十五年（1899）京师官书局石印本。

⑤《钦定大清会典事例》卷 242《户部九十一·杂赋》，清光绪二十五年（1899）京师官书局石印本。

⑥《钦定大清会典事例》卷 229《户部七十八·盐法》，清光绪二十五年（1899）京师官书局石印本。

外，当商、牙商、牛马羊等商均需缴纳商税，行商出入云南，还需缴纳关税。

二、会馆——"商"应对"官"控制的产物

商人从事各种商业活动的目的，就是为了获取物质和非物质方面的利益。"商"在经商贸易中，面对来自"官"的强权控制，并没有采取激烈的反控制活动，诸如抗击牙行、抗税、抵制政府结社法令等，而是采取了一种较为平和、隐蔽的反控制，即通过会馆来应对"官"的控制，并获得保护。

（一）"商"运用传统文化建立结社组织——会馆

工商业者深知结社能聚合众多个人的有限资源，使个体获得的服务和利益达到最优。可是，他们处于政府严格禁止民间结社的政治环境中，商人若明目张胆地建立商人结社组织，就会面临被政府取缔的风险。于是，工商业者以传统文化为载体，通过一种较为隐蔽的方式建立了组织。

忠、义、慈是中国传统文化的精髓，有着这些高尚品德的乡贤先哲逐渐被神化，有的被列入官方典祀之列，有的被民众自发祭祀。祭祀天地神灵是中国古代社会活动中的一件大事，也是传统文化的重要内容。古人认为"神灵掌握人的命运，它们是高于人的，对于神要顺从、尊奉"，①除顺从之外，古人也尝试与神对话，反对神的控制，在此过程中形成了祭祀。城池、山川、风雨日月均被纳入政府典祀范畴，典祀仪式庄严、用器讲究、祭文虔诚；圣贤、先哲则被纳入典祀或群祀范畴。上至京城，下至地方城市、村寨，均有由政府或民众为敬天和祀神而建的祠、庙、寺。家祠中供奉有家族先祖先哲。相关典祀仪式、器乐以及庙坛在诸多史料中均有详细记载。明清移民或行业人士就借

---

① 刘晔原、郑惠坚：《中国古代的祭祀》，北京：商务印书馆1996年版，序。

用政府对祭祀的重视来建立自己的组织，它们先建庙，再祀神，最后联谊，"借庙为馆"又丝毫未提及结社。当第一所会馆祠庙成功建立后，就引发了多米诺骨牌效应，客民行业人士会馆祠庙陆续在云南各城镇兴建起来，有清一代其总数近290余所。

（二）会馆极力宣扬联谊功能和社会慈善功能

在本章第一节中，我们举例说明了众多会馆碑刻极力宣扬建立会馆是为了联络乡谊，而且我们还分析了会馆积极参与各种社会慈善活动，使其表现出明显的社会功能。商人建立会馆，实质是为其业务服务，但却能不直接彰显其经济目的，就是为了防止"官"取缔商人会馆。

（三）通过会馆较隐蔽地应对"官"的控制，维护"商"的利益

商人借助会馆举办的各聚会、祀神以及慈善等社会活动，并通过这些活动获取信息和筹集资金，提供其他商业服务应对官方控制。同时他们也希望通过团体的努力，达到与官方对话目的，共同促进地区商业贸易发展。

三、"官"对商人会馆的管理

由于商人所建会馆既与政府祭祀礼制相吻合，又在政府社会管理中起到补充作用，故政府对商人会馆不仅持许可态度，还给予保护。

（一）许可、倡导会馆组织的建立

在笔者收集到的资料中，尚未涉及会馆向政府呈请批准兴建或修建的文书，也未发现政府向会馆发行的回执文书。但云南官方在纂修方志时，把民间兴建的众多会馆祠庙、寺庙列入"祠祀志"中，这则信息足以表明政府对会馆的建立是持许可或默许态度的。

同时，政府还积极支持会馆的建立。如个旧临安会馆则为汤公（分

巡迤南道汤雄业[①]）"属以建庙设馆"；乾隆三十年（1765）会泽县湖广会馆新建禹王宫，云南粮署道兼总管厂务官员罗源浩（长沙人）、东川府知府兼稽查厂务官员方桂（湖南巴陵人）、昭通府古寨巡厅兼管钱局厂务事官员捐款[②]。严格来说，官员只能代表其个人，不能代表政府，然而从省级官员到州县级官员，从同籍官员到异籍官员均积极倡导建立会馆这一普遍现象，至少可以看出政府是积极倡导建立会馆的。

（二）保护会馆组织的合法财产

政府保护会馆所属房屋和土地财产。据会泽县湖广会馆《东川湖广会馆传书》记载，湖广会馆"寿佛寺"在接收同籍客民捐赠的田地产时，主持僧或会馆"头人"等便会向地方政府讨要"执照"（土地所用证明书），政府亦会核实发给会馆"执照"。[③]其中一份鱼硐田地执照内容如下：

> 遵照东川军民府经厅张为恳恩赏给遵照，以输国赋。事据寿佛寺（东岳庙）住持真澈呈前事。呈称情因先年费常璋踩得荒田一段，坐落地名鱼硐，栽种一石：东至水沟为界，南至者曲熟田为界，西至者志熟田为界，北至水沟徐天佑为界，四至分明。蒙前任府主萧（星拱）给照在案，今费常璋已故，众议将此田施入寿佛寺（东岳庙），永为常住。伏乞天恩赏照，以便招佃耕种、纳赋、办粮等情……遵照事理即便招佃耕种办纳国赋。如有无知棍徒争紊，许该住持执照禀究，绝不宽贷。须至遵照者。康熙四十六年二月十七日照执。[④]

这是一份由政府颁发的执照，以证明湖广会馆对鱼硐田地的所有权，保护了会馆的合法财产。

---

① 光绪《续云南通志稿》卷89《文职名氏表》，光绪二十七年（1901）刻本。
② 会泽县湖广会馆"寿佛寺"乾隆三十一年（1766）《新建禹王宫重修家庙碑记》，现立于该馆内。
③ 会泽县湖广会馆《东川湖广会馆传书》卷2，乾隆年间刊本。
④ 会泽县湖广会馆《东川湖广会馆传书》卷2，乾隆年间刊本。

（三）准许会馆加入商会

清末商会是"商"依照"官"方法律成立的商建官督商人组织。商会成立后，同乡会馆中经营同一种商品或行业的商人便会分化出来组成行帮，如川丝行帮、川土盐行帮，楚成衣铺等。不同同乡会馆经营同种行业的商人又共同组成行帮加入行会，如三帮靴鞋铺合行、土药帮（湖南、广州、迤西）、江楚成衣合行等。也就是说，这些商铺和商号既未脱离原先的同乡会馆，又以不同的形式加入到了商会中。在一些州县，商会直接由各行业和同乡会馆组建而成，比如腾冲商会成员就有江西会馆、三楚会馆、西秦会馆等。①

笔者在翻阅云南商务总会卷宗时发现，昆明芦茶会馆、细线行会馆、铜活器会馆、缨帽行会馆、布行会馆等行业会馆以及其他行帮组织相继加入云南商务总会。按照云南商会章程推选会董和拟定行业规则上报商会，行业会馆组织内部事务仍然照旧实行，只是它受商会领导和监督。

（四）支持会馆参与社会公共事务

当政府明确了会馆的组建目的，并且许可商人会馆建立后，政府对商人会馆积极参与各项社会事务是支持的。如前所述，昆明江西会馆内竖立着乾隆四十七年（1782）云南布政司发布的告示《棉花条规碑》，是江右棉花商倡导、布政司颁布的政府规章。商人承担着对商品的流通和销售责任，他们是商品流通环节中直接与市场接触的群体，市场交易秩序和交易规则对商人利益的影响非常大。同样，市场秩序的稳定关系着地方社会的稳定，故地方官员会通过各种策略来维护地方商业交易秩序。市场秩序的稳定，是官、商都希望在未来实现的共同目标。晚清以后，云南昆明出现了许多同行工商业者建立的同业会馆，他们在行业内部议定行规，邀约共同遵守。政府虽然没有参与这些行规的议定，但是默许了它的存在，这是在新的社会环境下政府支持会馆管理行业事务的表现。

会馆在组织内部举办可能惠及社会的慈善活动以及教育活动等，

---

① 民国《腾冲县志稿》卷20《商务》，据民国三十年（1941）刊本传抄本。

有利于地方社会的管理和发展，因此政府也是默许或支持的。会馆在得到政府的默许或支持后，就将这些视为常规活动，通过不定期地举办社会活动，增强组织的凝聚力，以及提升组织在当地社会的影响力。

结　语

　　会馆是明清中国社会经济变迁的产物，它俨然一种标志性符号深深地烙在地域移民和同行业人士的身上，让人无法忽略它、否认它。与中国其他地区一样，这一标志性符号在清代的云南也非常普遍，不同的是云南的会馆以同乡移民会馆为主，同行业会馆兴起较晚，数量较少。通过对清代云南会馆的梳理，对会馆与会员日常生活、工作关系的探讨发现会馆具有多变性、灵活性和实用性特点。会馆以祀神祠庙的形式组建，但又不是严格意义上的宗教组织，它没有统一的、庄严肃穆的仪式，没有统一的章程，没有统一信仰的神灵。相反，它的祭祀典礼根据地域或行业的不同而变化，它的章程由成员灵活制定、修改，它供奉的神灵可以多样化，它的一切从实用出发。会馆之所以显现出这样的特点，与成员组建它的背景和目的有关。

　　清初的云南是外省移民垂爱之地，云南矿业、商业、农业发展策略吸引了成千上万的商贾、技师、流民。移民到达云南后遇到了来自自然环境、风俗习惯、人际关系、工作问题等诸多方面的困难和挑战，在这片充满希望和财富的田野上，他们的生活和工作并没有想象中的那么一帆风顺。既然千里迢迢来到这里，轻言放弃太可惜，单打独斗又困难重重，如何应对重重困难？于移民而言最简单、速成的方式就是结识同乡，以群体的力量来共同抵御困难和风险，会馆应运而生。会馆的组建将来自同一地域的"老乡"聚集起来，不断地吸收新的"老乡"，久而久之便形成了不同地域移民围绕各自会馆祠庙周围居住的基本格局。祠庙是会馆成员的心灵故乡，寄托着浓浓的乡情和美好期望；故乡认同是他们凝聚力形成的源泉，不同阶层的老乡为同乡群体的壮大提供互助；乡规乡约、规章制度是他们的行为准则，保证同乡群体不散不乱。

　　随着云南社会的变迁，清末云南的一些城镇出现了一些行业会馆。当时，云南以及整个中国市场逐步被卷入世界市场，为应对这一经济变化，同行业商人结成利益联盟，建立同业会馆，制定行业发展规则，维护传统商业贸易规则，客观上稳定了当时云南商业的发展。相对于同乡会馆，行业会馆的成员身份更为单一，仅限本地同行业者。行业会馆的出现，是为了行业的发展，或者说是为了垄断当地的某一行业，外地行业或外地商人入行，需遵行当地的行业规则。晚清的城镇工商业者，可能同时加入同乡、同业两所会馆，他们既需要通过同乡关系结识更多的商业伙伴，获取更多的商业信息，也需要通过入行的方式在本地行业中获得发展。

会馆建立后，会员之间相互交流、相互帮助成为其长远发展的需求，会馆逐渐成为固定的联络平台，它的性质和功能也在发展中不断多元化，从而促进群体的壮大，实力的提升，并在云南社会经济发展中发挥重要作用。

首先，会馆维持着团体内部的有序运行，推动着云南社会经济向着开放的方向发展。在清代云南社会经济发展史上，工商业者建立会馆将单个个体有限的资源整合起来，再将整合后的人力、物力、资本投入他们的工商业活动中，确实推动了云南工商业经济的发展。在采矿工业方面，商人与商人、矿主与工人通过会馆达成利益联盟，加速了矿业资本的筹集，维持着矿厂日常生产管理的顺利进行，推动了云南经济支柱产业的发展。在商业贸易领域，会馆的建立，不断牵引着内地商人到云南投资、贸易，并为商人商业互动提供各种联系和互助，促进了云南省内商业的繁荣。与此同时，商人以会馆为连接中心，或将内地商品运往云南或缅甸销售，或将云南、缅甸商品运往内地销售。所产商品运销至全国或者缅甸市场销售，增进了云南与全国市场以及缅甸市场的联系，促进了云南省际、国际贸易的发展。

其次，会馆还在一定程度上推动着云南文化朝着多元、普及的方向发展。会馆本身就是一个传播民间信仰、民俗文化的平台，地域会馆传播的是地域民俗文化，行业会馆在传播地域民俗文化的同时还传播行业文化。会馆为了适应发展需求，在以某一特色文化为主的基础上吸收其他文化元素，形成多元文化并存特色。同时，同乡群体中的士人阶层、商人阶层以及同行业中的翘楚是整个社会阶层中的精英群体，他们中的大部分接受了良好的教育或掌握着过人的专业本领，在精英群体的带领和影响下，普通阶层群体能够接受文化教育、优秀民俗文化或专业知识技能，这种潜移默化的影响对云南社区文化、商业文化的发展意义深远。

最后，会馆推动着云南基层社区或团体的自我约束、自我救助机制的发展。在城镇移民未编入保甲的情形下，团体自我约束方式是城镇移民人口以及行业人口管理重要模式，也是维护社区治安秩序的重要保障。会馆倡导的社区自救、慈善活动，虽然活动范围有限，但是众多社区的相同活动，构成了基层社会自我救助机制的重要内容。

会馆在清代延续了数百年，曾经有学者认为它是"封建社会体制下"经济发展的产物，带有浓厚的"封建"色彩，可是我们知道晚清商会的出现以及清王朝的灭亡并没有宣告会馆的灭亡，相反民国年间大量同乡、同业会馆持续建立。会馆的存在和发展必然有其合理性，它的发展历程带给笔者几点启示：

其一，支持、引导合法民间组织的发展。16世纪以来的市场经济发展至今，已经发生了翻天覆地的变化，然而社会发展进程中所反映出来的社会问题却有惊人的相似之处，如区域经济、文化发展差异问题，社会保障制度不完善问题，流动人口管理问题等。清代云南会馆组建的目的主要是为移民或商人事业发展服务，但它又通过自己的方式积极参与社会公益活动，既有利于组织的发展，又有利于地方社会的发展。

今天，国家正在努力建立健全相关规律法规以及政府管理机构、机制，力求最大限度地解决好社会发展中的各种问题。不过，政府的主导、努力固然重要，民间、基层的互动亦不可忽视，尽管会馆在调节各种社会问题时存在不少局限性，可是它在推动地区经济发展、维护社会治安管理、补充社会保障体系方面确实做出了重大贡献，民间的自我约束秩序以及基层自我管理秩序的建立是国家法律体系、管理体系的有机组成部分。政府应当甄别各种民间组织，对合法的、有利于社会发展的民间组织给予政策支持和扶持，通过民间组织协调社会关系和社会问题。

其二，尊重、弘扬传统文化，注重传统文化在经济发展中的作用。祭祀、同乡认同等传统文化是会馆得于组建和商人团体能够参与经济、社会事务的纽带，共同的民俗、信仰以及共同伦理道德观使没有血缘关系、互不熟识的陌生人之间能够和睦共处，使身在异乡的游子有了心灵归宿，还使民众的凝聚力得到增强。会馆利用会员对神灵的信赖来宣扬高尚品德以实现移民的自律，借助乡里文化的宽容、博爱来调节移民内部问题，通过会馆规章制度来强制约束会员不法或不道德行为，建立起基层社会内部的自我约束、管理秩序。会馆还充分发挥其乡里亲情关系，设立义冢、救助基金等项目，为同籍贫困人士提供必要的救助。在文化领域，会馆将建置风格、儒家理念、戏曲等传统文化引入云南，加速云南文化的开放、多元发展。

如今，不同的价值观和意识形态不断冲击和影响着中国人的民俗和伦理道德，人们正乐于接受"新"的"文化"，远离传统文化，许多地区的民俗逐渐被人们遗忘，许多伦理道德观被人们视为"陈规旧条"。市场经济越发展，传统文化似乎离我们越远，当然这其中存在教育方式不当、社会重视力度不够等问题，如何尊重、弘扬中华民族的传统文化，增强民族的凝聚力、影响力，值得我们深思。

其三，加强对民间组织的约束和引导，推进民间组织的规范化、法制化建设。道光年间，云南矿区部分会馆被领导者利用，为了私人利益而引发社会冲突，给社会经济发展带来不利影响，因此政府应加强对民间组织的管理，使其不断法制化、规范化。

参考文献

一、碑刻、档案、会馆志

[1] 会泽县豫章会馆《瑞州府永垂不朽碑》，清光绪十年（1884），现藏于会泽县江西会馆内。

[2] 会泽县豫章会馆《南昌府永垂不朽碑》，清光绪十年（1884），现藏于会泽县江西会馆内。

[3] 会泽县江西会馆"真君殿"《万寿宫碑》，清乾隆二十年（1755），现藏于该馆内。

[4] 会泽县江西会馆"真君殿"《重修万寿宫碑》，清乾隆二十七年（1762），现藏于该馆内。

[5] 会泽县江西会馆"真君殿"《抚州府功德碑》，清道光七年（1827），现藏于该馆内。

[6] 会泽县江西会馆"真君殿"《瑞州府功德碑》，清道光七年（1827），现藏于该馆内。

[7] 会泽县江西会馆"真君殿"《临江府功德碑》，清道光七年（1827），现藏于该馆内。

[8] 会泽县江西会馆"真君殿"《观音碑文》，清道光十二年（1832），现藏于该馆内。

[9] 会泽县江西会馆"真君殿"《永期遵守碑》，民国十六年（1927），现藏于该馆内。

[10] 会泽县陕西会馆"关圣宫"《□□碑》，清乾隆十九年（1754），现藏于该馆内。

[11] 会泽县陕西会馆"关圣宫"《关西会馆碑记》，清乾隆四十六年（1781），现藏于会馆内。

[12] 会泽县陕西会馆"关圣宫"《马王庙常住碑记》，清乾隆五十八年（1793），现藏于该馆内。

[13] 会泽县陕西会馆"关圣宫"《关中众姓捐资修建三皇阁碑》，清嘉庆二年（1797），现藏于江西会馆"碑林"。

[14] 会泽县陕西会馆"关圣宫"《关中布行义捐常住碑记》，清嘉庆十年（1805），现藏于该馆内。

[15] 会泽县陕西会馆"关圣宫"《陕西庙记事碑》，清嘉庆十二年（1807），现藏于会泽县文物管理所。

[16] 会泽县陕西会馆"关圣宫"道光四年（1824）《□□□□碑》，现藏于该馆内。

[17] 会泽县临江会馆"关圣宫"《东川府会泽县药王庙碑文》，清乾隆四十七年（1782），现藏于该馆内。

[18] 会泽县四川会馆"关圣宫"《万古不朽碑》，清光绪十八年（1892），现藏于该馆内。

[19] 会泽县四川会馆"川主宫"《修建照壁碑记》，清咸丰七年（1857），现藏于该馆内。

[20] 会泽县湖广会馆"寿佛寺"《禹王宫碑》，清乾隆三十二年（1767），现藏于该馆内。

[21] 会泽县湖广会馆"寿佛寺"《新建禹王宫重修家庙碑记》，清乾隆三十年（1765），现藏于该馆内。

[22] 会泽县湖广会馆"寿佛寺"《□攒补彩画》，时间不详，现藏于该馆内。

[23] 会泽县湖广会馆"寿佛寺"《重修山门碑》，时间不详，现藏于该馆内。

[24] 会泽县《修建财□□碑记》，清乾隆三十□年，现藏于会泽县江西会馆"碑林"。

[25] 会泽县《修建财土地祠碑记》，清乾隆四十年（1775），现藏于会泽县江西会馆"碑林"。

[26] 昆明县四川会馆"西来寺"《西来寺新建客堂碑记》，清乾隆五年（1740），见《昆明市志长编》卷 6，昆明市志编纂委员会内部发行，1984 年版。

[27] 昆明县四川会馆"川主宫"《川北碑》，清光绪二十八年（1902），见《昆明市志长编》卷 6，昆明市志编纂委员会内部发行，1984 年版。

[28] 昆明县四川会馆"川主宫"《福星会碑》，清光绪八年（1882），见《昆明市志长编》卷 6，昆明市志编纂委员会内部发行，1984 年版。

[29] 昆明县江西会馆"萧公祠"《棉花例规》，清乾隆四十七年（1782），原藏于该馆内。现见方国瑜主编《有关清代云南文物概说》（《云南史料丛刊》卷十三），昆明：云南大学出版社 2000 年版。

[30] 昆明县布行会馆"孚佑宫"《布铺议定功德银条规碑》，清光绪二十三年（1897），见《昆明市志长编》卷 6，昆明市志编纂委员会内部发行，1984 年版。

[31] 昆明县布行会馆"孚佑宫"《布铺阖行重新增广鼎建孚佑宫碑记》，清光绪八年（1882），见《昆明市志长编》卷 6，昆明市志编纂委员会内部发行，1984 年版。

[32] 个旧临安会馆《个旧锡矿临安会馆碑记》，乾隆四十八年（1783），见方国瑜主编《有关清代云南文物概说》（《云南史料丛刊》卷十三），昆明：云南大学出版社 2000 年版。

[33] 个旧云南会馆"云庙"《永远碑记》，清乾隆五十九年（1794），见中国人民大学清史研究会所等主编《清代的矿业》，北京：中华书局 1983 年版。

[34] 太和县江西吉安会馆"萧公祠"《萧公祠吉府常住碑记》，清乾隆四十四年（1779），见大理白族自治州白族文化研究所编《大理丛书·金石篇》，昆明：云南民族出版社 2010 年版。

[35] 太和县江西会馆"万寿宫"《修复榆城万寿宫记》，民国十五年（1926），现藏于大理白族自治州博物馆内。

[36] 南涧县湖广会馆"寿佛寺"《重修寿佛附设节孝祠以为修行佛堂并实行慈善事业碑记》，民国十六年（1927），见大理白族自治州白族文化研究所编《大理丛书·金石篇》，昆明：云南民族出版社 2010 年版。

[37] 腾越厅福建会馆"天后宫"《重建腾越天后宫修观音阁记》，清嘉庆十一年（1806），见李根源辑《永昌府文征》（文录·卷 13），腾冲：美利公铅印曲石丛书，1941 年版。

[38] 腾越厅福建会馆"天后宫"《修建天后宫三圣殿碑记》，清道光十七年（1837），见李根源辑《永昌府文征》（文录·卷 14），腾冲：美利公铅印曲石丛书，1941 年版。

[39] 腾越厅福建会馆"天后宫"《重修腾阳会馆碑记》，清光绪二十

（1894），见李根源辑《永昌府文征》（文录·卷21），腾冲：美利公铅印曲石丛书，1941年版。

[40] 弥渡江西会馆"关圣宫"《弥渡江西吉安府会馆碑记》，清道光十八年（1838），见道光《赵州志·艺文志》（卷五）。

[41] 缅甸瓦城云南会馆"观音寺"《重修观音寺功德小引》，清道光二十六（1846），见尹文和《云南和顺侨乡史概述》，昆明：云南美术出版社2003年版。

[42] 缅甸曼德勒云南会馆"观音寺"《重修瓦城云南会馆序》，1955年，见尹文和《云南和顺侨乡史概述》，昆明：云南美术出版社2003年版。

[43] 洞缪云南会馆"观音寺"《洞缪观音寺修葺始末》，1967年，见尹文和《云南和顺侨乡史概述》，昆明：云南美术出版2003年版。

[44] 湖南湘潭北五省会馆：《棉花例规》，清乾隆四十六年（1781），现藏于该馆内。

[45] 昆明市档案馆：《云南商务总会关于芦茶铺、土纸行、靴帽成衣帮卷宗》，卷宗号9-1-64。

[46] 昆明市档案馆：《云南商务总会宾川会馆、财政部、四川会馆、商务部关于土药代捐、免税、典契、房价杜契通融》，1906年，卷宗号9-1-27。

[47] 昆明市民政局社会科：《本局关于湖北、两广、河南、浙江、沪、华北、江西会馆接管往来文件》，1952—1956年，卷宗号22-1-1018。

[48] 昆明市档案馆：《云南商务总会关于各地往来信函》，1906年，卷宗号9-1-21。

[49] 会泽县湖广会馆《东川湖广会馆传书》，清乾隆年间刊刻残本，会泽县图书馆藏。

[50] 陈鹍：《云南浙江会馆志》，清光绪二十二年（1896）集翠轩刊本。

二、历史文献

[1] 《明会典》，上海：上海古籍出版社，2003年。

[2] 《清实录》，北京：中华书局，1985—1987年。

[3] 《清史稿》，北京：中华书局，1977 年。

[4] 《清朝文献通考》，杭州：浙江古籍出版社，2000 年。

[5] 《大清律例》，台北：商务印书馆，1983 年。

[6] 《钦定大清会典》，台北：台湾大通书局，1984 年。

[7] 《钦定大清会典事例》，光绪二十五年（1899）京师官书局石印本。

[8] 《雍正朱批谕旨》，北京：北京图书馆出版社，2008 年。

[9] 《清户部盐法定例》//《古今图书集成·食货典》，上海：中华书局据雍正四年殿版影印本，1933 年。

[10] 《十二朝东华录》，台北：文海出版社，1963 年。

[11] 宋应星：《天工开物》，上海：上海古籍出版社，2008 年。

[12] 李梦阳：《空同先生集》，台北：伟文图书出版社有限公司，1976 年。

[13] 王临亨：《粤剑编》，南京：江苏广陵古籍刻印社，1987 年影印本。

[14] 凌濛初：《二刻拍案惊奇》，北京：中华书局，2009 年。

[15] 叶向高：《苍霞草全集》，扬州：江苏广陵古籍刻印社，1994 年。

[16] 归有光：《震川先生文集》，上海：中华书局，1912 年。

[17] 于慎行：《谷山笔沉》，北京：中华书局，1994 年。

[18] 王守仁：《王文成公全集》，清道光六年（1826）刻本。

[19] 黄宗羲：《明夷待访录》，段志强译注，北京：中华书局，2011 年。

[20] 温纯：《温恭毅公文集》//《文渊阁四库全书本》上海：上海古籍出版社，2003 年。

[21] 李晖、李春等：《三田李氏统宗谱》，明万历四十三年（1615）刻本。

[22] 《皇朝文献通考》，光绪八年（1882）浙江书局刊本。

[23] 贺长龄：《皇朝经世文编》，台北：世界书局，1964 年。

[24] 沈云龙：《皇朝经世文续编》，清光绪二十四年（1898）上海书局石印本。

[25] 吴其浚撰，徐金生绘：《滇南矿厂图略》，清道光二十四年（1844）刻本。

[26] 不著纂修人姓氏：《张允随奏稿》，云南省图书馆馆藏抄本。

[27] 余庆远：《维西见闻纪》//吴省兰辑刊：《艺海珠尘》，《类书集成初编》，北京：中华书局，1935 年。

[28] 《铜政遍览》，云南省图书馆藏清道光年间刻本。

[29] 谢圣纶：《滇黔志略》，清乾隆二十八年（1763）刻本传抄本。

[30] 吴大勋：《滇南闻见录》，上海市文物保管委员会藏清乾隆刻本传抄本。

[31] 檀萃：《滇海虞衡志》，清嘉庆九年（1804）刻本。

[32] 袁文揆：《滇南文略》，上海：上海书店出版社影印本，1994 年。

[33] 张弘：《滇南新语》，《丛书集成初编》，上海：商务印书馆影印本，1936 年。

[34] 刘献廷：《广阳杂记》，上海：商务印书馆发行，1935 年。

[35] 章学诚：《湖北通志检存稿一》//《章氏遗书》第 24 卷，上海：商务印书馆，1936 年。

[36] 薛福成：《出使日记续刻》，上海：上海古籍出版社，1995 年。

[37] 徐珂：《清稗类钞》，北京：中华书局，1986 年。

[38] 王芝：《海客日潭》，清光绪二年（1876）石城刊本。

[39] 道光《两广盐法志》，道光十六年（1836）刻本。

[40] 康熙《云南通志》，清康熙三十年（1692）刻本。

[41] 雍正《云南通志》，清乾隆元年（1736）刻本。

[42] 嘉庆《大清一统志》//《文渊阁四库全书本》，上海：上海古籍出版社，2003 年。

[43] 道光《云南通志稿》，清道光十五年（1835）刻本。

[44] 道光《云南志钞》，清道光九年（1829）刻本。

[45] 光绪《云南通志》，清光绪二十年（1894）刻本。

[46] 光绪《续云南通志稿》，清光绪二十七年（1901）刻本。

[47] 光绪《云南地志》，清光绪三十四年铅印本。

[48] 民国《新纂云南通志》，民国三十七年（1948）云南铅印本。

[49] 康熙《云南府志》，清康熙三十五年（1696）刻本。

[50] 道光《昆明县志》，清光绪二十七年（1901）刻本。

[51] 民国《昆明县志》，民国十四年（1925）刻未定卷样本。

[52] 康熙《富民县志》，云南省图书馆据北京图书馆藏清康熙五十一年（1712）刻本晒蓝一部庋藏。

[53] 乾隆《宜良县志》，云南省图书馆据故宫博物院图书馆藏清乾隆三十二年（1767）刻本传抄庋藏。

[54] 民国《宜良县志》，民国十一年（1922）云南官书局刻本。

[55] 光绪《续修嵩明州志》，清光绪十三年（1887）刻本。

[56] 康熙《晋宁州志》，云南省图书馆据清康熙五十五年（1716）抄
本传抄庋藏。

[57] 道光《晋宁州志》，清道光二十三年（1843）刻本。

[58] 光绪《呈贡县志》，清光绪十一年（1885）刻本。

[59] 道光《续修易门县志》，清道光二十二年（1845）刻本。

[60] 光绪《安宁州志》，清光绪年间据乾隆四年（1739）刻本重刻。

[61] 光绪《罗次县志》，云南省图书馆据清光绪十三年（1887）刻本
传抄庋藏。

[62] 康熙《罗次县志》，清康熙三十五年（1696）刻本。

[63] 康熙《大理府志》，清康熙三十三年（1694）刻本。

[64] 民国《大理县志稿》，民国六年（1917）铅印本。

[65] 道光《赵州志》，清道光十八年（1838）刻本。

[66] 乾隆《云南县志》，云南省图书馆据清乾隆三十二年（1767）刻
本晒蓝成帙。

[67] 光绪《云南县志》，清光绪十六年（1890）刻本。

[68] 咸丰《邓川州志》，清咸丰三年（1853）刻本。

[69] 光绪《浪穹县志略》，清光绪二十九年（1903）刻本。

[70] 宣统《宾川县志稿》，云南省图书馆藏清稿本。

[71] 嘉庆《临安府志》，清嘉庆四年（1799）刻本。

[72] 乾隆《建水州志》，清乾隆间增订雍正九年（1731）刻本。

[73] 民国《续修建水县志稿》，民国九年（1920）铅印本。

[74] 乾隆《石屏州续志》，清乾隆四十五年（1780）刻本。

[75] 民国《宁州志》，民国五年（1916）铅印本 。

[76] 雍正《阿迷州志》，清雍正十三年（1735）刻本。

[77] 嘉庆《阿迷州志》，云南省图书馆据上海图书馆藏清嘉庆元年
（1796）刻本传抄。

[78] 乾隆《续修河西县志》，清乾隆五十三年（1788）刻本。

[79] 乾隆《弥勒州志》，清乾隆四年（公元1739）刻本。

[80] 康熙《蒙自县志》，清康熙五十一年（1712）刻本。

[81] 乾隆《蒙自县志》，清乾隆五十六年（1791）刻本。

[82] 宣统《续修蒙自县志》，上海古籍书店影印本，1961年。

[83] 民国《个旧县志》，云南省图书馆据个旧市图书馆馆藏稿本传抄庋藏。

[84] 康熙《楚雄府志》，清康熙五十五年（1716）刻本。

[85] 宣统《楚雄县志》，清宣统二年（1910）稿本传抄本。

[86] 康熙《南安州志》，云南省图书馆据上海徐家汇藏书楼藏清康熙四十八年（1709）刻本传抄庋藏。

[87] 康熙《定远县志》，清康熙四十四年（1705）刻本。

[88] 乾隆《华竹新编》，清乾隆四十六年（1781）刻本。

[89] 道光《定远县志》，清道光十五年（1835）刻本。

[90] 康熙《武定府志》，清康熙二十八年（1689）刻本。

[91] 乾隆《碍嘉志书草本》，清乾隆十一年（1746）稿本。

[92] 光绪《镇南州志略》，清光绪十八年（1892）刻本。

[93] 嘉庆《黑盐井志》，云南省图书馆藏清嘉庆年间刻本残卷。

[94] 乾隆《琅盐井志》，清乾隆二十一年（1756）刻本。

[95] 道光《姚州志》，清道光十三年（1833）刻本。

[96] 光绪《姚州志》，清光绪十一年（1885）刻本。

[97] 民国《姚安县志》，民国三十七年（1948）铅印本。

[98] 雍正《白盐井志》，清雍正八年（170）抄本。

[99] 乾隆《白盐井志》，清乾隆廿三年（1758）刻本。

[100] 光绪《续修白盐井志》，清光绪三十三年（1907）刻本。

[101] 道光《大姚县志》，清道光廿九年（1849）刻本。

[102] 道光《澂江府志》，清道光二十七年（1847）刻本。

[103] 民国《续修玉溪县志》，民国二十年（1931）石印本。

[104] 民国《路南县志》，民国六年（1917）铅印本。

[105] 道光《广南府志》，清道光五年（1825）刻本。

[106] 民国《广南县志》，云南省图书馆民国三十三年（1934）稿本。

[107] 乾隆《顺宁府志》，清乾隆廿六年（1761）刻本。

[108] 光绪《续修顺宁府志稿》，清光绪三十一年（1905）刻本。

[109] 民国《顺宁县志初稿》，民国三十六年（1947）石印本。

[110] 民国《缅宁县志》，云南省图书馆藏民国三十七年（1948）稿本。

[111] 咸丰《南宁县志》，清咸丰二年（1852）刻本。

[112] 乾隆《沾益州志》，清乾隆三十五年（1770）刻本。

[113] 光绪《沾益州志》，清光绪十一年（1885）刻本。

[114] 民国《陆良县志稿》，民国四年（1915）石印本。

[115] 民国《罗平县志》，民国二十二年（1933）石印本。

[116] 民国《续修马龙县志》，民国六年（1917）铅印本。

[117] 道光《寻甸州志》，清道光八年（1828）刻本。

[118] 乾隆《宣威州志》，清乾隆四十四年（1779）刊本重辑石印本。

[119] 民国《宣威县志稿》，民国二十三年（1934）铅印本。

[120] 乾隆《丽江府志略》，清乾隆八年（1743）刻本。

[121] 民国《丽江县志书》，民国九年（1920）前后钞本。

[122] 民国《维西县志》，民国 1932 年稿本传抄本。

[123] 光绪《普洱府志稿》，清光绪二十六年（1900）刻本。

[124] 道光《威远厅志》，清道光十七年（1837）刻本。

[125] 乾隆《永昌府志》，清乾隆五十年（1785）刻本。

[126] 光绪《永昌府志》，清光绪十一年（1885）刻本。

[127] 民国《保山县志目次说明书》，云南省图书馆藏民国年四十年（1941）石印本。

[128] 乾隆《腾越州志》，清乾隆五十五年（1790）刻本。

[129] 光绪《腾越乡土志》，云南省图书馆藏抄本。

[130] 光绪《腾越厅志》，清光绪十三年（1887）刻本。

[131] 民国《腾冲县志稿》，据民国三十年（1941）刊本传抄本。

[132] 乾隆《开化府志》，清乾隆二十三年（1758）刻本。

[133] 道光《开化府志》，清道光九年（1829）刻本。

[134] 民国《马关县志》，民国三十一年（1932）石印本。

[135] 民国《新编麻栗坡特别区地志资料》，云南省图书馆藏民国三十六年（1947）稿本。

[136] 乾隆《东川府志》，清光绪三十四年（1908）东川师范学堂重印本。

[137] 光绪《东川府续志》，清光绪二十三年（公元 1897）刻本。

[138] 民国《巧家县志稿》，民国三十一年（1942）铅印本。

[139] 民国《昭通县志稿》，民国十三年（1924）铅印本。

[140] 民国《昭通等八县图说》，民国八年（1919）云南学会铅印本。

[141] 民国《马关县志》，民国二十一年（1932）石印本。

[142] 民国《盐津县志》，云南省图书馆据1949年稿本传抄本。

[143] 民国《大关县志》，民国三十四年（1945）稿本。

[144] 民国《盐津县志》，1949年稿本。

[145] 民国《绥江县志》，民国三十六（1947）年影印本。

[146] 乾隆《镇雄州志》，清乾隆四十九年（1784）刻本。

[147] 光绪《镇雄州志》，清光绪十三年（1887）刻本。

[148] 光绪《镇南州志》，清光绪十八年（1892）刻本。

[149] 乾隆《广西府志》，清乾隆四年（公元1739）刻本。

[150] 光绪《广西府志》,清光绪三十一年（1905）据清乾隆四年（1739）刻本补刊刻。

[151] 光绪《武定直隶州志》，清光绪九年（1883）刻本。

[152] 民国《续修新平县志》，民国八年（1919）石印本。

[153] 嘉庆《景东直隶厅志》，清嘉庆二十五（公元1820）年刻本。

[154] 光绪《续修蒙化直隶厅志》，清光绪七年（1881）据乾隆五十五年（1790）刻本重刻行世。

[155] 康熙《定边县志》，清康熙五十二年（1713）钞本。

[156] 乾隆《永北府志》，清乾隆三十年（1765）刻本。

[157] 光绪《续修永北直隶厅志》，清光绪三十年（1904）刻本。

[158] 光绪《顺宁府志》，清光绪三十年（1904）刊本。

[159] 乾隆《顺宁府志》，清乾隆二十六年（1761）。

[160] 民国《缅宁县志》，民国三十七年（1948）搞本。

[161] 民国《思茅厅志》，清光绪十一年（1885）抄本。

[162] 宣统《宣威州乡土志》，清宣统间铅印本。

[163] 民国《宣威县志稿》，民国二十三年（1934）铅印本。

[164] 道光《歙县志》，清道光八年（1828）刻本。

[165] 光绪《续修曲沃县志》，清光绪六年（1880）刻本。

[166] 同治《清江县志》，清同治九年（1870）刻本。

[167] 康熙《徽州府志》，清康熙三十八年（1699）刻本。

[168] 光绪《祁县志》，清光绪八年（1882）刻本。

[169] 同治《枝江县志》，清同治五年（1866）刻本。

[170] 乾隆《吴县志》，清乾隆十年（1745）刻本。

[171] 光绪《善化县志》，清光绪三年（1877）刻本。

[172] 同治《会理州志》，清同治十三年（1874）刻本。

[173] 嘉庆《南充县志》，清咸丰七年（1857）增刻本。

[174] 民国《皋兰县志》，民国六年（1917）石印本。

[175] 师范《滇系》清嘉庆二十二年（1817）刻本。

三、研究著作

[1] 喻守真、葛绥成、周白棣：《全国都会商埠旅行指南》，上海：中华书局，1926 年。

[2] 严中平：《中国棉业之发展》，《"中央研究院"社会科学研究所丛刊》（第十九种），上海：商务印书馆，1933 年。

[3] 方树梅：《滇会痕影录》，未刊稿。

[4] 洪涤尘：《西藏史地大纲》，上海：正中书局，1936 年。

[5] 李根源：《永昌府文征》，腾冲：美利公铅印曲石丛书，1941 年。

[6] 张肖梅：《云南经济》，重庆：中国国民经济研究所，民国三十年（1942）。

[7] 窦季良：《同乡组织之研究》，台北：中正书局，1945 年。

[8] 万湘澄：《云南对外贸易概观》，昆明：新云南丛书社，1946 年。

[9] 江苏省博物馆：《江苏省明清以来碑刻资料选集》，北京：三联书店，1959 年。

[10] 东川铜矿史编辑委员会：《东川铜矿史》，昆明：云南人民出版社，1961 年。

[11] 姚贤镐：《中国对外贸易史资料》，北京：中华书局，1962 年。

[12] 全汉昇：《中国行会制度史》，台北：食货出版社有限公司，1978 年。

[13] 上海博物馆图书资料室：《上海碑刻资料选辑》，上海：上海人民出版社，1980 年。

[14] 李华编:《明清以来北京工商会馆碑刻选编》,北京:文物出版社,1980 年。

[15] 傅衣凌:《明清社会经济史论文集》,北京:人民出版社,1982 年。

[16] 胡如雷:《中国封建社会形态研究》,北京:三联书店,1982 年。

[17] 李华:《论中国封建社会的行会制度》//南京大学明清史研究室编《中国资本主义萌芽问题论文集》,南京:江苏人民出版社,1983 年。

[18] 尚钺:《尚钺史学论文选集》,北京:人民出版社,1984 年。

[19] 吴承明:《中国资本主义与国内市场》,北京:中国社会科学出版社,1985 年。

[20] 陈学文:《中国封建晚清的商品经济》,长沙:湖南人民出版社,1989 年。

[21]《丽江文史资料》第九辑,政协丽江市文史资料委员会,1990 年。

[22]《腾冲文史资料选辑》(第三辑),腾冲市政协文史资料委员会,1991 年。

[23] 全汉昇:《中国经济史研究》,台北:稻香出版社,1991 年。

[24] 叶显恩:《清代区域社会经济史》,北京:中华书局,1992 年。

[25] 严昌洪:《中国近代社会风俗史》,杭州:浙江人民出版社,1993 年。

[26] 朱英明:《辛亥革命时期新式商人社团研究》,北京:中国人民大学出版社,1991 年。

[27] 唐力行:《商人与中国近世社会》,杭州:浙江人民出版社,1993 年。

[28] 彭泽益:《中国工商行会史料集》,北京:中华书局,1995 年。

[29] 高翔:《康雍乾三帝统治思想研究》,北京:中国人民大学出版社,1995 年。

[30]《桂林市房地产志》,桂林:漓江出版社,1996 年。

[31] 王兴亚:《明清河南集市庙会会馆》,郑州:中州古籍出版社,1998 年。

[32] 范金明:《明清江南商业的发展》,南京:南京大学出版社,1998 年。

[33] 苏亦工:《明清律典与条例》,北京:中国政法大学出版社,1999 年。

[34] 王鹤鸣:《上海图书馆馆藏家谱提要》,上海:上海古籍出版社,2000 年。

[35] 茅家琦:《中国旧海关史料》,北京:京华出版社,2001 年。

[36] 吴承明:《中国的现代化:市场与社会》,北京:三联书店,2001 年。

[37] 方志远：《人口流动与城乡商品经济》，北京：人民出版社，2001 年。

[38] 张晓秋：《昆明市戏曲志》，昆明：云南大学出版社，2001 年。

[39] 王贵祥：《古风——中国古代建筑艺术·老会馆》，北京：人民美术出版社，2003 年。

[40] 王日根：《中国会馆史》，上海：中国出版集团"东方出版中心"出版，2007 年。

[41] 杨发恩：《和顺·华侨卷》，昆明：云南教育出版社，2005 年。

[42] 张研：《清代社会的慢变量：从清代基层社会组织看中国封建社会结构与经济结构的演变趋势》，太原：山西人民出版社，2000 年。

[43] 李中清：《中国西南边疆的社会经济：1250—1850》，北京：人民出版社，2012 年。

[44] 马琦：《国家资源：清代滇铜黔铅开发研究》，北京：人民出版社，2013 年。

[45] [日]加藤繁：《中国经济史考证》，吴杰，译，北京：商务印书馆，1962 年。

[46] [日]根岸佶：《支那的行会》，东京：斯文书院，1932 年。

[47] [日]根岸佶：《中国的行会》，东京：斯文书院发行，1953 年。

[48] [日]根岸佶：《上海的行会》，东京：日本评论社，1951 年。

[49] [日]仁井田陞：《中国的社会和行会》，东京：岩波书局，1951 年。

[50] [日]今诚崛二：《行会史》，《现代中国辞典》，1950 年。

[51] [日]今诚崛二：《河东盐业同业公会的研究》，《史学杂志》第 55 卷，第 9、10 期。

[52] [日]今崛诚二：《中国行会商人的构造》，《近代中国社会与经济》，1951 年。

[53] [美]哈威：《缅甸史》，北京：商务印书馆，1957 年。

[54] [英]格林堡：《鸦片战争以前中英贸易通商史》，北京：商务印书馆，1961 年。

[55] [美]李中清：《中国西南边疆的社会经济：1250—1850》，林文勋、秦树材，译，北京：人民出版社，2013 年。

[56] [美]施坚雅主编，叶光庭等译：《中华帝国晚期的城市》，北京：中华书局，2000 年。

[57] [美]罗威廉著，李仁渊、张远译：《最后的中华帝国·大清》（《哈佛中国史》06 册），北京：中信出版集团，2016 年。

[58] [美]罗威廉著，江溶、鲁西奇译：《汉口：一个中国城市的商业和社会（1796—1889）》，北京：中国人民大学出版社，2005 年，第312 页。

四 、 研 究 论 文

[1] 郑鸿笙：《中国工商业公会及会馆、公所制度概论》，《国闻周报》第 2 卷，1925 年第 19 期。

[2] 王业键：《清代经济刍论》，《食货月刊》（复刊第二卷第十一期），1973 年 2 月。

[3] 王业键：《近代中国农业的成长及危机》，《"中央研究院" 近代史研究所集刊》（台湾），1978 年第 3 期。

[4] 洪焕春：《论明清苏州地区会馆的性质和作用——苏州工商业碑刻资料剖析之一》，《中国史研究》，1980 年第 2 期。

[5] 雷人受：《漫谈北京的会馆》，《学习与研究》，1981 年第 4 期。

[6] 贺海：《北京的工商业会馆》，《北京日报》，1981 年 11 月 27 日。

[7] 王尔敏：《秘密宗教与秘密会社之生态环境与社会功能》，《"中央研究院" 近代史研究所集刊》第 10 辑，1981 年 7 月。

[8] 李华：《试论清代前期的山西帮商人》，《历史研究》，1983 年第 3 期。

[9] 王笛：《清代重庆移民社会与社会发展》//《城市史研究》第 5 辑，天津教育出版社，1991 年。

[10] 萧国亮：《关于清代前期松江布产量和商品量问题》，《清史研究通讯》，1985 年第 2 期。

[11] 林仁川：《试论明末清初私人海上贸易的商品结构与利润》，《中国社会经济史研究》，1986 年第 1 期。

[12] 汪士信：《明清商人会馆》，《平准学刊》，1986 年第 3 期。

[13] 果鸿孝：《试论封建时代我国官办工业的特点即作用》，《史学月刊》，1986 年第 5 期。

[14] 杨国桢:《明清以来商人"合本"经营的契约形式》,《中国社会经济史研究》,1987 年第 3 期。

[15] 李华:《明清以来北京的工商行会》,《历史研究》,1987 年第 4 期。

[16] 汪仕信:《明清时期商业经营方式的变化》,《中国经济史研究》,1988 年第 2 期。

[17] 庄吉发:《清代民间宗教的源流及其社会功能》,《大陆杂志》(第八十卷第二期),1991 年。

[18] 林文勋:《明清时期内地商人在云南的经济活动》,《云南社会科学》,1991 年第 1 期。

[19] 刘正刚:《清代四川的广东移民会馆》,《清史研究》,1991 年第 4 期。

[20] 刘正刚:《清代四川的广东移民经济活动》,《中国社会经济史研究》,1992 年第 4 期。

[21] 丁长清:《试析商人会馆、公所与商会的联系和区别》,《近代史研究》,1996 年第 2 期。

[22] 刘正刚:《试论清代四川南华宫的社会活动》,《暨南学报》1997 年第 4 期。

[23] 李伯重:《中国全国市场的形成:1500—1840》,《清华大学学报》(哲学社会科学版),1999 年第 4 期。

[24] 范金明:《清代江南会馆公所的功能性质》,《清史研究》,1999 年第 2 期。

[25] 许檀:《清代河南朱仙镇的商业——以山陕会馆碑刻资料为中心的考察》,《中国社会科学》,2000 年第 3 期。

[26] 李刚、宋伦:《论明清工商会馆在整合市场秩序中的作用——以山陕会馆为例》,《西北大学学报》(哲学社会科学版),2002 年第 4 期。

[27] 朱英:《中国行会史研究的回顾与展望》,《历史研究》,2003 年第 2 期。

[28] 许檀:《清代中叶洛阳的商业——以山陕会馆碑刻资料为中心的考察》,《天津师范大学学报》(社会科学版),2003 年第 4 期。

[29] 许檀:《清代河南北舞渡镇——以山陕会馆碑刻资料为中心的考察》,《清史研究》,2004 年第 1 期。

[30] 李刚、宋伦:《明清工商会馆"馆市合一"模式初论——以山陕会

馆为例》,《中国社会经济史研究》, 2004 年第 1 期。

[31] 许檀:《清代河南赊旗镇的商业——基于山陕会馆碑刻资料的考察》,《历史研究》, 2004 年第 2 期。

[32] 邱澎生:《市场、法律与人情——明清苏州商人团体提供"交易服务"的制度变迁》,《开放时代》, 2004 年第 5 期。

[33] 彭南生:《近代中国行会到同业公会制度变迁历程及其方式》,《华中师范大学学报》(人文社会科学版), 2004 年第 5 期。

[34] 彭南生:《近代江南地区工商业会馆、公所碑刻论述》,《安徽史学》, 2005 年第 3 期。

[35] 沈大明:《清律对于商人的保护与控制》,《上海交通大学学报》(哲学社会科学版), 2005 年第 2 期。

[36] 侯宣杰:《民间商人团体与近代城市公共管理》,《宁夏社会科学》, 2005 年第 5 期。

[37] 宋伦、李刚:《明清工商会馆"会底银两"资本运作方式探析——以山陕会馆为例》,《江苏社会科学》, 2007 年第 2 期。

[38] 罗群:《从会馆、行帮到商会——近代云南商人组织的发展与嬗变》,《思想战线》, 2007 年第 6 期。

[39] 刘嘉乘:《清代汉口商人会馆的建构及其类型》,《中国社会经济史研究》, 2007 年第 3 期。

[40] 冯立军:《20 世纪初以前华侨移民缅甸述略——兼论缅甸华侨社会的形成》,《南洋问题研究》, 2008 年第 4 期。

[41] 陈亚平:《清代商人组织的概念分析——以 18—19 世纪重庆为例》,《清史研究》, 2009 年第 1 期。

[42] 罗淑宇:《清代会馆的行规业律与商品经济的繁荣》,《经济研究导刊》, 2010 年第 5 期。

[43] 方兴:《明清时期的江西商人与西南矿业》,《江西社会科学》, 2011 年第 2 期。

[44] 陈学文:《明中叶以来"士农工商"四民观的演化——明清恤商厚商思潮探析》,《天中学刊》, 2011 年第 6 期。

[45] 薄井由:《清末民初云南商业地理初探——以东亚同文书院大旅行调查报告为中心的研究》,上海:复旦大学博士学位论文, 2003 年。

[46] 邱澎生：《商人团体与社会变迁：清代苏州的会馆公所与商会》，台北：台湾大学历史学研究所博士论文，1995 年。

[47] 陈树志：《清代——民国时期昆明城会馆研究》，云南大学历史地理学硕士学位论文，2008 年。

[48] [日]和田清《关于会馆公所的起源》，《史学杂志》第 33 卷，1922 年第 10 期。

[49] [日]加藤繁：《唐宋时代的商人组织——行》//《白鸟博士还历纪念东洋史论丛》，东京：岩波书店，1925 年版。

[50] [日]大谷孝太郎：《上海的同乡团体及同业团体》，《支那研究》，1929 年第 19 期。

五、英文文献

[1] D. J. Macgowan. Chinese Guilds and Their Rules[J]. China Review, 1883(12).

[2] D. J. Macgowan. Chinese Guilds or Chambers of Commerce and Trade Unions[J]. Journal of North-China Branch of the Royal Asiatic Society, 1886(2).

[3] H. B. Morse. Guilds of China[M]. Shanghai: Kelly &Wash Ltd. 1909.

[4] Sydney Gamble, John Stewart Burgess. Peking: A Social Survey[M]. New York: George H. Doran company. 1921.

[5] John Stewart Burgess, The Guilds of Peking[M]. New York, 1928.

[6] Bradstock Timothy R. Ch'ing Dynasty Craft Guilds and Their Monopolies[J]. Tsing Hua Journal 1983(14).

[7] Kamachi, Noriko. Feudalism or absolute monarchism? Japanese discourse on the nature of state and society in Late Imperial China[J]. Modern China, 1990.

[8] Hsu, WenChin. Social and economic factors in the Chinese porcelain industry in Jingdezhen during the late Ming and early

Qing period, ca.1620 — 1683[J]. Journal of the Royal Asiatic Society .1988(1).

[9] Liu Kwang ching. Chinese merchant guilds: An historical inquiry[J]. Pacific Historical Review. 1988(1).

[10] Hankow W T. Commerce and Society in a Chinese City: 1796—1889[M]. Stanford: Stanford University Press, 1984.

[11] Fewsmith J. Party, state and local elites in Republic China: Merchant organizations and politics in Shanghai[M]. Honolulu: University of Hawaii Pres, 1985.

[12] Rowe W T. Ming Qing guilds[J]. Ming Qing Yanjiu, 1992(1).

[13] Ichun Fan. Long distance trade and market integration in the Ming Ching Perio[M]. Stanford: Dissertation of University of Stanford, 1992.

[14] Christine Moll-Murata. Chinese Guilds from the Seventeenth to the Twentieth Centuries: An Overview[J]. International Review of Social History, 2008(53).

后 记

　　本书是在博士论文的基础上修改而成的。笔者在攻读博士学位期间，在导师的指引下，将清代云南的会馆作为研究的主要对象，从民间组织的视角对云南的区域社会经济史进行研究。毕业之后，笔者继续跟进对云南会馆的研究，多次到相关城市调研，收集会馆资料，进一步了解会馆与云南社会经济发展之间的联系，对相关问题有了一些新的认识，并在论文基础上加以润色、修改而成本书。

　　本书能够完成，首先要感谢导师吴晓亮教授。2012 年，在先生的指导下，我确定了博士论文的选题。说实话，当时我对会馆非常陌生，不免诚惶诚恐。也正是在先生的悉心指导和殷切关怀下，我顺利地完成了对会泽、大理、弥渡、昆明会馆的田野调查以及有关档案、方志及其他文献资料的查阅、收集和整理。论文撰写过程中，先生更是给予了我细心的指导，她不嫌我的文稿粗糙丑陋，耐心地一遍又一遍帮我阅读删改，每次都会将修改意见写在文稿中，并花几个小时与我逐页讨论。可以说本书字里行间都倾注着先生的心血，寄托着她满满的期望。正是先生的心血和期望，逐渐将我引入经济史学术领域的殿堂，完成了博士论文也即本书的底稿。除了学业上的收获以外，先生严谨求实、孜孜不倦的治学精神，乐观向上的人生态度，给予我更多启发和历练。在此，衷心地向您道一声谢谢！

　　感谢云南大学历史系的林文勋、何平、罗群、张锦鹏、赵晓平、田晓忠、黎志刚、董雁伟等诸位老师对我的教导、鼓励和关心。感谢杨瑞璟、王建、刘鸿燕、丁琼、王浩禹、胡燕等同学，在学习和生活中给予的诸多帮助。另外，我在会泽县进行田野调查时，得到了卞伯泽先生的大力相助，先生不辞辛劳，引导我考察了会泽县城的会馆，向我详细介绍了各所会馆的情况，并为我提供了宝贵资料，在此深表感谢！

本书得以出版，要感谢曲靖师范学院的资助，感谢校领导对青年学者的支持，感谢同事陈秋月、陈艳丽的热情帮助。同时，感谢西南交通大学出版社的辛勤付出。

　　借此机会，还要特别感谢我的父母、丈夫和儿女这一路对我的支持、关心和陪伴！！

马晓粉

2019 年 10 月于曲靖